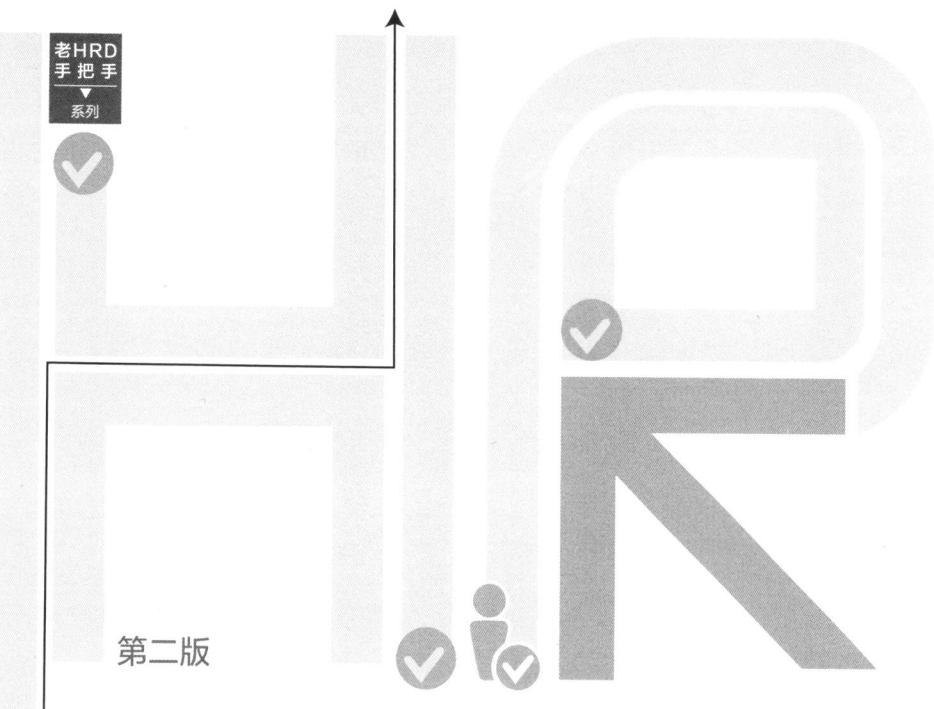

第二版

# 老HRD手把手教你
## 做员工管理

**实操版**

杨 良 王晓云 ◎著

中国法制出版社

CHINA LEGAL PUBLISHING HOUSE

# 企业人力资源管理"手把手"丛书
# 专家顾问委员会成员

（以下排名顺序不分先后）

隆　雨　京东集团首席人力资源官及法律总顾问
王文萍　奇虎360人力资源总监
张如国　新东方教育科技集团助理副总裁兼人力资源总监
马永武　腾讯学院院长
胡劲松　乐视网人力资源高级总监
蔡元启　海尔集团全球人才平台总监
高晓宇　酒仙网资深人力资源总监
李　琳　凤凰网人力资源中心总经理
徐惠来　清华同方本部人力资源总监
刘　莹　恒安集团人力资源总监
张晓春　新奥集团人力资源总监
杨　勇　安踏集团总裁助理兼人力资源总监
王珏珅　宇通客车人力资源总监
陈毅贤　北京中科金财科技股份人力资源副总裁
黄治民　北京北斗星通科技股份人力资源副总裁
周留征　北京东土科技股份副总裁
刘亚玲　北京华胜天成科技股份人力资源总经理
刘法圈　联想控股融科智地房地产人力资源总监
赵小兵　敦煌网人力资源高级顾问
张成强　京翰教育集团人力资源总监
周　博　中国电信翼支付人力资源总监

张　萌　光大永明人寿保险人力资源部总经理
李　瑛　东方国信人力资源总监
肖冬云　天音通信人力资源总监
王文涛　凌云光子集团人力资源副总裁
李美平　远光软件股份有限公司副总裁
薛　燕　天极传媒集团人力资源总监
王永贤　北京立思辰科技人力资源副总裁
王志成　亿龙集团人力资源副总裁
刘立明　北京建谊投资（集团）高级副总裁
张银昆　北京合纵科技股份人力资源副总裁
李　亮　万达集团人力资源管理中心副总经理
刘海赟　易车网人力资源中心总经理
高文举　微才网首席执行官
廖　亮　中国邮政人力资源总监
陈　沁　亚信集团薪酬福利总监
张　欣　北京华联商厦人力资源总监
兰　雨　人人网人力资源总监
赵东辉　拉卡拉人力资源总监
俞　波　新中大软件股份有限公司人力资源总监
王立平　北京久其软件人力资源总监
李默成　大公国际人力资源总监
姜　杉　中金数据科技人力资源总监
陈守元　易华录科技股份人力资源总监
张　琰　紫光集团人力资源部经理
徐冰雪　工商银行数据中心人力资源部经理
曹　冰　恒宝科技人力资源总监
郭　奇　北京盛百味餐饮集团总经理

# PREFACE 序言
# 企业人力资源管理实践领域一大盛事

我国企业从二十世纪九十年代开始人力资源管理转型，历经二十多年的发展，水平仍然参差不齐，有些企业已经进入战略人力资源管理阶段，同时也有不少企业仍然在人事管理阶段徘徊。究其原因，一是企业领导人对人力资源管理的认识不到位，二是人力资源管理专业人员的业务能力不达标。现有的出版物在服务企业家学习人力资源管理方面基本是够用的，但在提升人力资源专业人员的业务能力方面，则尚有缺欠。师带徒、边干边学仍是中国企业人力资源新兵们"习武"的主要方式。

人力资源管理是一门致用之学，既有系统深入的理论基础，又有复杂多变的操作规则和艺术。综观书市，以人力资源管理为题的教材和理论性书籍林林总总、数不胜数，但完全由业界人士撰写的实战型精品却难得一见。中国法制出版社联手国内顶尖名企的人力资源高管共同打造"老HRD手把手系列丛书"，契合此领域学习资料之短板，可谓年轻人力资源管理业者之幸。

这套丛书的出身决定了它的独特个性。

1.作者"道行深"：优秀的作者才能写出优秀的作品。这套丛书的"爸爸妈妈"们都是硕士学历，接受过高水平的系统教育。他们从基层一步一步成长为人力资源高管，经历过多番变革，处理过多种矛盾，至今奋战在企业人力资源管理第一线。他们不仅深谙人力资源管理理论，更精通人力资源管理操作技巧，可以说，他们都是"有道行"的人，是有能力写出既有"仙气"又接"地气"的作品的人。

2. 内容"实"：本书的内容以"实战、实用、实效"为导向，书中所有实践经验均来自国内一流名企，这些公司都具有鲜明的代表性。书中不仅有文字描述和对理念、原则的介绍，而且有大量"开袋即食"型的流程、工具和表格，新手可以借此实现本公司实践与优秀公司经验之间的无缝对接。

3. 文字"简"：本套丛书没有将"简单问题复杂化"，没有赘述枯燥的管理理论，表达简洁直接，便于读者快速把握要点。

4. 主题"全"：本套丛书涵盖企业招聘、绩效、培训和薪酬等各项职能，每本书又覆盖了一项职能中几乎所有的细节，可谓人力资源管理实操大全，为企业构建规范化、精细化人力资源管控体系提供了一整套解决方案，也为人力资源专业人员成为全能型选手提供了十八般兵器。

正是因为本套丛书的以上特点，我很高兴、很荣幸写这个小序，一是向读者朋友推荐这些书，二是向作者致敬、祝贺。这套书不仅适用于企业人力资源管理专业人员中的新手和生手，也值得老手们参考。它山之石可以攻玉，在一个企业做久了，思路容易有局限，相信这套书也能给老手们带去清新之风。

我还要从高校教师和学生的角度感谢作者和出版社。大部分教授人力资源管理课程的老师都没有人力资源管理的实战经验，学生也难有机会全面了解企业人力资源管理的真实面貌，这套书把企业实践搬到师生眼前，虽不能代替调研和实践，却能让师生离企业更近。对高校的教学活动而言，这套书是很有价值的参考资料。

高境界的管理要做到知行合一、科学性与艺术性的有机统一，在这套"老HRD手把手系列丛书"里，我非常欣慰地看到了这一点。这同时也启发各位读者：尽信书不如无书，要将他人的经验和自己的实情相结合。人力资源管理有科学和普遍的成分，也有艺术和特殊的成分，把先进企业的经验作为铺路石去开拓自己的路，才是正确的做法。本书的价值在于告诉读者要做什么、怎么做、为什么做，至于是不是自己做、做到什么程度，则没有标准的答案。

中国企业的转型升级已经进入了关键阶段，人力资源管理在未来必将扮演越来越重要的角色。祝愿中国企业的人力资源管理能伴随企业的改革发展达到新的高度！祝愿中国的人力资源管理同仁薪火相传，打造一支能被企业领导和员工高度信赖的专业队伍，共同让人力资源成为中国企业决胜商场的第一资源！

——清华大学经济管理学院
领导力与组织管理系副教授
曲庆

# CONTENTS 目录

## 第一篇　了解岗位

### 第1章　认知岗位——全面认识员工管理岗

01　员工工作全貌 // 004

02　工作的价值点 // 008

03　岗位必备技能 // 009

04　工作质量考核 // 010

05　如何学习成长 // 011

## 第二篇　劳动关系

### 第2章　劳动合同——劳资权益的保障基础

01　劳动合同模板 // 020

02　设计合同条款 // 027

03　劳动合同签署 // 036

04　劳动合同变更 // 039

05　劳动合同续订 // 041

06 劳动合同解除 // 043

07 劳动合同终止 // 050

08 保密竞业协议 // 051

09 培训协议管理 // 053

## 第3章　灵活用工——多元化用工模式管理

01 灵活用工形式 // 056

02 实习生的管理 // 058

03 平台化用工 // 061

04 非全日制用工 // 063

05 劳务派遣管理 // 064

06 雇佣离退休人员 // 067

## 第4章　入职管理——筑好风险防范首道墙

01 做好入职跟踪 // 071

02 内部协作准备 // 074

03 入职资料审查 // 077

04 签署入职文件 // 079

05 入职引导介绍 // 085

06 岗前培训管理 // 089

07 入职风险防控 // 092

## 第5章　试用期管理——助力新员工快速融合

01 试用管理流程 // 096

02 约定录用条件 // 098

03 导师辅导机制 // 100

04 试用员工访谈 // 103

05 试用期的考核 // 105

06 试用期去与留 // 107

07 风险控制管理 // 111

## 第6章 异动管理——最优化内部人才市场

01 职位优化调整 // 114

02 员工晋升管理 // 116

03 岗位轮换管理 // 121

04 岗位调动管理 // 123

05 迎接空降高管 // 126

## 第7章 离职管理——帮员工站好最后一班岗

01 离职风险预警 // 130

02 离职情形分类 // 133

03 离职工作流程 // 136

04 离职面谈设计 // 144

05 离职工作交接 // 149

06 补偿金赔偿金 // 152

07 竞业协议运用 // 157

## 第8章 劳动争议——风险防范与应对策略

01 争议受理范围 // 160

02 争议处理方式 // 161

03 劳动争议调解 // 163

04 劳动争议仲裁 // 167

05　劳动争议诉讼 // 170
　　06　举证质证技巧 // 172
　　07　争议防范措施 // 175

# 第三篇　日常事务

## 第 9 章　考勤休假——用纪律保障效率提升

　　01　考勤工具选择 // 180
　　02　日常考勤管理 // 181
　　03　加班考勤管理 // 183
　　04　员工出差管理 // 186
　　05　请假休假管理 // 187
　　06　旷工处置管理 // 194
　　07　"三期"女工考勤 // 195

## 第 10 章　薪酬核算——工资单上的分毫不差

　　01　工资支付规定 // 200
　　02　核算数据准备 // 201
　　03　出勤工资计算 // 203
　　04　加班工资计算 // 204
　　05　带薪假的工资 // 206
　　06　医疗期的工资 // 210
　　07　个税附加扣除 // 212

## 第 11 章　制度建设——避免员工管理随意性

　　01　制度设计方法 // 214

02 履行民主程序 // 217

03 制度公示告知 // 218

04 制度辞退运用 // 219

# 第四篇　社会与企业保障

## 第12章　社保公积金——社会责任与意外保障

01 缴费基数核定 // 224

02 社保事务办理 // 229

03 关于养老保险 // 233

04 工伤保险待遇 // 236

05 生育保险服务 // 237

06 医疗保险报销 // 239

07 失业金的办理 // 242

08 公积金的支取 // 244

09 退出社保体系 // 246

## 第13章　工伤处置——谨慎规范操作免纠纷

01 工伤认定范围 // 250

02 工伤认定程序 // 254

03 工伤保险待遇 // 255

04 劳动能力鉴定 // 258

05 工伤职工权利 // 260

06 防范工伤策略 // 260

## 第14章 员工福利——法定福利外的人心支持

- 01 员工福利清单 // 264
- 02 员工商业保险 // 268
- 03 员工互助基金 // 271
- 04 自助式福利包 // 271

**附录1：人力资源相关法律法规索引** // 273

**附录2：员工管理相关制度参考清单** // 275

第一篇

# 了解岗位

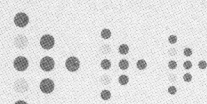 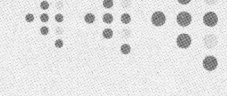

# 第1章
# 认知岗位
## ——全面认识员工管理岗

企业哪些岗位负责员工管理工作?
员工管理的日常工作都包含什么?
员工管理的内、外部联系有哪些?
员工管理的工作具有哪些特殊性?
员工管理可为企业带来什么价值?
从事员工管理需要必备哪些技能?
如何设定指标评价员工管理质量?
HR 要如何学习才能实现职场突破?

员工关系管理，简称员工管理，是指企业为建立与劳动者之间积极正向关系所采取的各种管理活动的总和，包括处理劳动关系、整理人事信息、规范员工纪律、建立沟通渠道、搭建服务平台等方面的内容。

HR 要做好员工关系管理，就应当了解员工关系管理的概念、定位、功能及其可以为企业带来的价值。本章详细介绍了员工关系管理工作的内涵和外延，带领读者全面认识员工关系管理工作。

## 01 员工工作全貌

人力资源各岗位中，从事员工管理的 HR 大概是面临内部压力最大的岗位。员工利益无小事，HR 要随时应对员工的各种需求：帮员工出国旅游开在职证明、为员工办理公积金支取手续、出现劳动纠纷时到仲裁庭出庭作证……

员工管理工作是众多零散的行政事务性工作的集合，这些工作专业、复杂而琐碎，且每项工作都跟员工的个人利益密切相关。由于工作量大、项目多，HR 很容易花费时间和精力陷在具体事务里，忽视了对员工管理全局的认识。

如何做一名有高度（专业）、有温度（热情）的 HR？一起看看笔者用思维导图（图 1-1）对员工管理工作的全面梳理，了解员工管理到底都有哪些事儿。

员工关系管理的主要工作内容可以梳理为以下 12 个大类，37 个小项，如表 1-1 所示：

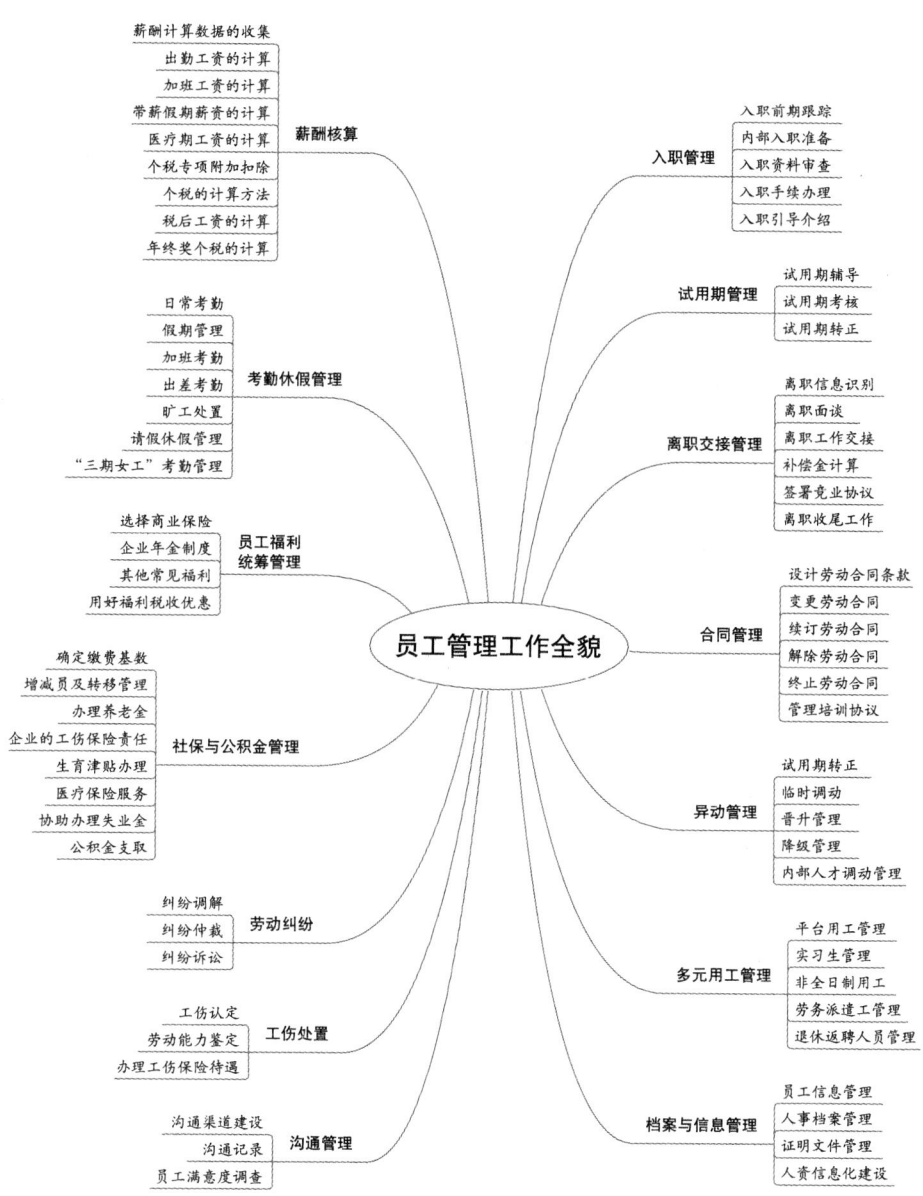

图1-1 员工管理工作全貌

表 1-1　　员工管理工作内容清单及主要工作联系

| 序号 | 分类 | 工作概述 | 主要工作联系 |
| --- | --- | --- | --- |
| 1 | 新员工入职管理 | 制定劳动合同模板 | 法务/法律顾问/律师 |
| 2 | | 录用员工入职关怀 | 已录用员工 |
| 3 | | 办理员工入职手续 | 用人部门主管、人力资源其他模块岗位、行政&IT部门岗位等 |
| 4 | 人事工作管理 | 基础信息维护 | |
| 5 | | 人事档案存档 | 用人单位（有存档权）/用人单位委托存档的公共就业和人才服务机构（无存档权） |
| 6 | | 工作居住证的办理 | 人力资源和社会保障局 |
| 7 | | 人才引进落户、积分落户 | 人力资源和社会保障局 |
| 8 | 离职交接管理 | 员工离职风险分析 | 用人部门主管 |
| 9 | | 办理员工离职手续 | 用人部门主管、用人部门所有关联部门 |
| 10 | 考勤休假统计管理 | 日常考勤管理 | 用人部门主管 |
| 11 | | 出差考勤管理 | 用人部门主管 |
| 12 | | 加班考勤管理 | 用人部门主管 |
| 13 | | 请假休假管理 | 用人部门主管 |
| 14 | 员工薪资核算管理 | 员工薪资核算统计 | |
| 15 | | 员工薪资发放管理 | 财务部 |
| 16 | 社保与公积金的办理 | 社保增员减员管理 | 人力资源社会保障局 |
| 17 | | 员工退休手续办理 | 人力资源社会保障局 |
| 18 | | 医疗保险费用报销 | 人力资源社会保障局 |
| 19 | | 生育津贴领取管理 | 人力资源社会保障局 |
| 20 | | 公积金增减员管理 | 公积金管理中心 |
| 21 | | 公积金的提取管理 | 公积金管理中心 |
| 22 | 员工转正异动管理 | 实习生的日常管理 | 用人部门主管 |
| 23 | | 试用期转正的管理 | 用人部门主管 |
| 24 | | 晋升轮换调动管理 | 用人部门主管 |

续表

| 序号 | 分类 | 工作概述 | 主要工作联系 |
|---|---|---|---|
| 25 | 员工福利统筹管理 | 福利供应商的管理 | 福利供应商 |
| 26 | | 福利制度维护执行 | 福利供应商 |
| 27 | 处置员工工伤意外 | 工伤申报鉴定管理 | 人力资源社会保障局、劳动能力鉴定委员会 |
| 28 | | 员工意外探望安抚 | |
| 29 | 投诉建议渠道维护 | 员工沟通渠道建设 | 行政&IT部门岗位 |
| 30 | | 员工冲突解决管理 | 用人部门主管 |
| 31 | 解决员工劳动纠纷 | 劳动争议协商管理 | 用人部门主管 |
| 32 | | 劳动争议调解管理 | 调解组织、法务/法律顾问/律师 |
| 33 | | 劳动争议仲裁管理 | 劳动争议仲裁委员会、法务/法律顾问/律师 |
| 34 | | 劳动争议诉讼管理 | 人民法院、法务/法律顾问/律师 |
| 35 | 政策解答制度制定 | 相关法律政策解答 | 全体员工 |
| 36 | | 企业规章制度草拟 | |
| 37 | | 企业规章制度解答 | 全体员工 |

员工关系管理很大一部分工作为常规性的日常操作。因员工关系管理常规性这一特点，其具有很强的周期性，如社保、公积金的缴纳必须在每月的指定日期之前办理。此外，因涉及大量的内、外部协调工作，难以预见但紧急程度非常高，如员工离职、劳动纠纷等，必须立即开始优先处理。

员工关系管理的工作联系，对外包括：人力资源和社会保障局、公积金管理中心、人才交流中心、法务/法律顾问/律师、劳动争议仲裁委员会、劳动能力鉴定委员会、人民法院等，对内包括：全体员工、各部门主管、人力资源部门其他岗位、行政&IT部门、财务部等。因此，员工关系管理将整个企业组织的各部分有机联系在一起，构成企业工作关系的网状结构。

## 02 工作的价值点

专门的员工关系管理岗位在企业中通常设置较晚，或者由其他人力资源模块岗位兼任。不同企业的员工关系管理岗位职责设计差异性也很大，尽管该岗位包含的工作最琐碎且不易直接呈现价值，却是构建组织人力资源框架的重要组成部分。

员工在本业务单元以外，平时接触最多的就是员工关系岗位，员工关系工作在某种程度上直接代表着企业层面的管理。员工关系管理的内容都直接涉及员工本人的利益和诉求，因此是企业构建和谐员工关系的重要核心，是整个人力资源管理体系是否牢固的基础。

员工关系在不同时期、不同的企业有其不同的特点，但劳资双方在利益上的对立与统一关系是永恒存在的。员工关系管理强调以员工为主体和出发点，注重个体层次上的关系和交流，是从人力资源管理角度提出的一个取代劳资关系的概念，注重和谐与合作是这一概念所蕴含的精神。因此，员工关系管理的目的在于提高员工满意度、忠诚度和敬业度，进而保持企业人才竞争优势，充分激发员工潜能，不断增强企业运作效率。

员工管理岗位如果想做得精彩，HR可以从以下六个方面发力：

图1-2 员工管理的价值

## 03 岗位必备技能

员工管理工作的特点决定了该岗位对从业人员人员综合技能要求较高，笔者认为 HR 如想提升个人综合能力，可以从加强专业知识、工作技能和软技能三方面做起：

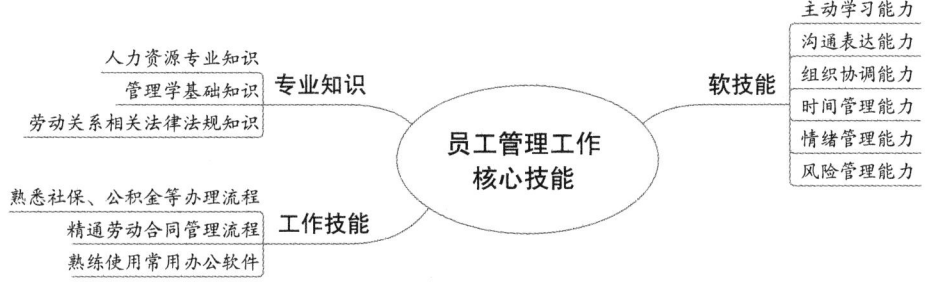

图 1-3　员工管理工作核心技能

HR 也可以对照员工管理岗位的职位描述来了解自身能力上的差距，一个典型的职位描述通常如表 1-2 所示：

表 1-2　　　　　　　　员工关系岗位的职位描述

| 任职资格分类 | 任职资格要求 |
| --- | --- |
| 教育背景 | 人力资源管理、应用心理学、行政管理、民商法学、社会保障等相关专业。 |
| 知识技能 | 熟悉国家、地方的劳动关系、社会保障、劳动报酬、劳动监察、争议仲裁等方面相关法律、行政法规；掌握地方社会保险、住房公积金、工作居住证、档案存档等工作的操作流程；熟练使用 OA、E-mail、人力资源管理软件及文字、表格、幻灯片等常用办公软件，具有一定的公文写作能力；具备扎实的人力资源管理理论基础，有一定心理学基础知识；了解企业的组织架构、产品、文化。 |
| 个性特征 | 乐群性、稳定性、原则性、责任心、亲和力、自信心。 |
| 综合能力 | 沟通能力、谈判能力、团队协作、服务意识、分析能力、计算能力、时间管理能力、计划组织能力、主动性。 |

续表

| 任职资格分类 | 任职资格要求 |
| --- | --- |
| 工作环境 | 工作场所：具有一定私密性的开放式办公环境；职业危害：基本无，无职业病；办公设备：电话、电脑、打印机、传真、复印机；软件环境：邮件、OA、人力资源管理软件等。 |

## 04 工作质量考核

与人力资源体系的其他模块相比，员工关系管理工作具有基础性、操作性、服务性的特点，其工作内容以行政事务性的工作居多。员工管理的工作考核指标，应以定量+定性相结合的方式来设计。员工管理工作的考核要点主要包括三个方面：工作规范性、处理及时率、员工满意度，企业可以根据自身实际设计具体的考核指标。

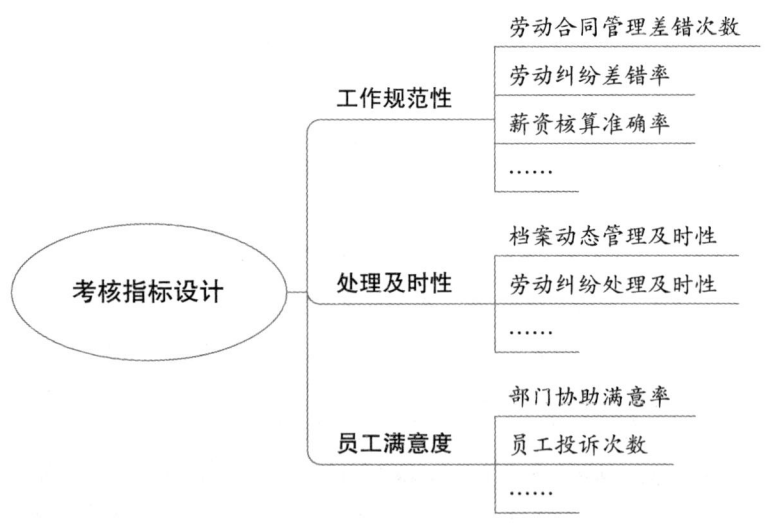

图1-4 员工管理工作的考核指标设计

> **小贴士** 企业可以结合本单位员工关系中矛盾最突出的问题,设计相应的考核指标。考核指标不宜过多,应重点围绕工作规范性、处理及时性、员工满意度来设计。

## 05 如何学习成长

负责员工关系管理的 HR,因企业规模、岗位分工、重视程度等的差异而可能被称为人力专员、人事专员、人力资源专员、劳动关系专员、员工关系专员等。HR 想要从小白快速成长为企业高管或 HR 专家,就要从迈入职场的第一天起不断学习、不断精进,用学习充实、完善自己。相比于其他岗位,HR 与企业的内外部交集最多最广,面对形形色色的人员,视野的开阔、交流的增多让 HR 更加热爱和注重自身的学习。但是,仍有很多 HR 在感慨越学习越迷茫,花费大量精力学习后只是激起一时的兴奋,遇到实际问题仍然一头雾水、没有思路,然后不断求助他人,做着不折不扣的"伸手党"。

培训领域有一个"70/20/10 学习法则"(人的成长 70% 源于实践、20% 源于交流、10% 源于常规学习)。很多 HR 受此影响,把精力更多集中在实践和交流,减少了常规学习。站在企业角度,我们都希望能够快速、批量培养技能型人才,故"实践 + 交流"无疑是最佳方式。但针对个人成长,常规学习即自我学习,在学习过程中的不断反思总结,其重要性远远超过前两项。只有主动自我学习才可能不断建立、完善、重构自身的知识体系,并将外部被动学到的知识点与个人已有知识体系进行融合。

### 一、HR 学习的五点建议

每个人对学习都有不同的理解,但获取了学习资源和能够融会贯通之间还相距着十万八千里。学习本身更应注重方式方法,以下是笔者对 HR 的五点学习建议:

建立自己的学习目标。学习目标不是确定每天学习几小时,不是为了将工作的8小时外都填满，单纯的时间管理不如改为目标管理。这个明确目标可能是调动、晋级、涨薪、跳槽，人的天生惰性决定了只有在有明确外界刺激时才会激发主动学习的斗志。在每次开启新的学习功课前，不妨先考虑一下将学内容是否与目标设定一致，变被动学习为主动学习。有限的精力一定要优先投入最需要的地方。

图1-5　HR学习的几点建议

构建专业知识体系。HR应首先做到专业知识体系不要有明显的盲区，而不是跳过知识直接学习他人技巧。以劳动纠纷中最常见的离职补偿金为例，HR仔细研读《劳动合同法》后，自己就可以组合列举出三十多种不同的补偿情形，如此当员工离职时就会有个初步的处理思路，自己在总结过程中也会加深对知识的理解。缺少专业知识基础而学习到的他人技巧，仅能帮助我们做到简单的"照猫画虎"。知识体系的构建可通过不断总结个人知识能力地图，发现自己的知识盲区并优选学习之。

注重各类软技能学习。这些技能包括沟通技巧、公文写作、时间管理、搜索能力、逻辑思维，等等。在HR日常工作中软技能与专业技能相辅相成，构成了HR的综合实力。比如沟通技巧，为了增进员工关系和推进工作进展，HR每天最重要的事就是做好和内外部人员的各类沟通，同样的事情采取不同的沟通方式会得到完全不同的效果。又如搜索能力，通过工具快速获取知识并再辨识、归纳、加工，HR可以将互联网资源直接变为个人知识的"外挂硬盘"。

加强业务知识学习。业务知识与人力资源知识领域没有直接交集，包括行业动态、市场需求、业务逻辑、关键技术等。当前HR将学习精力更多集中在专业知识学习上，而忽视了业务知识，这也造成了HR缺少企业战略眼光、与一线员工沟通困难等问题。只有懂业务的HR才可能站在企业全局视角更好地为业务部门出谋划策，这也是近些年越来越多的企业引入 HRBP（人力资源业务合作伙伴）的一个主要原因。

专项知识深度学习。学习资源极大丰富带来的最大弊端就是诱惑太多、难以聚焦，而要想在某一领域有所建树则必须进行专项深度学习。专项深度学习可以在集中的一段时间内通过收集资源、整理学习、实践总结、分享输出、反思重构等方法实现在某一知识点的快速突破。通过专项知识深度学习，可以集中专注力，将大量的相关知识内容建立关联和融合，迅速让自己变为某一领域的专家。

**二、员工关系管理岗位的核心素养**

员工关系管理工作入门容易，但如果想真正掌握员工关系管理工作的内涵，在企业内部建立和谐、稳定的员工关系，则需要人力资源持续进行知识、素养方面的自我学习和修炼，不断提升自己，进而成为人力资源某一方面的专家。笔者将员工关系管理岗位的核心素养总结为"七颗龙珠"：

第一，具有法律意识。

在人力资源专业论坛、讲座、交流群里，提问多数围绕着经济补偿、工伤待遇、合同续签、辞退方式、试用期管理等展开。职场菜鸟遇到这类问题的第一反应是网上搜索答案或寻求帮助，殊不知这些问题的根源都在于企业的行为是否符合国家和地方的法律、行政法规。企业违规，则必然面临着稽查、仲裁、诉讼等风险，对企业形象造成严重损害。

因此员工关系管理岗位要拿到的第一个龙珠就是"具有法律意识"。作为员工关系岗位的人力资源，最低要求是做到对劳动关系相关法律条款有了解，当遇到员工关系棘手问题时，要做到第一反应即是寻找该事项对应的法律依据，做到一切管理行为必须合法、合规，不为企业埋下任何法律风险。

第二，精通操作流程。

员工关系管理工作中有大量的行政事务性工作，包括为员工提供社保、公积金、档案等相关服务，为员工办理入离职手续，统计考勤计算薪资等。上述工作内容和员工利益直接挂钩，如果在处理中出现或小或大的差错，会引发员工的不满情绪，质疑人力资源的专业能力，甚至会认为企业不尊重员工个体。

员工关系管理岗位的第二颗龙珠就是"精通操作流程"。对于这些操作性较强的工作，人力资源一定要精通具体操作步骤。涉及企业外部联系工作，如社保、公积金、档案等工作，要认真领会当地部门的制度规定；涉及企业内部的管理工作，如办理入离职手续等，则应从员工角度出发，尽量优化、简化员工配合要求，及时反馈工作进度，处处体现"以人为本"的理念。

第三，健全规章制度。

缺少制度、标准、流程，不保留管理过程的证据，会给企业埋藏大量的管理隐患。员工不理解企业的管理行为，企业每推进一项工作都要进行大量的解释，造成员工与企业间的关系紧张，引发劳动争议也就在所难免。

员工关系管理岗位的第三颗龙珠——"健全规章制度"。建立、健全规章制度的目的在于实现人力资源管理工作的标准化、规范化和流程化，避免工作的盲目性、随意性。通过规章制度传承企业文化，保障企业各项工作持续、稳定地开展。

第四，共享交流提升。

在人才流动速度加快、信息交流便捷的今天，企业如果不了解人才市场格局、不了解竞争对手人才管理机制，则会造成本企业人力资源管理工作的处处被动。例如，某些福利措施已经被行业内多数企业采纳，本企业如不积极跟进就会立即失去人才竞争的机会。

员工关系管理岗位的第四颗龙珠——"共享交流提升"。企业人力资源工作尤其要避免闭门造车，要主动走出去随时掌握行业的人力资源管理动态。共享交流提升的方法包括参加人力资源圈分享会、人力资源服务商展会、管理专题培训，在论坛、沙龙、QQ群、微信群等交流平台分享管理心得、探讨管理难点、向业内大咖学习、向标杆企业看齐，用跨界思考、他山之石来不断优化本企业的管理手段。

第五，做好时间管理。

员工关系工作中，人力资源最头痛的事情就是每天要面对大量琐碎的工作。这些事情对于员工来讲都非常重要，都希望企业能够保证迅速解决，而人力资源则需要在不引起员工误解的前提下按照轻重缓急高效地进行处理。

员工关系管理岗位的第五颗龙珠——"做好时间管理"。做好时间管理的方法很多,如先记录下所有的员工管理工作内容,然后将工作内容进行分类,最后为某些事项设定固定的办理时间。例如,向员工公布各类人力资源工作的办理时间,每周固定时间办理入离职手续,每月指定时间办理社保、住房公积金相关事宜,每季度指定时间办理医疗手工报销,每年指定时间段安排员工体检等,最终实现各项工作的井井有条。

第六,加强情绪管理。

员工关系管理工作本身压力大、强度高,处理员工问题和投诉时,员工的一些负面情绪也很容易感染到人力资源。人力资源如果不能通过情绪管理保护好自己,很容易陷入焦虑、紧张、烦躁等不良情绪中难以自拔,影响工作和生活的顺利进行,对身心带来伤害。

员工关系管理岗位的第六颗龙珠——"加强情绪管理"。人力资源应有意识地调适、缓解、激发情绪,以保持积极的情绪体验与行为反应,避免或缓解不当情绪与行为反应的活动,做一个善调节、高情商的人力资源。自我情绪管理包括认知调适、合理宣泄、积极防御、理智控制、及时求助等,人力资源可以借一些心理学入门书籍了解相关技能。

第七,进行职场保护。

企业的绝大多数管理问题与人力资源工作紧密联系,如果用人部门和人力资源部门在管理上职责划分不清,当出现问题时,人力资源部门很容易成为用人部门发泄不满的撒气桶甚至替罪羊:招到牛人不好用、培训费时没效果、考核激励效果差、关键人才留不住、劳动争议摆不平等。

员工关系管理岗位的第七颗龙珠——"进行职场保护"。员工关系管理岗位必须明确自身在企业的定位:员工服务的提供者、突发问题的消灭者、企业文化的操作者。人力资源做好职场的自我保护就必须做到:及时与各级沟通汇报工作进展、避免替代用人部门进行决策、存留过程性书面证据等。从根源上,人力资源应推动高层、用人部门、人力资源部门在人力资源管理工作中的角色与职责的明确划分。

综上,员工关系管理岗位进行职场修炼可以概况为十六字口诀:持续学习、开阔视野、乐观心态、自我保护。

# 第二篇

# 劳动关系

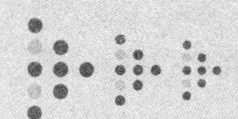

# 第 2 章

# 劳动合同

## ——劳资权益的保障基础

················

劳动合同的期限、类型应如何选择？

劳动合同的必备条款应当如何设计？

常见却无效的劳动合同条款有哪些？

在什么时候签订劳动合同风险最小？

保密协议和竞业协议都有哪些区别？

应当如何做好劳动合同的变更处理？

劳动合同续订都需要注意哪些事项？

劳动合同解除、终止是不是一回事？

解除劳动合同时应当如何防范风险？

哪些情形符合劳动合同终止的条件？

员工培训协议要如何约束员工行为？

················

劳动合同是劳动者和用工单位在平等自愿、协商一致的前提下，确立劳动关系，明确双方权利和义务的协议。在劳动关系的建立、延续、调整到消亡的整个过程，劳动合同用于调节劳动者、用人单位双方当事人的关系，降低劳动争议风险。

## 01 劳动合同模板

企业应结合岗位特点、管理要求等制定切合本企业实际的劳动合同模板。劳动合同模板应能覆盖到企业各个岗位、各种用工形式，具有较强的通用性。劳动合同模板制定后，应尽量减少调整的频率，并尽量避免为某些特殊员工增加定制条款，以降低劳动合同管理的复杂度。

本章除特别指明外，各部分内容主要针对固定期限劳动合同、无固定期限劳动合同或以完成一定工作任务为期限的劳动合同这几种基本用工形式。劳务派遣、非全日制用工这两种补充用工形式的劳动合同内容不再单独展开特别论述。

### 一、合同条款设计的原则

劳动合同条款设计应考虑如下几条原则：

#### （一）依法办事原则

劳动合同必须遵守国家及地方政府的相关法律、行政法规。违反法律、行政法规的合同条款会造成部分或整个劳动合同的无效，并极易引发劳动争议事件。

## （二）公正平等原则

劳动合同条款必须坚持公平公正的原则，切实将企业、劳动者双方利益放在对等位置。合同条款要同时考虑劳动者、企业的双方权益。

## （三）条款详尽原则

条款应将涉及的劳资双方权利、义务尽可能详细地写入劳动合同当中，避免语焉不详的情况。罗列内容过多、今后可能会变更的事项等不宜写入合同条款的内容可在合同中指明要引用的相关法律、行政法规或作为合同附件。

## （四）制度衔接原则

劳动合同、规章制度是企业管理的两大利器。一般来说，劳动合同的法律效力高于企业内部的规章制度，因此要特别注意避免劳动合同与规章制度相抵触的情况。建议企业认真审核规章制度的合法合规性，并在签订劳动合同时要求新员工对规章制度进行确认，从而发挥劳动合同与规章制度从不同高度和层面对员工的约束作用。

> **小贴士 Human Resources**
>
> 有些用人单位在签订劳动合同时，为了加强合同的约束性，把用人单位的规章制度也作为合同的附件。这么做并无必要。
>
> （1）规章制度的有效性具有独立性，其并不因作为劳动合同的附件而有效，如果规章制度本身是无效的，那么该规章制度即使作为有效劳动合同的附件也同样无效。
>
> （2）如果用人单位将规章制度作为劳动合同的附件，对用人单位而言，作为劳动合同附件的规章制度在修改时将变得非常麻烦。因为如果劳动者不愿意变更劳动合同相应条款或者附件，用人单位是无法单方变更的。如此，即使修改后的规章制度制定程序完全合法，对劳动者也是无效的。

## 二、合同制定的法律依据

人力资源必须做到知法、懂法、用法。劳动关系涉及的法律、行政法规非常多，建议在制定劳动合同模板时重点参考以下法律、行政法规的相关内容：

- 《劳动法》
- 《劳动合同法》
- 《就业促进法》
- 《社会保险法》
- 《劳动争议调解仲裁法》
- 《工会法》
- 《劳动合同法实施条例》
- 《工伤保险条例》
- 《住房公积金管理条例》
- 《职工带薪年休假条例》
- 《工伤认定办法》
- 《全国年节及纪念日放假办法》
- 《企业职工带薪年休假实施办法》
- 《女职工劳动保护特别规定》
- 《实施〈中华人民共和国社会保险法〉若干规定》
- 《集体合同规定》
- 《残疾人就业条例》
- 《劳务派遣暂行规定》
- 《最低工资规定》
- 《工资支付暂行规定》
- 《劳动保障监察条例》
- 《关于实施〈劳动保障监察条例〉若干规定》
- 《关于审理劳动争议案件适用法律若干问题的解释（一）》
- 《关于审理劳动争议案件适用法律若干问题的解释（二）》
- 《关于审理劳动争议案件适用法律若干问题的解释（三）》
- 《关于审理劳动争议案件适用法律若干问题的解释（四）》

此外，上述法律相关的实施条例、解释、批复、规定、指导意见、会议纪要也应是重点参考的依据。

另外,人力资源还应充分掌握企业所在地、劳动关系发生地等地方性的法律、法规。

### 三、合同期限类型的选择

劳动合同按照期限的不同,可以分为表2-1所示的三种类型:

表2-1　　　　　　　　劳动合同的期限类型及订立条件

| 劳动期限类型 | 定　　义 | 订立条件 |
| --- | --- | --- |
| 固定期限劳动合同 | 是指用人单位与劳动者约定合同终止时间的劳动合同。 | 用人单位与劳动者协商一致,可以订立固定期限劳动合同。 |
| 无固定期限劳动合同 | 是指用人单位与劳动者约定无确定终止时间的劳动合同。 | 用人单位与劳动者协商一致,可以订立无固定期限劳动合同。有下列情形之一,劳动者提出或者同意续订、订立劳动合同的,除劳动者提出订立固定期限劳动合同外,应当订立无固定期限劳动合同:(一)劳动者在该用人单位连续工作满十年的;(二)用人单位初次实行劳动合同制度或者国有企业改制重新订立劳动合同时,劳动者在该用人单位连续工作满十年且距法定退休年龄不足十年的;(三)连续订立二次固定期限劳动合同,且劳动者没有《劳动合同法》第三十九条和第四十条第一项、第二项规定的情形,续订劳动合同的。用人单位自用工之日起满一年不与劳动者订立书面劳动合同的,视为用人单位与劳动者已订立无固定期限劳动合同。 |
| 以完成一定工作任务为期限的劳动合同 | 是指用人单位与劳动者约定以某项工作的完成为合同期限的劳动合同。 | 用人单位与劳动者协商一致,可以订立以完成一定工作任务为期限的劳动合同。 |

企业与员工签订劳动合同时,切忌合同期限形式简单地"一刀切",而应结合岗位特点、工作性质选择相匹配的合同期限类型。具有完成某一单项任务、承包方式、季节性用工、临时性用工特点之一的岗位,应选择以完成一

定工作任务为期限的劳动合同。技术复杂、保密要求高等并且需要持续性进行的岗位，可以选择签订无固定期限劳动合同或者设置中长期的劳动合同期限，以减少这些岗位频繁变动带来的损失。

一般来说，企业从增强劳动力活力和降低用工成本角度出发，可在劳动合同期限同时满足多种订立条件时，按照"以完成一定工作任务为期限的劳动合同""固定期限劳动合同""无固定期限劳动合同"的先后顺序与员工协商后确定。

### 四、补充用工形式的合同

固定期限劳动合同、无固定期限劳动合同、以完成一定工作任务为期限的劳动合同均为我国的基本用工形式。除此以外，劳动关系还包括劳务派遣、非全日制用工两种补充用工形式。

表 2-2　　　　　　　　补充用工形式的劳动合同操作要点

| 劳动类型 | 适用条件 | 劳动合同要点 |
| --- | --- | --- |
| 劳务派遣 | 只能在临时性、辅助性或者替代性的工作岗位上实施。 | 劳务派遣单位与被派遣劳动者订立的劳动合同，除应当载明《劳动合同法》第十七条规定的事项外，还应当载明被派遣劳动者的用工单位以及派遣期限、工作岗位等情况。劳务派遣单位应当与被派遣劳动者订立二年以上的固定期限劳动合同，按月支付劳动报酬；被派遣劳动者在无工作期间，劳务派遣单位应当按照所在地人民政府规定的最低工资标准，向其按月支付报酬。 |
| 非全日制用工 | 劳动者在同一用人单位一般平均每日工作时间不超过四小时，每周工作时间累计不超过二十四小时。 | 非全日制用工双方当事人可以订立口头协议。从事非全日制用工的劳动者可以与一个或者一个以上用人单位订立劳动合同；但是，后订立的劳动合同不得影响先订立的劳动合同的履行。非全日制用工双方当事人不得约定试用期。非全日制用工双方当事人任何一方都可以随时通知对方终止用工。终止用工，用人单位不向劳动者支付经济补偿。非全日制用工小时计酬标准不得低于用人单位所在地人民政府规定的最低小时工资标准。非全日制用工劳动报酬结算支付周期最长不得超过十五日。 |

注：劳务派遣合同适用条件中的"三性"是指：临时性工作岗位是指存续时间不超过六个

月的岗位；辅助性工作岗位是指为主营业务岗位提供服务的非主营业务岗位；替代性工作岗位是指用工单位的劳动者因脱产学习、休假等原因无法工作的一定期间内，可以由其他劳动者替代工作的岗位。

## 五、劳动合同的必备条款

《劳动合同法》中规定了九项必备条款和部分可选内容，在劳动合同条款设计时可以参考表2-3进行检查：

表2-3　　　　　　　劳动合同条款自检表

| 序号 | 合同条款 | 必备项 | 是否具备 |
| --- | --- | --- | --- |
| 1 | 用人单位的名称、住所和法定代表人或者主要负责人 | 是 | □是　□否 |
| 2 | 劳动者的姓名、住址和居民身份证或者其他有效身份证件号码 | 是 | □是　□否 |
| 3 | 劳动合同期限 | 是 | □是　□否 |
| 4 | 工作内容和工作地点 | 是 | □是　□否 |
| 5 | 工作时间和休息休假 | 是 | □是　□否 |
| 6 | 劳动报酬 | 是 | □是　□否 |
| 7 | 社会保险 | 是 | □是　□否 |
| 8 | 劳动保护、劳动条件和职业危害防护 | 是 | □是　□否 |
| 9 | 法律、法规规定应当纳入劳动合同的其他事项 | 是 | □是　□否 |
| 10 | 试用期 | 否 | □是　□否 |
| 11 | 培训 | 否 | □是　□否 |
| 12 | 保守秘密 | 否 | □是　□否 |
| 13 | 补充保险 | 否 | □是　□否 |
| 14 | 福利待遇 | 否 | □是　□否 |

## 六、无效合同和无效约定

无效合同是指当事人违反法律规定订立的不具有法律效力的劳动合同。

按合同无效程度来划分，可以分为全部无效和部分无效。

根据《劳动合同法》的规定，劳动合同有下列情况之一则被认定为全部无效或部分无效：

- 以欺诈、胁迫的手段或者乘人之危，使对方在违背真实意思的情况下订立或者变更劳动合同的；
- 用人单位免除自己的法定责任、排除劳动者权利的；
- 违反法律、行政法规强制性规定的。

劳动合同部分无效的情况规定为："劳动合同部分无效，不影响其他部分效力的，其他部分仍然有效。"

以下为一些常见的无效劳动合同约定内容：

- 内容违反法律、行政法规的劳动合同。如约定试用期超过6个月，约定企业不购买社会保险等。
- 订立程序形式不合法的劳动合同。如双方当事人未经协商，或者未经批准采取特殊工时制度等。
- 违反劳动安全保护制度。如约定劳动者自行负责工伤、职业病，免除用人单位的法律责任等。
- 违反规定收取各种费用的劳动合同。如强制约定收取培训费、保证金、抵押金、风险金、股金等。
- 侵犯婚姻权利的劳动合同。如规定合同期内职工不准恋爱、结婚、生育。
- 侵犯健康权利的劳动合同。如约定工作时间超过法律规定，损害劳动者正常休息休假。
- 侵犯报酬权利的劳动合同。如加班不支付加班工资，支付低于最低工资标准的工资等。
- 侵犯自主择业权利的劳动合同。如设定巨额违约金、培训费，限制职工流动。
- 权利义务显失公平的劳动合同。如设定无偿或不对价的竞业禁止条件等。

## 七、劳动合同的参考范本

各地人力资源和社会保障机构一般都会在网上提供各种类型的劳动合同

范本供企业参考使用。劳动合同范本除了将《劳动合同法》规定的必备条款纳入其中，一般还会将双方当事人在劳动合同的解除和终止、经济补偿、劳动争议处理等方面的权利和义务予以明确。

企业基于劳动合同范本基础上进行细化、补充、完善，可以快速制定出符合企业实际的劳动合同模板。

## 02 设计合同条款

基于协商一致的原则，企业与员工双方可以对劳动合同条款内容进行约定。在符合相关法律、行政法规的前提下，企业应掌握劳动合同条款约定的主动权，使约定内容更符合企业利益，体现出较强的用工灵活性。

### 一、合同期限的约定

劳动合同期限在参考前一节"劳动合同模板"中的内容，首先确定"固定期限""无固定期限""以完成一定工作任务为期限""劳务派遣""非全日制用工"这几种用工形式后，面临的就是如何约定具体合同期限的问题。

企业可依据生产经营状况、岗位特点以及劳动者的年龄、性别、身体状况、专业技能等因素综合确定劳动合同期限的长短。其中，岗位特点是最主要的核心因素。

表2-4给出了一些劳动合同期限约定的建议：

表2-4　　　　劳动合同期限约定的建议条款及操作要点说明

| 合同类型 | 合同期限建议条款 | 合同期限要点说明 |
|---|---|---|
| 固定期限 | 本合同自　　年　　月　　日起生效，至　　年　　月　　日终止。 | 劳动合同期限不要超过劳动者的法定退休年龄。第二次签订固定期限合同时应特别谨慎，一般适宜签中长期合同。中高级管理、专业技术人员适宜签中长期合同。一般管理岗位初次签订时适宜签中短期合同。 |

续表

| 合同类型 | 合同期限建议条款 | 合同期限要点说明 |
| --- | --- | --- |
| 无固定期限 | 本合同自　年　月　日起生效，至法定条件出现时终止履行。 | 符合签订条件，只要劳动者没有主动书面提出放弃签订无固定期限合同，企业都应签订无固定期限合同。劳动者达到法定退休年龄，开始享受基本养老待遇后，劳动合同终止。企业长期需要的关键人才，企业可考虑不再签订固定期限合同而是直接签订无固定期限合同。 |
| 以完成一定工作任务为期限 | 本合同自　年　月　日起生效，于××××工作完成时终止。 | 工作任务应可以准确定义完成条件，必要时可以用合同附件形式对工作任务进行说明。 |
| 劳务派遣 | 本合同自　年　月　日起生效，至　年　月　日终止。 | 至少为二年以上的固定期限劳动合同。合同期的长短应结合用工单位与劳务派遣单位之间的"劳务派遣协议"确定。 |
| 非全日制用工 | 本合同自　年　月　日起生效。 | 可以约定合同期也可以仅约定合同的生效时间。可以书面也可以口头订立合同。双方均可随时通知对方解除合同。 |

## 二、试用期的约定

试用期作为劳动关系的特殊阶段，也是劳动纠纷的高发区。试用期不是劳动合同的必备条款，因此在劳动合同中可以约定也可以不约定试用期。

如在劳动合同中约定试用期，必须注意以下几点：

- 试用期不得违反法律、行政法规有关试用期最长限度的规定。
- 试用期包含在劳动合同期限内，不能单独设立。
- 用人单位和劳动者只能约定一次试用期。
- 试用期的工资必须不低于法律、行政法规规定的标准。

表 2–5 给出了《劳动合同法》规定的试用期最长限度标准：

表 2-5　　　　　　　　　劳动合同试用期最长标准

| 劳动合同类型 | | 试用期最长标准 |
| --- | --- | --- |
| 固定期限 | 三个月以下 | 无试用期 |
| | 三个月以上不满一年 | 一个月 |
| | 一年以上不满三年 | 两个月 |
| | 三年以上 | 六个月 |
| 无固定期限 | | 六个月 |
| 以完成一定工作任务为期限 | | 无试用期 |
| 劳务派遣 | | 同固定期限的试用期标准 |
| 非全日制用工 | | 无试用期 |
| 续签劳动合同 | | 无试用期 |

为避免试用期产生的劳动争议，劳动合同中关于试用期的条款可参考如下编制：

### 【试用期条款示例】

双方同意按以下第____种方式确定试用期期限（试用期包括在合同期内）：

1. 无试用期。

2. 试用期从____年__月__日起至____年__月__日止。

为考察乙方的能力是否符合录用条件，在试用期内甲方有权对乙方进行试用期考核。试用期考核内容由两部分组成，一部分是上级主管对员工的评估，另一部分是员工书面考试，试用期综合考核成绩＝上级对员工的评估成绩×40%+员工书面考试成绩×60%。

书面考试内容涉及甲方的规章制度、相关业务知识及其他必须掌握的知识等；考试按照工种、岗位等分别进行。

试用期综合考核成绩不及格（不满60分）为不符合录用条件，甲方有权按照《劳动合同法》第三十九条第一项的规定解除与乙方的劳动合同。

### 三、工作内容的约定

关于工作内容，在条款约定时应尽可能宽泛，如仅列明到某一岗位序列：管理岗位、技术岗位、行政岗位、销售岗位等。当员工在同一岗位序列内流动时，企业和员工不需要对劳动合同进行变更。

员工从事兼职活动，可能会影响其对本职工作的投入，甚至可能损害企业利益。因此，在工作内容中还应对企业是否同意员工兼职进行约定。

**【工作内容条款示例】**

乙方同意根据甲方工作需要，担任技术岗位（工种）工作，具体任务、职责及工作标准等详见甲方的岗位/职务说明书、操作规范、作业指导文件等相应的文件规定，以及甲方管理人员的安排和要求。

劳动关系存续期间，未经甲方书面同意，不得与其他用人单位建立劳动关系，凡与其他单位建立劳动关系的，均视为对完成甲方的工作任务造成严重影响，甲方有权依法解除劳动合同。

### 四、工作地点的约定

工作地点关系到劳动者的生活环境和工作环境，劳动者一般会希望工作地点比较细化，而站在企业角度，约定工作地点则应考虑企业生产经营发展和岗位特点来确定，避免将地点约定得过细。

工作地点看似简单，却是劳动合同的必备条款。工作地点变更，属于劳动合同内容的实质性变更，劳动者和企业需双方协商一致签订书面协议，如协商不成，则可按照《劳动合同法》第四十条"劳动合同订立时所依据的客观情况发生重大变化，致使劳动合同无法履行，经用人单位与劳动者协商，未能就变更劳动合同内容达成协议的"的规定处理。

**【工作地点条款示例】**

工作地点：××市，但因接受临时性工作任务时按工作需要确定工作地点。甲方因为客观情况发生重大变化，为解决生产经营发展需要，经双方协商一致后可变更工作办公地点，如协商不一致，则按照《劳动合同法》中"劳动合同订立时所依据的客观情况发生重大变化"条款处理。

## 五、工作时间的约定

企业应在劳动合同中，对采用何种工作时间形式进行约定。按照劳动期限分类，只有非全日制用工形式明确了每日的工作时间要求，即同一用人单位一般平均每日工作时间不超过四小时，每周工作时间累计不超过二十四小时的用工形式。固定期限、无固定期限、以完成一定工作任务为期限、劳务派遣这几种类型的劳动合同均未明确对工作时间进行要求，这几种劳动合同均适用于标准工时制、综合计算工时制、不定时工时制。

三种工作时间形式各自针对不同的岗位情况，对比情况可参考表2-6：

表2-6 　　　　　三种工时制标准综合对比

| 工时制度<br>对比项 | 标准工时制 | 综合计算工时制 | 不定时工作制 |
|---|---|---|---|
| 适用范围 | 适合大多数劳动者 | （一）交通、铁路、邮电、水运、航空、渔业等行业中因工作性质特殊，需连续作业的职工；（二）地质及资源勘探、建筑、制盐、制糖、旅游等受季节和自然条件限制的行业的部分职工；（三）其他适合实行综合计算工时工作制的职工 | （一）企业中的高级管理人员、外勤人员、推销人员、部分值班人员和其他因工作无法按标准工作时间衡量的职工；（二）企业中的长途运输人员、出租汽车司机和铁路、港口、仓库的部分装卸人员以及因工作性质特殊，需机动作业的职工；（三）其他因生产特点、工作特殊需要或职责范围的关系，适合实行不定时工作制的职工 |
| 工作性质 | 通过工作时间决定工作量的大小 | 具有连续性或季节性特点，工作时间决定工作量的大小 | 通过工作量决定工作时间 |

续表

| 工时制度<br>对比项 | 标准工时制 | 综合计算工时制 | 不定时工作制 |
| --- | --- | --- | --- |
| 工时形式 | 每天 8 小时，每周 40 小时 | 一个周期内平均后应与标准工时制基本相同 | 灵活机动，无固定时间要求 |
| 审批要求 | 不需劳动部门批准 | 需劳动部门批准 | 需劳动部门批准 |
| 加班计算 | 工作时间超过标准时间计为加班；休息日、法定节假日安排工作均为加班 | 一个周期内超过总标准工作时间即为加班；法定节假日安排工作也为加班 | 在部分地区只有法定节假日安排工作才算加班 |

企业应根据岗位特点确定员工的工时制。多数岗位都适用于标准工时制，而综合计算工时制、不定时工作制则必须经过劳动部门的批准，并经过企业内部公示、员工确认后方可执行。

### 【工作时间条款示例】

甲方安排乙方实行第____项工作制。

（1）标准工作制：甲方安排乙方每日工作时间不超过八小时，每周不超过四十小时，每周休息日为_____。

（2）综合计算工时制：经劳动保障部门审批，乙方所在岗位实行以____为周期，总工时____小时的综合计算工时工作制。

（3）不定时工作制：经劳动保障部门审批，乙方所在岗位实行不定时工作制。

## 六、休息休假的约定

休息休假是针对带薪年休假、婚假、丧假、病假、产假、事假等各类休息休假的约定。企业应在遵守国家及地方的相关法律的前提下制定内部考勤管理制度，其中对休息、休假要有详细的管理细则。

### 【休息休假条款示例】

甲乙双方都应当严格执行国家及公司所在地法律、行政法规和公司规章制度有关休息休假的规定。乙方享有休息日、带薪年休假、婚假、丧假、产假和法定节假日，也可休病假、事假。甲方对乙方实行的休假制度有＿＿＿＿＿＿＿＿＿＿＿＿＿＿＿。

### 七、劳动报酬的约定

劳动报酬的条款内容必须符合当地的工资支付条例中的要求。劳动报酬约定的内容一般包括薪酬的薪资构成、薪资标准、支付形式、支付周期、支付日期等，同时还可对试用期、假期工资、加班工资等特殊情况进行约定。

以下是约定劳动报酬时的一些要点：

表 2-7　　　　　　　　　劳动报酬约定时的操作要点

| 约定项目 | 约定要点 |
| --- | --- |
| 薪资构成 | 薪资建议分为"基本工资+绩效工资+津贴+奖金"等几部分。其中津贴和奖金属于弹性部分，可以不在劳动合同中约定，以便企业充分利用用工的灵活性。基本工资和绩效工资则应有明确的标准和计算方法，并明确这两部分的构成比例。 |
| 试用期薪资 | 不得低于本单位相同岗位最低档工资或者劳动合同约定工资的80%，并不得低于用人单位所在地的最低工资标准。 |
| 支付形式 | 货币形式，约定采用现金还是网银转账的方式。 |
| 支付周期 | 非全日用工方式，支付周期不得超过15天。其他用工方式，一般约定为每月支付一次。 |
| 支付日期 | 约定发放劳动报酬的具体时间。企业如因休息日、节假日的原因不能在约定日期发放薪资时，不能顺延时间拖后发放而是必须提前发放才能避免法律纠纷。 |
| 加班工资 | 可对计算加班薪资标准的工资基数进行约定。这里的工资基数一般理解为劳动者在正常工作时间内向用人单位提供正常劳动应得的劳动报酬标准，但不包括夜班、高温等特殊环境下的各类津贴。加班工资的基数，可参考国家统计局《关于工资总额组成的规定若干具体范围的解释》中规定的"工资总额"概念。 |
| 假期工资 | 婚假、丧假、产假均为带薪假，企业应按正常薪资标准计算薪资。病假建议在劳动合同中进行约定，并应注意不低于企业所在地的政策法规要求。事假可以约定无报酬。 |
| 年终奖 | 不建议在劳动合同中进行约定，以便于企业对离职员工的年终奖是否发放灵活掌握。 |

为避免员工理解歧义,建议企业出台工资管理办法,对薪资构成、薪资发放方法、薪资计算方法等进行详细说明。

**【劳动报酬条款示例】**

乙方在试用期期间的工资标准为每月＿＿＿＿＿元,转正后薪资为每月＿＿＿＿＿元。

乙方薪资由基本工资和绩效工资两部分构成,其中基本工资占工资总额的＿＿＿＿＿%,绩效工资占工资总额的＿＿＿＿＿%。

甲方每月＿＿日前以货币形式支付乙方工资,如遇休息日或节假日则提前至最近的一个工作日发放。

乙方的加班工资基数按每日＿＿＿＿＿元计算,乙方病假工资按市相关法律和行政法规规定的最低标准执行。

## 八、社会保险的约定

社会保险和公积金属于国家的强制规定,企业如未及时为新员工办理相关缴纳手续,则将面临劳动稽查部门的处罚。因此,在社会保险的条款约定时,除明确企业的缴纳责任外,还应强调乙方必须及时配合相关材料的准备工作。

**【社会保险条款示例】**

甲方根据国家和公司所在地政府有关规定,为乙方办理参加社会保险和公积金,并代缴代扣相关个人缴纳的部分。

乙方保证及时向甲方提交办理社会保险和公积金所必需的有关材料。因乙方原因导致甲方未能及时办理完成相关手续,产生的任何后果由乙方自行承担。

## 九、劳动保护、劳动条件、职业危害防护的约定

国家对劳动保护、劳动条件、职业危害防护有强制性的法律规定,企业在约定该项条款时更多的是对新员工起到告知和提醒的义务。

### 【劳动保护、劳动条件、职业危害防护条款示例】

甲方根据生产岗位的需要，按照国家有关劳动安全、卫生的规定为乙方配备必要的安全防护措施，发放必要的劳动保护用品。

甲方必须为乙方提供符合国家规定的劳动安全卫生条件和必要的劳动防护用品，安排乙方从事有职业危害作业的，应定期为乙方进行健康检查，并在乙方离职前进行职业健康检查。

甲方根据国家有关法律、法规，建立安全生产制度；乙方应当严格遵守甲方的劳动安全制度，严禁违章作业，防止劳动过程中的事故，减少职业危害。

甲方应当建立、健全职业病防治责任制度，加强对职业病防治的管理，提高职业病防治水平。

乙方应增加自我保护意识，在劳动过程中严格遵守安全操作规程。如因乙方违反安全操作规程、违章作业，出现工伤事故，甲方在按照国家工伤规定处理的同时，将追究乙方本人应承担的违规作业责任，并对乙方对甲方造成的经济损失进行赔偿。

### 十、其他建议约定的条款

除上述条款外，企业还可在劳动合同中约定甲乙双方的保密、竞业、补充保险、培训、福利待遇等权利义务。这些内容的权利义务往往较为复杂，因此一般仅在劳动合同中列明相关协议的名称，不再单独将条款细节写入劳动合同中。

### 【其他约定条款示例】

甲乙双方共同签订的保密协议、竞业协议、培训协议均属于本劳动合同的附件内容，具有与本合同同等效力。

## 03 劳动合同签署

### 一、合同订立时间的选择

在实践中，劳动合同订立的时间有三种（参见表2-8），分别适用于不同的情况：

表 2-8　　　　　不同劳动合同签订时间优缺点对照表

| 合同签订时机<br>情形分析 | 劳动关系生效前签订 | 建立劳动关系时签订 | 建立劳动关系一月内 |
| --- | --- | --- | --- |
| 适宜情况 | 即将毕业的学生、离职周期较长的准员工等入职需要较长时间的情况。 | 适合大多数情况。 | 适合员工在入职时未能及时提供完整的入职材料，且员工又为企业急需使用人才的情况。 |
| 优缺点对比 | 优势：劳资双方及早建立互信关系，有利于双方后续工作的开展。不足：如劳动者在入职前毁约，企业的工作将会陷入被动。 | 优势：劳资双方的权利义务在劳动合同签订时生效，不易产生纠纷。不足：入职时需劳动者提供、准备、签署的内容非常多，误解、纠纷容易在此时产生。 | 优势：能够快速入职企业急需使用的员工。不足：如在一个月内未签订合同，则可能会产生双倍工资的劳动争议；如一年内未签订，则自动转为无固定期限合同。 |
| 风险防范要点 | 在劳动合同中约定如不能按期建立劳动关系的违约责任。 | 及时做好入职前、入职时的准备、协调、办理等手续。推荐优先采用此种方式。 | 应尽量避免采用此种方式。可考虑与准员工协商将劳动合同签订日期延后至其能够提供入职材料之时。 |

无论劳动者与用工单位在何时签订劳动合同、是否签订劳动合同，用人单位自用工之日起即与劳动者建立劳动关系。也就是说，企业不可能通过推

迟或不签订劳动合同逃脱其应承担的责任。企业如未能在用工一个月内与劳动者签订劳动合同，则将处于被动局面，甚至会引发劳动纠纷并付出巨大代价。及时与劳动者订立劳动合同，尽早明确双方权利义务，是企业的必备工作。

## 二、劳动合同接收与确认

劳动合同一式两份，双方签署完毕后各执一份。现实生活中，个别单位与劳动者签订劳动合同后，将所签署的两份劳动合同都收回由用人单位保存，甚至只签订一份劳动合同，这都是违反《劳动合同法》的行为。

用人单位在将双方签署完毕的劳动合同返回员工时，应让劳动者对劳动合同进行签收。签收的形式可以是专门的《劳动合同签署单》，也可以是简单的《劳动合同领用表》，但无论哪种形式，用人单位都有保留劳动者已保留劳动合同的证据。

用人单位应在劳动合同中或《员工信息登记表》中约定紧急联系人信息。当员工出现意外情况时，紧急联系人是企业及时应对的必备条件。

### 【紧急联系人约定示例】

本人提供如下信息，以便于紧急情况时的联系：

紧急状态联系人姓名：_____，与本人关系：_____，联系电话：_____，通信地址：_____。

经本人同意，当本人处于沟通障碍状态（包括但不限于重病住院、丧失意识、失去人身自由、长时间失去联系）时，本人授权紧急联系人作为受托人。受托人具有处理与本人劳动关系相关的接受和解与调解、代领、签收相关文书的权限。

## 三、签署无固定期限合同

根据《劳动合同法》，下列三种情况属于订立或视为订立了无固定期限劳动合同（参见表2-9）：

表 2-9　　　　　　　无固定期限劳动合同的签署条件

| 情况编号 | 无固定劳动合同签署时需满足的条件 |
| --- | --- |
| A | 用人单位与劳动者协商一致，可以订立无固定期限劳动合同。 |
| B | 有下列情形之一，劳动者提出或者同意续订、订立劳动合同的，除劳动者提出订立固定期限劳动合同外，应当订立无固定期限劳动合同：<br>• 劳动者在该用人单位连续工作满十年的；<br>• 用人单位初次实行劳动合同制度或者国有企业改制重新订立劳动合同时，劳动者在该用人单位连续工作满十年且距法定退休年龄不足十年的；<br>• 连续订立二次固定期限劳动合同，且劳动者没有《劳动合同法》第三十九条和第四十条第一项、第二项规定的情形，续订劳动合同的。 |
| C | 用人单位自用工之日起满一年不与劳动者订立书面劳动合同的，视为用人单位与劳动者已订立无固定期限劳动合同。 |

上述三种情况对比如表 2-10：

表 2-10　　　　　　三种签订无固定期限情形的签订要点

| 签署情况 | 签订主动权 | 签订要点 |
| --- | --- | --- |
| A | 用人单位主动 | 对于用人单位长期需要的关键人才，用人单位可以直接与劳动者协商签订劳动合同。 |
| B | 劳动者主动 | 用人单位必须与劳动者签订无固定期限劳动合同。 |
| C | 劳动者主动 | 视为双方已签订无固定期限劳动合同。 |

其中，第二种情况还应特别注意以下两点：

（一）依法应当订立无固定期限劳动合同，但劳动者提出仅愿意签订固定期限劳动合同时，用人单位应当保留劳动者只愿意签订固定期限劳动合同意思表示的书面证据。

（二）劳动者已经连续两次订立固定期限劳动合同，但劳动者有《劳动合同法》第三十九条和第四十条第一项、第二项规定情形的，如果用人单位并没有依据该情形解除与劳动者之间的劳动合同，愿意与劳动者续签固定期限劳动合同时，则用人单位必须首先保留劳动者相关情形的证据，然后再签署固定期限劳动合同。

**小贴士** 用人单位应当订立而未订立无固定期限劳动合同的法律后果为：自应当订立无固定期限劳动合同之日起向劳动者每月支付二倍的工资。

## 04 劳动合同变更

用人单位与劳动者协商一致，则可对劳动合同的内容进行变更，变更经双方签字或盖章后生效。

劳动合同变更是指劳动合同依法订立后，在合同尚未履行或者尚未履行完毕之前，经用人单位和劳动者双方协商一致，对劳动合同内容作部分修改、补充或者删减的法律行为。

### 一、变更劳动合同的原因

无论何种原因，只要用人单位和劳动者双方协商一致，在不违反法律、行政法规的前提下，均可对劳动合同进行变更。

劳动合同变更的原因可以分为表2-11的三种情形：

表2-11　　　　　　　　常见的劳动合同变更原因

| 原因分类 | 常见变更原因 |
| --- | --- |
| 用人单位原因 | 用人单位改变生产经营方式，致使原劳动合同无法履行；出现在劳动合同中用人单位与劳动者已约定的合同变更情况；工作地点和岗位发生变化。 |
| 劳动者原因 | 医疗期满后，劳动者不能从事原来工作；劳动者不胜任工作；因身体、技能发生变化，劳动者不宜再继续原来工作。 |
| 客观原因 | 订立劳动合同时所依据的法律、行政法规发生变化；因自然灾害或外部不可抗力，造成劳动合同无法履约。 |

出现上述变更原因，如劳动者不同意变更劳动合同，用人单位依据《劳动合同法》第四十条，可以解除与其订立的劳动合同，终止劳动关系，但用

人单位仍应当向劳动者支付经济补偿。

## 二、劳动合同变更的程序

劳动合同的变更程序要遵循以下原则：

（一）劳动合同变更的时间必须在劳动合同依法订立之后、劳动合同尚未履行或者尚未履行完毕之前。如果劳动合同尚未订立或已经履行完毕则不存在劳动合同的变更问题。

（二）劳动合同变更必须坚持用人单位和劳动者双方平等自愿、协商一致。以欺诈、胁迫的手段或者乘人之危，使对方在违背真实意思的情况下变更劳动合同无效。

（三）劳动合同的变更必须符合法律、行政法规的相关规定。用人单位免除自己的法定责任、排除劳动者权利的，违反法律、法规、规章的强制性规定的，变更内容都属于无效变更。

（四）劳动合同必须通过书面形式变更，并经双方签字、盖章确认。变更后的劳动合同文本由用人单位和劳动者各执一份。

（五）劳动合同的变更要遵守及时进行的原则。劳动合同的一方向另一方发出变更合同的请求，合同的另一方应及时作出回应；如另一方未及时作出回应，视为另一方拒绝变更。

## 三、可以不变更劳动合同的情况

按照《劳动合同法》，以下两种情况不需要进行劳动合同变更：

- 用人单位名称、法定代表人等发生变化，也即用人单位变更名称、法定代表人、主要负责人或者投资人等事项，都不需要进行劳动合同变更。
- 用人单位发生合并或者分立，原劳动合同继续有效，此种情况不需要进行劳动合同变更。

**小贴士 Human Resources**　为避免协商不一致造成劳动合同无法变更，可以在劳动合同签订时将可能发生的变化情况写入劳动合同中。如此，当约定情况发生变化时，无须进行变更，双方直接按约定条款履行即可。

## 05 劳动合同续订

劳动合同的续订是指劳动合同期满后，当事人双方经协商达成协议，继续订立与原劳动合同内容相同或者不同的劳动合同的法律行为。在劳动合同到期前，用人单位可充分使用用工自主权，牢牢把握劳动合同续订的主动权。

### 一、合同必须续订的情况

除劳动者提出不续订意向，当满足无固定期限合同条件时，用人单位都必须与劳动者续订劳动合同：

- 劳动者已在用人单位连续工作满十年的；
- 用人单位初次实行劳动合同制度或者国有企业改制重新订立劳动合同时，劳动者在用人单位连续工作满十年且距法定退休年龄不足十年的；
- 连续订立二次固定期限劳动合同，且劳动者没有《劳动合同法》第三十九条和第四十条第一项、第二项规定的情形，续订劳动合同的。

此外，劳动合同期满时，劳动者有以下情况之一的，劳动合同应当续延至相应的情形消失：

- 从事接触职业病危害作业的劳动者未进行离岗前职业健康检查，或者疑似职业病病人在诊断或者医学观察期间的；
- 在本单位患职业病或者因工负伤并被确认丧失或者部分丧失劳动能力的；
- 患病或者非因工负伤，在规定的医疗期内的；
- 女职工在孕期、产期、哺乳期的；
- 在本单位连续工作满十五年，且距法定退休年龄不足五年的；
- 法律、行政法规规定的其他情形；
- 基层工会专职主席、副主席或者委员自任职之日起，其劳动合同期限自动延长，延长期限相当于其任职期间；

- 非专职主席、副主席或者委员自任职之日起，其尚未履行的劳动合同期限短于任期的，劳动合同期限自动延长至任期期满。

### 二、劳动合同续订的原则

在劳动合同续订时，用人单位应把握以下要点：

- 提前通知劳动者。建议用人单位提前 30 天及以上通知劳动者，并发出续订意向，并可要求劳动者在约定的时限内答复是否续订。
- 不能降低劳动者利益。用人单位必须维持或提高劳动者的待遇标准，待遇标准不得低于原标准。
- 如用人单位不同意续订劳动合同，则必须支付经济补偿金；如劳动者不同意续订，则用人单位无须支付经济补偿金。
- 劳动者如不同意续订劳动合同，则用人单位必须让劳动者以书面方式对续订意思进行表示。
- 如果用人单位或劳动者任何一方决定不再续订劳动合同的，务必要在原劳动合同期限届满前办妥劳动合同的终止手续。
- 如双方均愿意续订，劳动合同续订手续也尽量在原劳动合同期限届满前办理完毕。
- 双方在续订劳动合同时，通过平等协商一致，可对原劳动合同的部分约定作出修改，用人单位应当在续订的劳动合同书中予以说明。

### 三、劳动合同续订的流程

劳动合同续订时，建议参考以下流程：

（1）人力资源部门提前 45 天向用人部门提交合同到期员工名单。

（2）用人部门反馈到期员工的劳动合同续订意向。

（3）人力资源部门提前 30 天，将终止或者续订劳动合同意向以书面形式通知合同到期的员工，限期 2 日内员工答复续订意向。

（4）对于不愿续订的员工，人力资源部门保留员工意愿的书面证据后，转入离职办理流程。

（5）对于员工愿意续订但用人部门拟不再续订的员工，计算离职经济补偿金，转入离职办理流程。

（6）对于员工愿意续订、用人部门拟续订的员工，双方进行劳动合同的续订。

## 06 劳动合同解除

劳动合同解除，是整个劳动关系中最易发生劳动争议纠纷的一个环节。在处理劳动纠纷过程中，用人单位必须坚持遵守国家法律、行政法规，做到合法操作，避免引起劳动争议。

劳动关系结束，一般有两种方式，一种是劳动合同解除，另一种是劳动合同终止。HR必须准确区分两种情况的差异，依据适用的法律条文来处理劳动关系。

劳动关系解除，可以分为三种情况：协商一致解除、劳动者提出、用人单位提出。

此外，HR在日常人力资源工作中必须不断完善、规范企业的管理工作，从根本上防范"职场碰瓷"的发生。

### 一、必须区分合同的解除与终止

劳动合同解除和劳动合同终止，其后果都是劳动合同所确定的法律关系消灭，当事人双方的劳动合同关系不再存在，双方当事人之间相对于该劳动合同而形成的责任、权利和义务也随之消灭。这是二者的共同之处。

现实操作中，正是由于这一共同点，人们往往把二者混为一谈而不能正确区分，在处理劳动合同关系时不能正确应用有关法律法规，在相关文书表达上经常混淆使用，因而留下了纠纷隐患。

劳动合同解除和劳动合同终止的主要区别如表2-12所示：

表 2-12　　　　　　　　劳动合同终止、劳动合同解除差异对比

| 对比项 | 劳动合同解除 | 劳动合同终止 |
| --- | --- | --- |
| 产生原因 | 一方当事人意思表示或者双方当事人共同的意思表示。 | 因法定的事实情况的出现自然产生，导致劳动关系自然消亡或不得不消亡，并非当事人的主观意思表示。 |
| 适用情形 | 解除的情形包括：<br>1. 当事人双方协商一致解除；<br>2. 用人单位提出随时解除；<br>3. 用人单位提前 30 天通知解除；<br>4. 劳动者被迫通知随时解除；<br>5. 劳动者提前 30 天通知解除。 | 终止情形包括：<br>1. 劳动合同期满的；<br>2. 劳动者开始依法享受基本养老保险待遇的；<br>3. 劳动者死亡，或者被人民法院宣告死亡或者宣告失踪的；<br>4. 用人单位被依法宣告破产的；<br>5. 用人单位被吊销营业执照、责令关闭、撤销或者用人单位决定提前解散的；<br>6. 法律、行政法规规定的其他情形。 |
| 程序差异 | 上述第 1 种情形，无法律要求的合同解除程序。其余情形，都应履行相应的法定程序，如提前 30 天通知、通知劳动者严重违纪、支付代通知金等。 | 国家现有法律未规定法定程序，部分地方有地方性法规对劳动合同终止程序作了规定。 |
| 如有经济补偿金，其计算的时间起点 | 劳动者以用人单位未依法为劳动者缴纳社会保险为由，要求解除劳动合同，并支付经济补偿金时，经济补偿金的计算起点为 2008 年 1 月 1 日、劳动关系建立日这二者的时间靠后者；其他解除劳动合同的情形，经济补偿金的计算年限均应自双方建立劳动关系日起计算。 | 经济补偿金的计算起点为 2008 年 1 月 1 日、劳动关系建立日这二者的时间靠后者。 |

> **小贴士** 用人单位在给员工开具离职证明时，务必要按照离职情形写明是"解除劳动关系"还是"终止劳动关系"。

## 二、依法不得解除劳动合同的情况

《劳动合同法》规定了用人单位不能依据该法第四十条、第四十一条的规定解除劳动合同的情形：

- 从事接触职业病危害作业的劳动者未进行离岗前职业健康检查，或者疑似职业病病人在诊断或者医学观察期间的；
- 在本单位患职业病或者因工负伤并被确认丧失或者部分丧失劳动能力的；
- 患病或者非因工负伤，在规定的医疗期内的；
- 女职工在孕期、产期、哺乳期的；
- 在本单位连续工作满十五年，且距法定退休年龄不足五年的；
- 法律、行政法规规定的其他情形。

**小贴士 Human Resources** 有上述情形的员工，用人单位仍然可以依据《劳动合同法》第三十九条的规定解除与劳动者的劳动关系，即用人单位可以以劳动者的过失性原因辞退劳动者。

## 三、协商一致解除劳动合同规定

用人单位与劳动者协商一致，可以解除劳动合同。需要注意的是，即使是协商一致解除劳动合同，如果是用人单位向劳动者提出解除劳动合同的意向，则用人单位仍需支付经济补偿金。

## 四、员工提出合法解除合同规定

劳动者提出解除劳动合同，可分为劳动者提前通知解除劳动合同和劳动者单方解除劳动合同两种。

劳动者提前通知解除劳动合同的情形，是劳动者行使自由择业权的体现。这种情形，用人单位应把握以下要点：

表 2-13　　试用期、非试用期员工离职操作要点对比

| 劳动者状态 | 提前通知时间 | 离职程序要点 | 经济补偿 |
|---|---|---|---|
| 处于试用期 | 提前 3 日 | 劳动者通知用人单位书面或口头形式均可。 | 劳动者没有经济补偿金。如劳动者违反离职程序对用人单位造成经济损失，需承担赔偿责任。 |
| 处于非试用期 | 提前 30 日 | 劳动者需书面形式通知用人单位。 | |

对此种情况，用人单位可通过离职程序控制劳动者的离职节奏，如要求劳动者必须提交书面离职申请，以便及时做好工作交接和人员补充的准备工作。劳动者违反提前 30 日以书面形式通知用人单位的规定，而要求解除劳动合同，用人单位可以不予办理。

用人单位有下列情形之一的，劳动者可以单方解除劳动合同：

（一）未按照劳动合同约定提供劳动保护或者劳动条件的；

（二）未及时足额支付劳动报酬的；

（三）未依法为劳动者缴纳社会保险费的；

（四）用人单位的规章制度违反法律、法规的规定，损害劳动者权益的；

（五）因本法第二十六条第一款规定的情形致使劳动合同无效的；

（六）法律、行政法规规定劳动者可以解除劳动合同的其他情形。

劳动者单方解除劳动合同多数是用人单位侵犯了劳动者的合法权益所引起，即用人单位在劳动关系存续期间存在过失。"用人单位以暴力、威胁或者非法限制人身自由的手段强迫劳动者劳动的，或者用人单位违章指挥、强令冒险作业危及劳动者人身安全的，劳动者可以立即解除劳动合同，不需事先告知用人单位"，在这种情况下，劳动者不用告知用人单位，即可解除劳动合同。其他情况，劳动者告知用人单位的同时也解除了劳动合同，且告知的形式书面或口头均可。劳动者单方解除劳动合同时，用人单位应当向劳动者承担经济补偿金，并且可能还要面对侵犯劳动者合法权益的法律后果。

以下是一些最常见的劳动者单方解除劳动合同的情形：

- 用人单位未及时或未足额发放工资；

- 用人单位不缴纳社保，或未足额缴纳社保；
- 用人单位的规章制度损害劳动者权益；
- 用人单位违反诚信原则，用欺诈手段订立或变更合同。

### 五、用人单位提出合法解除合同规定

用人单位提出解除劳动合同，可分为用人单位单方解除劳动合同、用人单位无过失解除劳动合同和因经济性裁员解除劳动合同三种。

用人单位单方解除劳动合同，一般来说存在过失行为的一方是劳动者，用人单位行使的则是用工的自主权，且用人单位无须向劳动者支付经济补偿金。

劳动者有下列情形之一的，用人单位可以单方解除劳动合同：

（一）在试用期间被证明不符合录用条件的；

（二）严重违反用人单位的规章制度的；

（三）严重失职，营私舞弊，给用人单位造成重大损害的；

（四）劳动者同时与其他用人单位建立劳动关系，对完成本单位的工作任务造成严重影响，或者经用人单位提出，拒不改正的；

（五）因劳动合同法第二十六条第一款第一项规定的情形致使劳动合同无效的；

（六）被依法追究刑事责任的。

用人单位无过失解除劳动合同，需要支付经济补偿金，未提前30天通知劳动者本人，用人单位还需支付代通知金。

用人单位无过失解除劳动合同包括以下几种情形：

（一）劳动者患病或者非因工负伤，在规定的医疗期满后不能从事原工作，也不能从事由用人单位另行安排的工作的；

（二）劳动者不能胜任工作，经过培训或者调整工作岗位，仍不能胜任工作的；

（三）劳动合同订立时所依据的客观情况发生重大变化，致使劳动合同无法履行，经用人单位与劳动者协商，未能就变更劳动合同内容达成协议的。

因经济性裁员解除劳动合同，用人单位需要把握以下几点。

（一）《劳动合同法》对经济性裁员的适用情况有明确的规定：

- 依照企业破产法规定进行重整的；
- 生产经营发生严重困难的；
- 企业转产、重大技术革新或者经营方式调整，经变更劳动合同后，仍需裁减人员的；
- 其他因劳动合同订立时所依据的客观经济情况发生重大变化，致使劳动合同无法履行的。

（二）经济性裁员对执行程序有严格的规定。当需要裁减人员达到二十人以上或者裁减不足二十人但占企业职工总数百分之十以上的，用人单位需提前三十日向工会或者全体职工说明情况，听取工会或者职工的意见后，裁减人员方案经向劳动行政部门报告后，方可执行裁员。

（三）实施经济性裁员时需对特殊人群进行照顾。用人单位在经济性裁员时，以下人员应被优先保留：

与用人单位订立较长期限的固定期限劳动合同的；

与用人单位订立无固定期限劳动合同的；

家庭无其他就业人员，有需要扶养的老人或者未成年人的。

（四）被裁减的人员享有优先就业权。因依照企业破产法规定进行重整而被裁减的人员，如用人单位6个月内重新招用人员时，应当通知被裁减的人员，并在同等条件下优先招用被裁减的人员。

### 六、解除劳动合同的起始时间计算

如出现劳动者不配合离职手续办理时，则用人单位向劳动者送达解除劳动合同决定的当天为双方解除劳动关系的时间。在此之前，双方的劳动关系继续存在，劳动者仍为用人单位的员工，用人单位仍需向劳动者发放基本生活费。

### 七、人力资源必须面对的员工离职设计

离职设计，也称辞职设计，是专业律师运用与人力资源相关的法律、行政法规，指导劳动者在劳动过程中收集劳动证据、保存劳动证据、证实劳动

关系、维护合法权益，是专业律师向劳动者提供的一种专项法律服务。通俗来讲，离职设计就是劳动者通过专业律师专挑企业管理的"刺"，在主动离职的同时争取获得企业的离职补偿金。

离职设计这一新兴事物，从最初的无人问津到现在的方兴未艾，一方面说明现今企业在人力资源依法管理、规范管理上仍有大量需要改进完善的地方，另一方面也说明劳动者运用法律武器进行自我维权的意识不断增强。

离职设计的最典型应用就是员工充分掌握企业在劳动关系存续期间的过失证据后，在专业律师的指导下，向企业主动提出辞职，并通过与企业协商或申请劳动仲裁的方式，获取企业的经济补偿金和其他赔偿。

离职设计服务一般包括以下几个步骤：

（一）专业律师了解委托人的基本情况后，为委托人"设计"一个在法律上比较充分的辞职理由；

（二）专业律师帮助委托人操作具体辞职的事项，包括指导和协助委托人收集相关证据、制作并快递《解除劳动合同通知书》等；

（三）专业律师与委托人的原用人单位沟通，争取和解；

（四）如果和解失败，专业律师代理委托人向劳动争议仲裁委员会申请劳动仲裁；

（五）专业律师帮助委托人完成其他的相关法律程序，如立案、收集证据、开庭等。

从离职设计的服务过程可以看出，其核心是专业律师充分利用部分用人单位在人力资源管理方面的制度缺陷和不足，协助劳动者争取利益最大化的专项法律服务。面对离职设计，HR从根本上防范只需做好四个字：依法、规范。

依法，指的是人力资源在工作中必须充分了解、掌握与人力资源相关的法律、行政法规，所有工作都以不违法作为底线。

规范，指的是人力资源在工作中要不断完善企业人力资源相关制度，并在执行过程中不断规范执行，让专业律师无刺可挑。

## 07 劳动合同终止

与劳动合同解除不同,劳动合同终止的情形多数是可以事先预料到的,其处理过程更容易规范,因此用人单位可以比较从容地提前做好准备工作。

### 一、合同终止适用的情况

只有下列情况才属于劳动合同终止:
- 劳动合同期满的;
- 劳动者开始依法享受基本养老保险待遇的;
- 劳动者死亡,或者被人民法院宣告死亡或者宣告失踪的;
- 用人单位被依法宣告破产的;
- 用人单位被吊销营业执照、责令关闭、撤销或者用人单位决定提前解散的;
- 法律、行政法规规定的其他情形。

劳动合同期满时,有以下情形之一的,劳动合同应当续延至相应的情形消失时终止:
- 从事接触职业病危害作业的劳动者未进行离岗前职业健康检查,或者疑似职业病病人在诊断或者医学观察期间的;
- 在本单位患职业病或者因工负伤并被确认丧失或者部分丧失劳动能力的;
- 患病或者非因工负伤,在规定的医疗期内的;
- 女职工在孕期、产期、哺乳期的;
- 在本单位连续工作满十五年,且距法定退休年龄不足五年的;
- 法律、行政法规规定的其他情形。

其中,属于"在本单位患职业病或者因工负伤并被确认丧失或者部分丧失劳动能力的",在劳动合同终止时,用人单位要按照国家有关工伤保险的规定执行。

### 二、劳动合同终止的程序

针对不同劳动合同终止的情形,用人单位应做好相关工作,切实保护劳动者的权益。表 2-14 说明了各类劳动合同终止情形下企业应当继续完成的后续工作内容。

表 2-14　　　　不同劳动终止情形下企业需完成的工作内容

| 劳动合同终止情形 | 用人单位相关工作 |
| --- | --- |
| 劳动合同期满 | 支付经济补偿金（适用于用人单位不同意续约的情形）、办理档案及社会保险关系转移手续、开具离职证明。 |
| 劳动者享受基本养老保险待遇 | 协助劳动者办理退休手续、如双方协商一致继续工作则签订返聘协议。 |
| 劳动者死亡，或者被宣告死亡或者宣告失踪 | 协助劳动者的法定继承人或委托代理人办理个人社保领取手续。 |
| 用人单位被吊销营业执照、责令关闭、撤销或者用人单位决定提前解散 | 支付经济补偿金、办理档案及社会保险关系转移手续、开具离职证明。 |

## 08　保密竞业协议

保密协议和竞业协议是劳动合同最常用的两种附件。二者有很多相似的地方，但二者在应用场合和法定义务上有很大的差异，现对比如表 2-15：

表 2-15　　　　保密协议、竞业协议综合对比

| 对比项 | 保密协议 | 竞业协议 |
| --- | --- | --- |
| 签订对象 | 接触、知悉、掌握商业秘密的劳动者。 | 限于用人单位的高级管理人员、高级技术人员和其他负有保密义务的人员。 |
| 限制内容 | 限制劳动者自己使用或向第三人泄露、披露其在用人单位工作时获得的商业秘密或其他秘密，但并不限制劳动者从事竞争业务或到竞争企业工作的行为。 | 禁止劳动者在本单位任职期间同时兼职于与其所在单位有业务竞争的单位，或禁止他们在原单位离职后从业于与原单位有业务竞争的单位，包括创建与原单位业务范围相同的企业。 |

续表

| 对比项 | 保密协议 | 竞业协议 |
| --- | --- | --- |
| 义务性质 | 是劳动者的法定义务。无论用人单位与劳动者是否签订保密协议,劳动者在职及离职后均需要承担保守法定意义上的商业秘密的义务。 | 对于用人单位的董事、监事、高级管理人员是法定义务。无论是否签订竞业协议,这些特殊的劳动者在职期间均需履行《公司法》中的"忠实义务"。对于用人单位的其他劳动者是约定义务。用人单位与劳动者签订竞业协议,劳动者承担竞业义务,未签订则不承担竞业义务。 |
| 生效条件 | 不以用人单位向劳动者支付经济补偿金为前提,双方协商一致后签字盖章即可生效。如未签订保密协议,则劳动者仅需保守法定意义上的商业秘密。 | 以用人单位在劳动者离职后按月支付经济补偿金为生效条件。否则,竞业协议对劳动者不发生法律效力。 |
| 生效时间 | 没有期限限制。只要作为保密协议对象的商业秘密仍然存在,那么劳动者的保密义务就一直存在。 | 在约定期内限制。在职的竞业禁止期限是劳动关系的存续期间。劳动者离职后的竞业禁止期限,则根据竞业协议中约定确定,但最长不得超过两年。 |
| 违约赔偿 | 用人单位只能主张劳动者赔偿因违约给用人单位造成的损失。 | 用人单位不仅可以主张劳动者违约给用人单位造成的损失,还可以按照协议中的约定主张劳动者的违约金。 |
| 追责途径 | 用人单位既可以通过劳动仲裁,也可以民事诉讼追究劳动者的违约责任。 | 用人单位应首先向劳动仲裁部门申请劳动仲裁,而不能直接向法院提起诉讼。 |

保密协议的主要法律依据是《反不正当竞争法》,保守的是商业秘密。商业秘密是企业的核心内容,它关乎企业的竞争力,对企业的发展至关重要,甚至可能直接影响到企业的生存。因此,与会接触到企业商业秘密的员工签订保密协议是十分必要的。保密协议的条款主要包括:保密内容、责任主体、保密期限、保密义务及违约责任等。保密协议的保密范围应按照岗位进行细化。用人单位与劳动者签订保密协议,无须支付补偿金。

竞业协议的主要法律依据是《劳动合同法》《公司法》,限制的是劳动者与原用人单位的竞争行为。劳动者如与原用人单位发生竞争,往往是恶性竞争,将会严重损害原用人单位利益。所以,用人单位与管理人员、骨干员工签订竞业协议十分必要。特别要注意,用人单位需按月向与之签订竞业协议的劳动者支付经济补偿金,竞业协议才能有效。

## 09 培训协议管理

《劳动合同法》第二十二条规定用人单位为员工提供专项培训费用,对其进行专业技术培训,可以与该员工订立协议,约定服务期。因此,用人单位出资对员工进行专业培训前,应与员工签订《员工培训协议》,还可以基于培训协议与员工重新约定服务期。

需要注意的是,"提供专项培训费用"指的是企业的出资培训,即企业为该培训支付了费用,多数为外部培训或外聘老师培训,一般不包括内部的新员工培训、员工间的交流培训等。"专业技术培训"应当是与员工工作当中的技能有关的,专指提高工作技能的培训,而与工作技能无关的培训,如企业文化、户外拓展培训等,不能算"专业技术培训"。

《员工培训协议》通常包含以下内容:(1)出资培训的项目;(2)培训的时间及期间;(3)培训费用的范围及支付;(4)培训期间的工资待遇和其他补贴;(5)培训结束后的服务期;(6)员工违反服务期的违约责任。

关于培训的时间及期间,《劳动合同法》及其相关法规并未对培训时间或培训期间作限制性的规定,故培训时间可以在工作时间,也可以在休息时间,培训期间可以在工作日,也可以在休息日。

关于培训费用的范围及支付,根据《劳动合同法实施条例》第十六条规定,培训费用,包括用人单位为了对劳动者进行专业技术培训而支付的有凭证的培训费用、培训期间的差旅费用以及因培训产生的用于该劳动者本人的其他直接费用。即,培训费用通常包括三项:有凭证的培训费用、培训期间的差旅费用、因培训产生且用于该员工的其他直接费用。这里的"其他直接费用"一般包括培训期间用人单位为员工支付的生活补贴,而不包括员工培训期间的工资待遇。

关于培训结束后的服务期，服务期的长短可以根据用人单位的要求及与员工的约定确定，并可与劳动合同中的约定不一致。《劳动合同法实施条例》第十七条规定："劳动合同期满，但是用人单位与劳动者依照劳动合同法第二十二条的规定约定的服务期尚未到期的，劳动合同应当续延至服务期满；双方另有约定的，从其约定。"因此，除非用人单位与员工之间有特殊的约定，否则劳动合同期满而服务期未满，双方应当继续履行劳动合同直至服务期满为止。

关于员工违反服务期的违约责任，《劳动合同法》明确规定违约金的数额不得超过用人单位提供的培训费用。用人单位要求劳动者支付的违约金不得超过服务期尚未履行部分所应分摊的培训费用，因此违约金一般最高限额为培训费用的100%，违约金可以按月、按季或按年分摊，可根据服务期的长短合理确定。

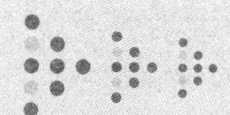

# 第3章

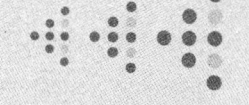

# 灵活用工

## ——多元化用工模式管理

灵活用工是劳动还是劳务关系？

实习生的管理有哪些特别之处？

网约工、平台用工是怎么回事？

非全日制用工应怎样才能用好？

劳务派遣是降成本的灵丹妙药？

雇佣离退休人员都应注意什么？

"灵活用工"并没有一个严格的定义，一般可以理解为是区别于固定全职用工的其他用工形式，是企业基于用人需求波峰波谷、灵活地按需雇佣人才的一种非标准的雇佣关系。企业与人才间将不再是传统的全职劳动关系，而是更加灵活的非全职用工、劳务派遣或劳务关系等形式的全新用工模式。灵活用工将企业使用人才不再限定在一个狭小的范围，在用工年龄、使用时长、双方关系、报酬计算等方面更加灵活，是标准雇佣关系的有效补充。

本章将介绍常见的企业用工形式，并对与员工管理直接相关的实习生用工、平台化用工、非全日制用工、劳务派遣、退休返聘等工作进行进一步阐述。

## 01 灵活用工形式

企业在用工时，除可以雇佣全职劳动者并与劳动者签署劳动合同外，还可以结合企业生产经营特点，适当采用其他灵活用工形式，实现"轻人力资源资产化"，以便更灵活地面对未来经营中的不确定性。图 3-1 概括了常见的灵活用工形式：

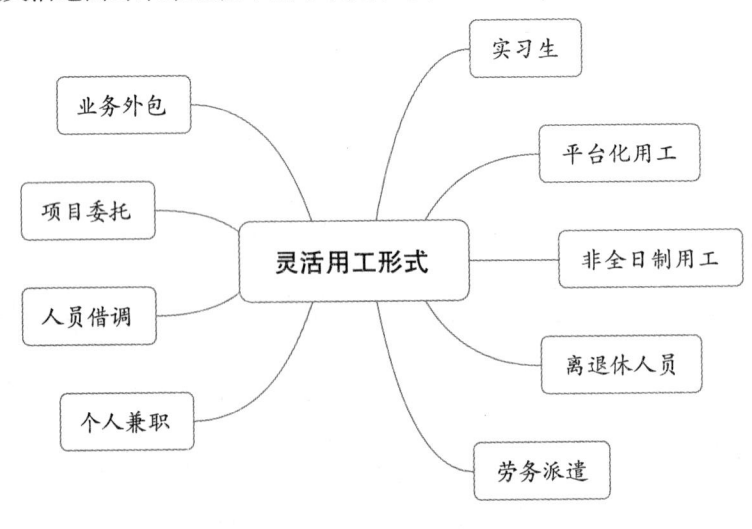

图 3-1　常见的灵活用工形式

业务外包。业务外包是企业将原本由自身提供的具有基础性、共性、非核心的业务流程剥离出来，外包给企业外部专业服务提供商来完成。典型的业务外包如人力资源领域的 RPO（招聘流程外包，Recruitment Process Outsourcing）项目，是指企业将招聘需求交与第三方 RPO 专业公司来完成，RPO 服务供应商管理着企业内部招聘的整个流程。

项目委托。对具有临时性、独特性的管理项目和技术项目，如企业内部缺少相关人才储备，则可以将单项工作任务委托给科研单位、高等院校、咨询公司或其他企业，并与之签订委托协议书，明确完成某项研究或工作任务的数量和质量、标准以及费用。项目委托是法人或其他组织主体之间的商务合同关系。

人员借调。对于集团中的内部企业，如果在某一阶段需要某种专业技术人才，而本企业缺乏但又不必长期使用，那么就可以申请抽调兄弟单位的人才，达到"借鸡生蛋"的效果，等工作完成后，再归还给其原单位。人才借调是集团内部企业间平衡短期人才供需矛盾的有效手段。

个人兼职。兼职是在不脱离、不影响本职工作、学习的情况下，利用业余时间从事第二职业。个人兼职形式可以很好地满足用人单位的弹性用工需求。各类兼职网站的快速兴起，已经有效解决了以往用人单位零散工作与劳动者空余时间的对接难题。

实习生。实习是职业教育、高等教育必备的一个教育环节，因此每年都会有大量走向实习岗位的在校生。实习生制度是用人单位选拔后备人才、定制培养员工、降低用工成本、提高企业知名度的有效手段之一。对于实习生个人，则可以通过实习阶段验证职业选择、学习职业素养、发现职业差距、积累工作经验。

平台化用工。很多互联网平台公司与从业者（典型如快递员、外卖派送、保洁员、代驾司机、网约车司机）不再签署劳动合同，而是签订劳务合同、承包协议、合作协议、兼职服务等。这类平台化用工情形下，平台公司与从业者双方关系目前在司法实践中被认定为劳动关系、劳务关系或居间关系等均存在可能。

雇佣离退休人员。雇佣离退休人员指受雇佣者已经到达或超过法定退休年龄，已办理退休手续，再通过与原用人单位或者其他用人单位订立合同继续提供服务的行为。雇佣离退休人员的情形又可以分为：受雇佣者达到法定离退休年龄，在原工作岗位延长一定的工作时间；受雇者离退休后被原用人单位应聘回原单位从事同种或不同种工作；受雇者离退休后到原用人单位之外的单位工作的情况。

劳务派遣。《劳动合同法》第六十六条中明确规定"劳动合同用工是我国的企业基本用工形式。劳务派遣用工是补充形式，只能在临时性、辅助性或者替代性的工作岗位上实施"。劳务派遣形式建立了劳动者、派遣机构、用人单位的三方制约关系，如果运用得当，能够帮助用人单位简化管理程序、减少劳动争议、分担风险和责任、降低成本费用。

非全日制用工。《劳动合同法》第六十八条规定："非全日制用工，是指以小时计酬为主，劳动者在同一用人单位一般平均每日工作时间不超过四小时，每周工作时间累计不超过二十四小时的用工形式。"非全日制劳动用工形式是一种特殊的劳动关系，被大量应用于餐饮、超市、社区服务等行业，以及用人单位内部的保洁、司机、厨师等辅助性基础岗位。

## 02 实习生的管理

企业使用实习生的目的，通常包括三个方面：一、解决临时性、季节性劳动力的不足；二、减少基础性、低技能工作的用工成本；三、建立后备人才库，为今后选拔优秀毕业生提前布局。

对实习生的多数管理工作可参考正式员工的管理方式，如招聘筛选、入职手续、阶段考核、转正流程、离职交接等，此外实习生管理也有一些自身特点需要注意。

### 一、不同实习模式差异

随着当前教育模式不断贴近企业的用人需求，实习的目的从单一的理论实践逐步发展到带薪社会实践、获取就业机会等多种模式（参见表3-1）。

表 3-1　　　　　　　　　实习的三种模式对比

| 实习模式 | 实习主要目的 | 管理模式 | 报酬获取 |
| --- | --- | --- | --- |
| 理论实践 | 学校教学计划的一部分，将学生所学的理论知识在实习中获得应用。 | 由学校组织在校内部门或校外企业进行实习。 | 一般为无偿，或由学校向实习单位支付一定费用。 |
| 带薪实习 | 学生获取实习报酬、取得工作经验。 | 学生在不违背学校教学秩序的前提下自行联系实习单位，带薪实习和就业无必然联系。 | 学生与实习单位自行协商实习报酬。 |
| 就业实习 | 学生通过实习展示工作能力和工作态度，以期获得在实习单位的就业机会。 | 学生自行联系实习单位，实习单位参考正式员工的管理模式对实习生进行管理。 | 学生和实习单位自行协商实习报酬。 |

随着学生就业压力的不断增大，学生实习的目的更多地倾向于和今后就业相结合。同时，用人单位也愿意开放更多的实习机会，安排学生在一些非重要的岗位实习，在实习过程中能够有更多的时间考察、培养、选拔优秀人才并进行储备。

二、实习生身份的界定

实习生与用人单位属于劳务关系还是劳动关系，首先要判断实习生是否属于劳动者。劳动者在法律上一般要同时满足以下几个要素：

- 达到法定年龄，即年满 16 岁；
- 行为自由，自愿与用人单位建立劳动关系；
- 以从事社会劳动获取收入作为主要生活来源。

按照原劳动部《关于贯彻执行〈中华人民共和国劳动法〉若干问题的意见》的通知（劳部发〔1995〕309 号）第十二条"在校生利用业余时间勤工助学，不视为就业，未建立劳动关系，可以不签订劳动合同"的规定，可以不将实习生与用人单位的关系认定为劳动关系。实习生一般与用人单位签订的是《实习协议》或《劳务协议》，且实习阶段的生活来源仍主要是家庭的支持，因此多数情况下，实习生与用人单位双方的关系被认定为劳务关系，而非劳动关系。因此，用人单位一般不为实习生缴纳社会保险、不承担工伤责任（但仍适用《民法通则》和有关人事损害赔偿司法解释的相关规定）。

如用人单位主动与实习生签订《劳动合同》，则双方关系一般可以被认定为劳动关系，双方属于《劳动法》《劳动合同法》调整的范畴。在司法实践中，已有实习生与用人单位被判定为劳动关系的案例（2010年6月10日最高人民法院公报案例：郭懿诉江苏益丰大药房连锁有限公司劳动争议案）。

**三、实习生管理策略**

实习单位在管理实习生时应根据学生特点采取相应的管理策略：

与校方合作管理。实习单位可与学校签订合作协议，在实习过程中由校方和实习单位共同指导完成学生的实习工作，使学生通过实习提高实践环节的能力，实现理论与实践的结合，从而提高其专业水准。

树立正确的实习生用人观。实习单位不应将实习生视为廉价劳动力，实行粗放式、只使用不开发的管理方式，而应将实习生管理纳入人力资源战略中进行规划，视实习生为人才储备的重要方式，对实习生开发完整的管理制度和培养计划。

加强实习生的安全教育。实习单位不能因实习期较短而忽略对实习生的安全教育，安全问题是实习中必须注意的首要问题。实习单位应在实习岗位设置、工作环境安全、岗前安全教育、安全护具配备、安全责任落实等方面将安全措施落实到位。

建立实习生导师制。实习生导师除指导传授业务技能外，更主要的职责是培养实习生的职业素养，包括形象礼仪、职场心态、职业道德、沟通技巧等。通过分享知识、传授工作经验及提供意见的机制，减少实习生自己摸索求解的过程。

提供实习生伤害保障。实习生因工作原因造成的人身伤害，依照目前司法实践，一般不直接认定为工伤，但在赔偿标准上按照人身损害赔偿标准、工伤赔偿标准两种方式均有。无论采用哪种赔偿标准，实习单位都要承担较高的赔偿责任。实习单位主动为实习生购买商业保险，能够利用保险的转移风险作用降低实习生受到人身伤害引发巨额赔偿的风险。用人单位可以为实习生购买的商业保险主要有两种：团体意外险和雇主责任险。

## 03 平台化用工

平台化用工在法律上并没有一个严格的定义，而是随着近些年互联网经济的兴起而快速发展起来的新现象。平台化用工是常规用工之外的一种新型用工模式，平台公司与从业者之间不再是传统的雇佣关系，二者可能是劳动关系、劳务关系、众包关系、合作关系、兼职关系，等等。当前法律对这类用工关系的界定还比较模糊，加大了企业的管理难度。

平台化用工呈现出以下一些特点：

- 从业者可能同时与多家平台公司签订类似服务内容的合同，而不再局限于只与一家平台公司建立合同关系；
- 从业者可以较灵活地决定工作内容、时间、地点，甚至可以拒绝接受某家平台公司的服务要求，并且双方合作的过程中都有很灵活的退出机制；
- 用人单位的工作分配方面，既可能是平台公司向从业者指派业务，也可以是从业者通过竞争获得业务，工作的分配多数是非特定的；
- 从业者获取报酬，既可能是平台公司向从业者直接支付，也可能是最终服务的客户向从业者支付。

平台化用工这种新型用工关系的法律界定，一般可以划分为以下四种：

表 3-2　　　　　　　　平台化用工关系的法律界定

| 用工关系 | 典型用工 | 用工说明 | 用工规范 |
|---|---|---|---|
| 传统劳动关系用工 | 直营快递公司的快递员 | 平台公司与从业者之间符合原劳动和社会保障部《关于确立劳动关系有关事项的通知》中的情况：（一）用人单位和劳动者符合法律、法规规定的主体资格；（二）用人单位依法制定的各项劳动规章制度适用于劳动者，劳动者受用人单位的劳动管理，从事用人单位安排的有报酬的劳动；（三）劳动者提供的劳动是用人单位业务的组成部分。 | 平台公司与从业者双方签订《劳动合同》，并用企业的规章制度规范从业者行为。 |

续表

| 用工关系 | 典型用工 | 用工说明 | 用工规范 |
|---|---|---|---|
| 非劳动关系用工 | 假期兼职的在校生 | 不满足《关于确立劳动关系有关事项的通知》的情况，平台公司与从业者属于平等民事之间的合作关系的，则可以适用《合同法》等民事法律规范。 | 参照《民法通则》和《合同法》，平台公司与从业者签订《合作合同》。 |
| 劳务派遣用工 | 外派到平台公司的网约车司机 | 劳务派遣一般适用于临时性、辅助性或者替代性的工作岗位。 | 劳务派遣公司要具有劳务派遣资质。劳务派遣单位应当与被派遣劳动者订立二年以上的固定期限劳动合同，按月支付劳动报酬；被派遣劳动者在无工作期间，劳务派遣单位应当按照所在地人民政府规定的最低工资标准，向其按月支付报酬。 |
| 非全日制用工 | 兼职保洁员 | 满足《劳动合同法》第六十八条：非全日制用工，是指以小时计酬为主，劳动者在同一用人单位一般平均每日工作时间不超过四小时，每周工作时间累计不超过二十四小时的用工形式。 | 1. 双方当事人不得约定试用期。2. 双方当事人任何一方都可以随时通知对方终止用工。3. 小时计酬标准不得低于用人单位所在地人民政府规定的最低小时工资标准。4. 劳动报酬结算支付周期最长不得超过十五日。 |

平台化用工的复杂多样性特点，给用人单位的管理带来了新的挑战，笔者认为用人单位在对这类从业者的管理上要注意以下几个方面：

- 规章制度只做必要的约束。为避免将本应的劳务关系认定为劳动关系，用人单位在设计针对平台化用工的规章制度时，要充分体现出从业者的自主权，重点对服务内容、服务标准、交付时间等方面强化限制，而劳动时间、工作地点、管理关系等则应弱化。
- 加强对从业者的培训。平台化用工的高灵活性也造成了从业者流动性要远高于其他传统用工模式。因此，为保证平台对外服务能力、服务水平的一致性，必须加强对从业者的职业素养、劳动技能方面的培训。
- 做好信息安全保密工作。从业者在提供服务时很容易接触到大量最终客户的信息，有些也会接触到平台的内部商业机密，因此平台应设置信息安全等级，并与从业者签订保密协议防范信息的泄露。

## 04 非全日制用工

非全日制用工指是指以小时计酬为主，劳动者在同一用人单位一般平均每日工作时间不超过四小时，每周工作时间累计不超过二十四小时的用工形式。非全日制用工是一种较为特殊的劳动关系，在用工形式上突破了传统的全日制用工模式的很多限制，用人单位可以更加灵活地和劳动者建立用工关系。

企业在对非全日制用工劳动者管理时，应注意非全日制用工的一些特殊性：

表 3-3　　　　　　　　非全日制用工管理的特殊性

| 分类 | 注意事项 |
| --- | --- |
| 劳动合同订立 | 用人单位可以与劳动者签订书面劳动合同，也可以订立口头协议，两种合同形式均为法律所认可。<br>用人单位即使不与非全日制用工的劳动者签订书面劳动合同，亦无须像全日制用工中那样支付双倍工资和被视为已订立无固定期限劳动合同。 |
| 多方劳动关系 | 从事非全日制用工的劳动者可以与一个或者一个以上用人单位订立劳动合同；但是，后订立的劳动合同不得影响先订立的劳动合同的履行。 |
| 试用期 | 非全日制用工双方当事人不得约定试用期。 |
| 劳动合同解除或终止 | 非全日制用工双方当事人任何一方都可以随时通知对方终止用工。 |
| 劳动合同解除或终止的补偿 | 终止用工，用人单位不向劳动者支付经济补偿。 |
| 工资标准 | 非全日制用工小时计酬标准不得低于用人单位所在地人民政府规定的最低小时工资标准。 |
| 工资支付周期 | 非全日制用工劳动报酬结算支付周期最长不得超过十五日。 |

续表

| 分类 | 注意事项 |
| --- | --- |
| 社会保险 | 从事非全日制工作的劳动者应当参加基本养老保险，原则上参照个体工商户的参保办法执行。对于已参加过基本养老保险和建立个人账户的人员，前后缴费年限合并计算，跨统筹地区转移的，应办理基本养老保险关系和个人账户的转移、接续手续。符合退休条件时，按国家规定计发基本养老金。<br>从事非全日制工作的劳动者可以以个人身份参加基本医疗保险，并按照待遇水平与缴费水平相挂钩的原则，享受相应的基本医疗保险待遇。参加基本医疗保险的具体办法由各地劳动保障部门研究制定。<br>用人单位应当按照国家有关规定为建立劳动关系的非全日制劳动者缴纳工伤保险费。<br>从事非全日制工作的劳动者发生工伤，依法享受工伤保险待遇；被鉴定为伤残 5-10 级的，经劳动者与用人单位协商一致，可以一次性结算伤残待遇及有关费用。 |
| 公积金 | 国家层面的法律、法规并未对此进行明确规定，用人单位可以不为非全日制用工的劳动者缴纳。 |
| 劳动争议 | 从事非全日制工作的劳动者与用人单位因履行劳动合同引发的劳动争议，按照国家劳动争议处理规定执行。<br>劳动者直接向其他家庭或个人提供非全日制劳动的，当事人双方发生的争议不适用劳动争议处理规定。 |

## 05 劳务派遣管理

劳务派遣是一种比较特殊的用工方式，涉及用工单位、被派遣劳动者和劳务派遣单位（用人单位）三方关系。三方关系中，用工单位向劳动者提供工作岗位，被派遣劳动者向用工单位提供劳动；用人单位与被派遣劳动者签订劳动合同，并为员工支付工资、办理社会保险、缴纳公积金等；用工单位与用人单位签订劳务派遣协议，并向用人单位支付劳务费。

用人单位使用"劳务派遣"通常基于以下三点原因：一是实现灵活用工，方便用工单位增减人员；二是降低人力资源成本，用工单位可以在一定程度上实行差异化待遇管理;三是解决用工单位编制不足的问题。

### 一、劳务派遣用工的限制要求

劳务派遣作为劳动合同用工基本用工形式的补充形式,必须遵守以下几方面限制:

- 用工岗位的限制。并非用工单位的所有岗位都可以采用劳务派遣方式,劳务派遣一般限制在临时性、辅助性或替代性的工作岗位。临时性工作岗位是指存续时间不超过六个月的岗位;辅助性工作岗位是指为主营业务岗位提供服务的非主营业务岗位;替代性工作岗位是指用工单位的劳动者因脱产学习、休假等原因无法工作的一定期间内,可以由其他劳动者替代工作的岗位。
- 用工数量的限制。用工单位应当严格控制劳务派遣用工数量,使用的被派遣劳动者数量不得超过其用工总量的10%。这里的用工总量是指用工单位订立劳动合同人数与使用的被派遣劳动者人数之和。
- 劳动合同期限限制。劳务派遣单位应当依法与被派遣劳动者订立2年以上的固定期限书面劳动合同。
- 劳务派遣资质限制。劳务派遣单位应当办理《劳务派遣经营许可证》,未经许可,任何单位和个人不得经营劳务派遣业务。

### 二、劳务派遣协议的内容要求

劳务派遣单位与用工单位应当签订劳务派遣协议,劳务派遣协议的内容应包括《劳务派遣暂行规定》第七条的规定:

(一)派遣的工作岗位名称和岗位性质;

(二)工作地点;

(三)派遣人员数量和派遣期限;

(四)按照同工同酬原则确定的劳动报酬数额和支付方式;

(五)社会保险费的数额和支付方式;

(六)工作时间和休息休假事项;

(七)被派遣劳动者工伤、生育或者患病期间的相关待遇;

（八）劳动安全卫生以及培训事项；

（九）经济补偿等费用；

（十）劳务派遣协议期限；

（十一）劳务派遣服务费的支付方式和标准；

（十二）违反劳务派遣协议的责任；

（十三）法律、法规、规章规定应当纳入劳务派遣协议的其他事项。

### 三、劳务派遣用工的员工管理要求

对用工单位而言，被派遣劳动者在管理程度上与自身员工差异很小，以下列出了法律规定的管理要点：

表 3-4　　　　　　　　　劳务派遣员工的管理要点

| 项目 | 对劳务派遣员工的管理要点 |
| --- | --- |
| 岗位设置 | 限制在临时性、辅助性或者替代性的工作岗位，使用的被派遣劳动者数量不得超过用工单位用工总量的 10%。 |
| 合同签订 | 劳务派遣单位应当依法与被派遣劳动者订立 2 年以上的固定期限书面劳动合同。用工单位与被派遣劳动者签订劳务派遣协议。 |
| 告知义务 | 劳务派遣单位如实告知被派遣劳动者《劳动合同法》第八条规定的事项（工作内容、工作条件、工作地点、职业危害、安全生产状况、劳动报酬，以及劳动者要求了解的其他情况）、应遵守的规章制度以及劳务派遣协议的内容。 |
| 试用期 | 劳务派遣单位可以依法与被派遣劳动者约定试用期。劳务派遣单位与同一被派遣劳动者只能约定一次试用期。 |
| 员工培训 | 劳务派遣单位应建立培训制度，对被派遣劳动者进行上岗知识、安全教育培训；用工单位对在岗被派遣劳动者进行工作岗位所必需的培训。 |
| 社会保险 | 劳务派遣单位为被派遣劳动者缴纳社会保险费，并办理社会保险相关手续。<br>劳务派遣单位跨地区派遣劳动者的，应当在用工单位所在地为被派遣劳动者参加社会保险，按照用工单位所在地的规定缴纳社会保险费，被派遣劳动者按照国家规定享受社会保险待遇。<br>劳务派遣单位在用工单位所在地设立分支机构的，由分支机构为被派遣劳动者办理参保手续，缴纳社会保险费。<br>劳务派遣单位未在用工单位所在地设立分支机构的，由用工单位代劳务派遣单位为被派遣劳动者办理参保手续，缴纳社会保险费。 |

续表

| 项目 | 对劳务派遣员工的管理要点 |
|---|---|
| 公积金 | 由劳务派遣单位负责缴纳。 |
| 薪酬待遇 | 被派遣劳动者享有与用工单位的劳动者同工同酬的权利。用工单位应当按照同工同酬原则，对被派遣劳动者与本单位同类岗位的劳动者实行相同的劳动报酬分配办法。用工单位无同类岗位劳动者的，参照用工单位所在地相同或者相近岗位劳动者的劳动报酬确定。<br>被派遣劳动者退回后在无工作期间，劳务派遣单位应当按照不低于所在地人民政府规定的最低工资标准，向其按月支付报酬。 |
| 退工管理 | 有下列情形之一的，用工单位可以将被派遣劳动者退回劳务派遣单位：<br>（一）用工单位有《劳动合同法》第四十条第三项、第四十一条规定情形的；<br>（二）用工单位被依法宣告破产、吊销营业执照、责令关闭、撤销、决定提前解散或者经营期限届满不再继续经营的；<br>（三）劳务派遣协议期满终止的。<br>被派遣劳动者有《劳动合同法》第四十二条规定情形的，在派遣期限届满前，用工单位不得依据本规定第十二条第一款第一项规定将被派遣劳动者退回劳务派遣单位；派遣期限届满的，应当延续至相应情形消失时方可退回。 |
| 劳动合同解除或终止 | 被派遣劳动者提前30日以书面形式通知劳务派遣单位，可以解除劳动合同。被派遣劳动者在试用期内提前3日通知劳务派遣单位，可以解除劳动合同。劳务派遣单位应当将被派遣劳动者通知解除劳动合同的情况及时告知用工单位。 |
| 离职经济补偿 | 劳务派遣单位因《劳动合同法》第四十六条或者《劳务派遣暂行规定》第十五条、第十六条规定的情形，与被派遣劳动者解除或者终止劳动合同的，应当依法向被派遣劳动者支付经济补偿。 |

## 06 雇佣离退休人员

离退休不久的人员，他们的知识经验、劳动技能并不因刚刚离退休而发生较大变化。在企业实际用工中，因工作需要，会考虑录取离退休的员工。但因离退休人员已不具备劳动法律关系的主体资格，因此与企业建立的是民事关系而非劳动关系。

本节提到的离退休人员是指已经达到或超过法定退休年龄，且已办理离退休手续的人员。依据《最高人民法院关于审理劳动争议案件适用法律若干问题的解释（三）》第七条：用人单位与其招用的已经依法享受养老保险待遇或领取退休金的人员发生用工争议，向人民法院提起诉讼的，人民法院应当按劳务关系处理。如果受雇者不满足上述条件，则用人单位和受雇者之间的用工关系则很大可能会被认定为事实劳动关系。

对离退休人员的管理，需要注意以下要点：

表 3-5　　　　　　　　　　雇佣离退休人员的管理要点

| 项目 | 对离退休人员的管理要点 |
| --- | --- |
| 合同签订 | 签订《劳务合同》而不是《劳动合同》。 |
| 试用期 | 劳务合同无相关法律法规，是否约定由双方协商确定。 |
| 社会保险 | 不需再缴纳。 |
| 公积金 | 不需再缴纳。 |
| 退休工资的个税计算 | 根据《个人所得税法》第四条第一款："下列各项个人所得，免征个人所得税：……（七）按照国家统一规定发给干部、职工的安家费、退职费、基本养老金或者退休费、离休费、离休生活补助费。"因此无须缴纳个税。 |
| 雇佣离退休人员的工资个税计算 | 个税计算适用的情形较为复杂，可以分为按劳务报酬所得或工资薪金所得两种情况计算个税。企业可参考国税函[2008]723号、国税函[2005]382号、国税函[2006]526号、国税函[2005]382号、最新修订的《个人所得税法》等的相关规定来确定。<br>企业应结合离退休人员的个人实际（专项附加扣除情况、个人收入构成情况、薪资水平、是否符合国税函[2006]526号"退休人员再任职"条件、全年一次性奖金优惠政策等），协助离退休人员共同确定个税采用劳务报酬所得或工资薪金所得的扣除方式。 |
| 劳务合同终止 | 应符合《合同法》和《民法通则》，具体参照企业与离退休人员双方签订的《劳务合同》中的约定。 |
| 人身伤害 | 劳务关系中受伤不能叫作工伤，只能叫人身损害，可以要求侵权方进行人身损害赔偿。<br>离退休人员在工作中受到伤害，可以直接向人民法院起诉，并按普通侵权造成人身损害赔偿的标准承担赔偿责任。<br>企业可为离退休人员购买人身意外险、团体意外险、雇主责任险等商业保险，对用工风险进行一定程度上的转移。 |
| 离职经济补偿 | 应符合《合同法》和《民法通则》，具体参照企业与离退休人员双方签订的《劳务合同》中的约定。 |

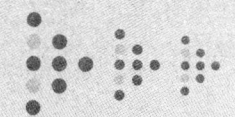

# 第4章

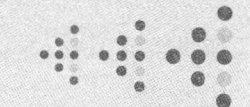

# 入职管理

## ——筑好风险防范首道墙

入职前关怀的工作要点有哪些?

员工入职前企业要做哪些准备?

如何通过入职资料审查防风险?

怎样保障入职手续办理得高效?

入职时需要留存哪些关键证据?

新员工入职引导都需要做什么?

必备的岗前培训内容都有哪些?

怎样做好入职风险的防范措施?

新员工入职，是劳动者与用人单位建立劳动关系的开始。做好新员工的各项初期管理工作，有助于减少拟录用员工爽约、规避多种用工风险、加快新员工融入团队速度，进而提高新员工的存活率、降低新员工的适应成本。

入职管理不仅仅是签订合同办理入职手续，更应做好前期的准员工的入职前关怀、企业内部的多部门入职准备，以及入职后的入职引导和岗前培训工作。本章详细介绍了入职前人力资源部门及相关部门如何开展各项相关准备工作，如何在办理入职时进行入职资格审核，如何做好各类入职风险的防范工作。图4-1概括了新员工入职的全过程管理内容：

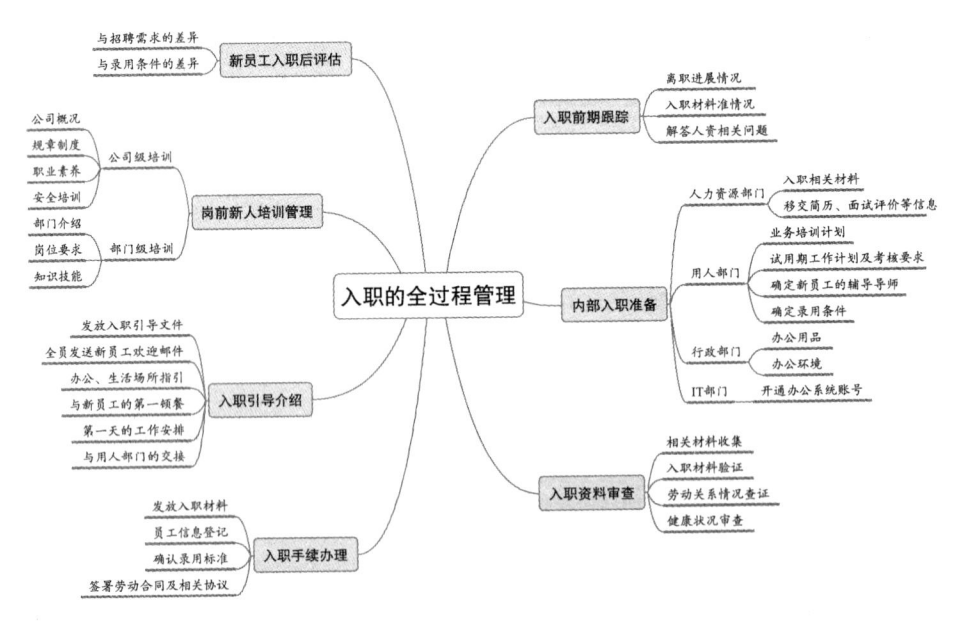

图4-1 新员工入职的全过程管理内容

## 01 做好入职跟踪

企业拟录用员工，从接收到企业的录用通知书（通常被称为 Offer）到正式入职，会存在一个劳资双方尚未建立正式劳动关系的空档期。这个空档期短则一两天，长则一两个月，特殊情况甚至会超过半年之久（一般对应于应届毕业生或企业的中高端人才）。我们可将处于这个空档期的企业拟录用员工称为企业的准员工。

企业一方在得到求职者对录用通知书的确认后，都会调整相应的招聘配置计划，并由人力资源部门与其他部门共同协作开展准员工入职前的一系列准备工作。可以说，企业对准员工的成本投入从其身份确认的那一刻就已经开始了。

与此同时，准员工并未立即摆脱之前的求职状态，仍然有可能主动或被动获得其他的工作机会。首先，准员工对新企业的认可程度非常有限，往往局限于招聘环节遇到的一些人和物；其次，企业在录用通知书中通常不设置违约金要求或设置的违约金额较低，也客观造成准员工 Offer 的违约成本偏低。因此，出现准员工手握多份 Offer 进行比较，继而爽约重新选择的情况也不足为奇。

一旦准员工没有依录用通知书规定入职，企业原定的各项计划就很有可能被打乱。企业的人力资源应在准员工入职前就与之建立良好的沟通关系，将各类风险降至最低。

在准员工入职前的空档期，人力资源应特别做好以下几方面工作：

### 一、入职前的定期沟通

准员工入职前的定期沟通，其目的在于及时了解其思想动态、离职进展和入职进度，帮助他们解决入职前的各类疑难问题，提升准员工对于新企业的认可程度和满意程度。

对于空档期较长的准员工，人力资源与准员工的沟通应保持每周一次的频率。约定入职时间的前一两周，是准员工能否顺利入职的关键时期，这段时间人力资源需保证与其至少进行每周两次以上的沟通。

人力资源在每次完成与准员工的沟通后，应及时对沟通情况进行记录（可参考表 4-1）。

表 4-1　　　　　　　　　入职前期沟通记录表

| 员工个人基本信息 | 姓名 | | 性别 | |
| --- | --- | --- | --- | --- |
| | 出生年月 | | 手机号码 | |
| | 邮箱 | | QQ/微信 | |
| 员工录用基本信息 | 录用部门 | | 录用岗位 | |
| | 录用薪资 | | 到岗时间 | |
| 入职前期跟进记录 | 沟通时间 | 沟通方式 | 沟通情况 | 遗留问题 |
| | | | | |
| | | | | |
| | | | | |

## 二、入职前的沟通要点

人力资源对准员工的沟通要点主要包括：

### （一）提供并负责解释入职所需的资料清单

企业要求的入职资料通常包括：个人身份证明、学历学位证书、职称证书、职业资格证书、离职证明、健康证明、照片等。不同企业对这些材料的细节要求会有较大差异，人力资源做好相关材料用途、办理的解释说明工作，就显得尤为重要。入职资料清单可参考表 4-2。

表 4-2　　　入职资料清单（适用于有工作经历的社会招聘人员）

| 序号 | 资料名称 | 资料要求 | 资料用途 | 是否必须 |
| --- | --- | --- | --- | --- |
| 1 | 身份证 | 复印件 2 份，原件备查 | 确认员工基本身份信息 | 是 |
| 2 | 户口本 | 首页及个人页复印件 2 份 | 确认员工基本身份信息 | 是 |

续表

| 序号 | 资料名称 | 资料要求 | 资料用途 | 是否必须 |
|---|---|---|---|---|
| 3 | 毕业证、学位证 | 复印件2份，原件备查 | 确认员工的教育经历信息 | 是 |
| 4 | 离职证明 | 原件1份（需包含离职职务、离职原因、劳动合同起止时间、劳动关系解除时间、竞业禁止情况等信息） | 确认员工入职前的劳动关系情况 | 是 |
| 5 | 证件照 | 1寸彩色3张，电子版1份 | 记录员工信息，办理工卡、社保卡等时使用 | 是 |
| 6 | 职称、职业资格证书 | 复印件2份，原件备查 | 确认员工的职业技能资格认证信息 | 有则提供 |
| 7 | 健康证明 | 原件1份（指定××医院） | 确认员工的健康状况 | 是 |
| 8 | 社保公积金缴费确认表 | 原件1份（由原企业提供） | 确认员工在原企业的社保公积金等的缴费截止状态 | 否 |
| 9 | 个人介绍 | 生活照电子版一份，自我介绍电子版一份（100字左右） | 用于新员工欢迎邮件，帮助同事间尽快熟悉 | 是 |

（注：此表可作为录用通知书的附件使用。）

### （二）指导准员工办理在原企业的离职手续

准员工在原企业办理离职手续的过程中，难免会出现原企业极力挽留、有意拖延办理时间、设置审批流程障碍等各种复杂情况，准员工在应对这些情况时通常缺乏经验，不能很好地处置。人力资源可充分发挥自身在政策法规、企业制度、办理流程等方面的知识优势，引导准员工顺利完成离职手续。

### （三）做好人资相关资料转接及其政策解释工作

准员工在工作变动中涉及最多的问题包括：个人档案转移、社保公积金转移、工作居住证变更等。应届毕业生身份的准员工则可能会涉及户籍、派遣证、档案、毕业生就业协议书（通常简称"三方协议"）等问题。人力资源应准确掌握当地相关政策法规的要求和具体办理流程，使各项转接工作得以顺利进行。

### 三、入职前的沟通方式

与准员工的沟通，一般可以采用电话、邮件、短信、微信、QQ等方式，关键岗位的准员工还可以采用面谈的方式。沟通方式在选择时应注意交叉灵活应用，切忌将沟通简单形式化，做得不好会适得其反，成为对准员工的某种骚扰。

### 四、沟通情况的反馈

人力资源应定期将与准员工的沟通情况反馈给用人部门和相关部门，特别是发现准员工有爽约迹象、出现入职风险时应及时进行预警并启动人员备选补充预案。

> **小贴士 Human Resources**
>
> 入职前期的沟通，即招聘跟进，是招聘录用过程中常被忽略的一个环节。很多人力资源认为得到了求职者的Offer确认就万事大吉，在准员工入职前不再主动与之进行任何接触，被动地等待准员工来办理入职手续。这种不对入职风险加以控制的做法，是出现入职爽约现象的重要原因之一。

## 02 内部协作准备

在准员工正式入职前，人力资源部门应牵头组织多部门协作，提前完成各项准备工作。新员工入职后，可以马上感受到企业工作流程的高效、有序和规范，也能体会到企业对新员工的高度重视，从而提升对新企业的认同感和自豪感，更快地融入环境，开展工作。

内部入职准备工作一般至少涉及企业的人力资源部门、用人部门、行政部门、IT部门等。以下列出了各部门的入职准备工作要点：

### 一、人力资源部门入职前期准备工作

（1）通知人力资源部门内部及相关部门启动入职准备工作。通知的内容

主要包括新员工的个人基本信息、岗位信息及入职信息、特别注意事项、准备工作清单、责任人等。新员工入职前的企业内部协作可通过协作通知的方式（参考表4-3）进行。

表 4-3　　　　　　　　新员工入职准备协作工作通知

| 员工个人基本信息 | 姓名 | | 性别 | |
|---|---|---|---|---|
| | 出生年月 | | 手机号码 | |
| 员工录用基本信息 | 录用部门 | | 录用岗位 | |
| | 到岗时间 | | 特殊情况说明 | |
| 请各负责人于　　年　　月　　日前完成以下各项工作 ||||||
| 序号 | 责任部门 | 入职准备工作事项 | | 负责人 | 完成确认 |
| 1 | 人力资源部门 | 入职合同、协议准备，包括：《员工信息登记表》《劳动合同》《薪资确认单》《保密协议》《培训服务协议》《员工手册》《入职流程指引》等 | | | |
| 2 | | 向用人部门移交面试资料，包括新员工个人简历、职业测评结果、笔试面试评价等 | | | |
| 3 | | 制定《公司新员工培训计划》 | | | |
| 4 | | 跟踪相关部门的入职准备工作进度 | | | |
| 5 | 用人部门 | 编制《录用条件确认书》 | | | |
| 6 | | 确定新员工的辅导导师 | | | |
| 7 | | 制定《员工试用期工作计划》 | | | |
| 8 | | 制定《部门新员工业务培训计划》 | | | |
| 9 | 行政部门 | 准备新员工的工卡、办公电脑、办公用品等 | | | |
| 10 | | 准备新员工的办公环境 | | | |
| 11 | IT部门 | 开通各类办公软件系统账号 | | | |

（2）向用人部门移交新员工的个人简历、职业测评结果、笔试面试评价等前期招聘环节保留下来的各种资料、成果。通过这些资料，用人部门可以对新员工有系统、全面的了解，在后期可以对新员工更加有针对性地安排工作。

（3）准备新员工入职后的合同、协议等相关资料。这些资料一般包括：员工信息登记表、劳动合同、薪资确认单、保密协议、培训服务协议、员工手册、入职流程指引等。

（4）制订新员工的入职培训计划。入职培训计划由人力资源部门牵头制定，并与相关各部门培训老师进行确认，培训内容至少应包括企业概况、组织架构、员工手册、规章制度、安全教育、企业福利等内容。

（5）跟踪相关部门的入职准备进展情况。人力资源部门应及时汇总、检查相关部门的入职准备工作结果，防止某项准备工作未能按期完成。

## 二、用人部门入职前期准备工作

（1）编制新员工的录用条件确认书。录用条件是评价新员工能否顺利通过试用期或试用期依法解除不合格员工的重要依据。录用条件在制定时应坚持 SMART 原则，即 S=Specific（明确性）、M=Measurable（可衡量性）、A=Attainable（可达成性）、R=Relevant（相关性）、T=Time-based（时限性）。

（2）确定新员工的辅导导师。辅导导师一般由新员工的直接主管担任，主要负责新员工在试用期内的各项工作安排。

（3）制订新员工的试用期工作计划。试用期的工作计划应有配套的各项工作评价标准，可作为录用标准的一部分或与录用标准合二为一。试用期工作计划应尽可能细化和量化，以方便对试用期工作进行评价。

（4）制订新员工的业务培训计划。用人部门负责新员工的业务培训工作，培训内容主要为产品介绍、工作职责、工作流程、业务技能等。

## 三、行政部门入职前期准备工作

（1）准备新员工的工卡、办公电脑、办公用品等。上述材料须在新员工入职前准备完毕，新员工入职当天可随时申领。

（2）准备新员工的办公环境。新员工的办公场所一般应包括办公位置、办公家具、办公电话等。

## 四、IT 部门入职前期准备工作

开通各类办公软件系统账号。办公软件系统一般包括邮箱、OA、人资系统、网络权限、门禁等。

> **小贴士** 新员工入职不到一周即提出离职,多是企业的入职准备工作没有做好引起的。充分的前期准备工作可减少新员工的焦虑、失望、怀疑等不良情绪。

## 03 入职资料审查

入职资料审查工作是避免今后可能发生的劳动争议的首道关口。通过入职资料审查工作,企业可以避免与潜在的不满足录用条件的准员工建立劳动关系。

在入职资料审查阶段,人力资源应重点做好相关资料收集、入职资料验证、劳动关系查证、健康状况审查等工作。上述工作完成通过后,方可进入劳动合同签署环节。

### 一、相关资料收集

在新员工办理入职手续时,人力资源须按照入职资料清单要求收集相关资料,并可参考表4-4审核入职资料的收集情况。

表4-4　　　　　　　　入职资料归档清单示例

| 员工姓名 | | 身份证号 | |
|---|---|---|---|
| 所属部门 | | 岗位 | |
| 序号 | 资料名称 | 资料要求 | 归档确认 |
| 1 | 身份证 | 复印件2份,原件备查 | □ |
| 2 | 户口本 | 首页及个人页复印件2份 | □ |
| 3 | 毕业证、学位证 | 复印件2份,原件备查 | □ |
| 4 | 离职证明 | 原件1份 | □ |
| 5 | 证件照 | 1寸彩色3张,电子版1份 | □ |
| 6 | 职称、职业资格证书 | 复印件2份,原件备查 | □ |
| 7 | 健康证明 | 原件1份 | □ |
| 8 | 社保公积金缴费确认表 | 原件1份 | □ |

资料归档责任人:
日期:

以上复印件在与原件核对无误后，须由新员工在身份证复印件上书写"与原件一致，由×××提供"并签字确认。

## 二、入职资料验证

企业在招聘环节通常仅要求新员工提供部分相关证明资料，因涉及新员工个人信息的保密，这些资料在招聘环节很难鉴别真伪。因此，在新员工办理入职手续时，人力资源必须对所有入职资料重新进行认真审查，避免虚假信息对企业产生的潜在风险。

企业可参考表4-5中的方法对员工的入职资料进行审查：

表4-5　　　　　　　　　　入职材料真伪验证法

| 验证项目 | 材料内容 | 材料依据 | 验证方式 |
| --- | --- | --- | --- |
| 身份信息 | 身份证号码 | 身份证、户口本 | 全国公民身份号码查询系统 |
| 教育经历 | 起止时间、毕业院校、学历学位、专业 | 毕业证、学位证 | 中国高等教育学生信息网 |
| 职业资格 | 职业资格取得情况 | 职称、职业资格证书 | 职称、职业资格的相关专业网站 |
| 离职证明 | 离职职务、离职原因、劳动合同起止时间、劳动关系解除时间、竞业禁止情况等 | 离职证明 | 审核离职证明原件 |
| 健康证明 | 身高、体重、工伤、职业病、传染病等情况 | 近期体检报告 | 审核体检证明原件 |

## 三、劳动关系查证

如新员工存在如下情况，企业一旦与之建立劳动关系，将可能承担连带赔偿责任：

- 与其他用人单位尚未解除或终止劳动合同的劳动者，给其他用人单位造成损失；
- 与其他用人单位存在竞业协议；

- 涉嫌侵犯其他企业的商业秘密。

对新员工的原劳动关系情况的审核，主要通过《离职证明》中的内容审核是否存在上述情况。对《离职证明》中不能提供的信息，企业应要求新员工提供原用人单位的联系方式或证明人，以便查证。

**四、健康状况审查**

新员工在入职时必须提供近期的体检报告，以证明自身的健康状况。审核体检报告的目的在于了解入职员工既往职业病、工伤情况，保证员工的身体状况能够胜任岗位工作，在集体生活中不会造成传染病流行，不会因其个人身体原因影响他人。

健康状况审查工作应在企业与员工签订劳动合同之前进行。

体检报告可以是新员工到企业指定的医院进行专门入职体检的结果，也可以是新员工在近三个月内由正规医院或专业体检机构出具的体检报告。入职体检项目一般包括：验血、血常规、肝功能、胸部透视、内科、外科、眼科、尿常规、心电图等。

企业应根据岗位要求，制定相应的入职体检标准。企业的入职体检标准应注意避免就业歧视，禁止将携带乙肝病毒作为限制就业的条件。

## 04 签署入职文件

办理入职手续，意味着新员工正式开启了一段新的职业生涯。处于这个时期的新员工，都愿意积极接受新事物、迎接新挑战、承担新任务。人力资源应充分抓住新员工入职的这段最佳时期，与新员工集中签署涉及劳动关系的各类合同、协议，并让新员工对企业规章制度等进行确认。

人力资源在协助新员工办理入职手续时，应坚持规范、高效的原则，避免入职手续办理节点过多、周期过长。人力资源在新员工入职手续办理时须提供全程协助。

入职手续办理须重点做好以下几项内容：

## 一、发放入职流程指引

《入职流程指引》的内容主要包括提交入职材料清单、入职办理流程、各流程接口负责部门、负责人及联系方式等,其目的在于向新员工说明入职的各项流程办理要求。新员工报到后,人力资源在收集新员工提交材料的同时,应向新员工发放《入职流程指引》(可参考表 4-6)并介绍入职注意事项。

**表 4-6　　　　　　　　　　入职流程指引**

×××,您好!

　　欢迎加入×××公司这个大家庭。为帮助您顺利完成入职手续的办理,请参照以下入职流程完成入职各项手续的办理工作。如在办理过程中有任何疑问,请随时向我咨询(手机:×××××××××××,分机××××)。

×××<br>年　月　日

| 序号 | 流程内容 | 完成时间 | 流程说明 | 联系人 |
| --- | --- | --- | --- | --- |
| 1 | 提交入职材料 | 入职当天 | 详见《入职资料清单》。 | 人力资源部×××,分机:×××× |
| 2 | 填写《员工基本信息登记表》,签订《新员工录用条件确认书》 | 入职当天 | | 人力资源部×××,分机:×××× |
| 3 | 签订《劳动合同》《薪资确认单》《保密协议》《培训协议》 | 入职当天 | 上述合同、协议均一式两份,公司盖章后两日内返还一份。 | 人力资源部×××,分机:×××× |
| 4 | 入职引导介绍 | 入职当天 | 熟悉办公环境,参观各部门,与各部门负责人见面。 | 人力资源部×××,分机:×××× |
| 5 | 领取并自学《员工手册》 | 入职当天 | 请认真阅读并在回执上签字确认。 | 人力资源部×××,分机:×××× |
| 6 | 分配工位,领取工卡、办公用品 | 入职当天 | | 行政部×××,分机:×××× |
| 7 | 测试各办公软件系统账号 | 入职二日内 | 各办公软件系统账号由 IT 部门提供。 | IT 部×××,分机:×××× |

续表

| | | | | |
|---|---|---|---|---|
| 8 | 参加公司新员工培训 | 入职一周内,具体时间由公司通知 | 培训内容主要包括：企业概况、组织架构、员工手册、规章制度、安全教育、企业福利等。 | 人力资源部×××,分机：×××× |
| 9 | 参加部门业务培训 | 入职一周内,具体时间由公司通知 | | 用人部门×××,分机：×××× |

## 二、员工信息登记

新员工入职时首先必须填写《员工基本信息登记表》(可参考表4-7)。企业通过新员工填写的表格，可以详细了解新员工的户籍信息、教育经历、工作经历、身体健康等方面的基本情况。

《员工基本信息登记表》的作用主要有以下几点：

（1）人力资源管理软件系统、人事档案的数据依据；

（2）确认新员工的紧急联系人、保险受益人等重要信息；

（3）作为员工是否违反诚信原则取得录用资格的重要证据。

表4-7　　　　　　　　员工基本信息登记表

| 基本情况 | | | | | | |
|---|---|---|---|---|---|---|
| 姓　名 | | 性　别 | | 出生日期 | 年　月　日 | 照片 |
| 民　族 | | 籍　贯 | | 档案所在地 | | |
| 职　称 | | 政治面貌 | | 婚姻状况 | | |
| 身　高 | | 血　型 | | 健康状况 | | |
| 所属部门 | | 入职岗位 | | 入职时间 | | |
| 最高学历 | | 毕业院校及专业 | | | | |
| 现居住地址 | | | | 手机号码 | | |
| 户口所在地 | | 人事档案现存单位 | | 有无驾照 | | |

续表

| 电子邮箱 | | | 紧急联络人 | | | 联系电话 | |
|---|---|---|---|---|---|---|---|
| 社保情况 | 在已入社保项目前打"√"：□医疗　□养老　□失业　□工伤　□生育　□住房公积金 ||||||||
| 身份证号 | | | | | | | | |

| 家庭主要成员（限父母、配偶、子女、紧急联系人） | 与本人关系 | 姓名 | 工作单位或居住地址 | 联系方式 |
|---|---|---|---|---|
| | | | | |
| | | | | |
| | | | | |
| | | | | |

| 保险受益人 | |
|---|---|

学习经历（请从大学开始填写，包括所受过的重要培训或训练）

| 学校/学院名称 | 起止时间 | 专业 | 所获文凭 | 证明人 | 证明人电话 |
|---|---|---|---|---|---|
| | | | | | |
| | | | | | |
| | | | | | |
| | | | | | |

工作经历（请按时间倒序填写）

| 单位名称 | 工作起止时间 | 工作岗位 | 离职原因 | 证明人 | 联系方式 |
|---|---|---|---|---|---|
| | | | | | |
| | | | | | |
| | | | | | |
| | | | | | |
| | | | | | |

续表

本人声明:

1. 本人声明现在未与其他任何公司存在劳动关系,或约定保密协议与竞业限制条款,或有未尽的法律事宜,否则由此产生的任何后果一律由本人承担。
2. 本人确认,公司已如实告知工作内容、工作地点、工作条件、职业危害、安全生产状况、劳动报酬以及本人要求了解的情况。
3. 本人在本表提供的个人信息、学历证明、资格证明、身份证明、工作经历等个人资料均真实,并愿意接受相关背景调查。本人充分了解上述资料的真实性是双方订立劳动合同的前提条件,如有弄虚作假或隐瞒的情况,属于严重违反公司规章制度,同意公司有权解除劳动合同或对劳动合同做无效认定处理。
4. 本人确认,本表所填写的通信地址为邮寄送达地址,如今后地址变更本人将及时通知公司。公司向本人提供的通信地址寄送的文件或物品,如果发生收件人拒绝签收或其他无法送达的情形,本人同意,从公司寄出之日起视为公司已经送达。

签字:　　　　日期:　　年　月　日

## 三、确认录用标准

录用标准是衡量新员工是否符合录用条件,确认新员工可以通过试用期或在试用期合法解除劳动关系的重要依据。企业如未及时与新员工对录用条件进行确认,在试用期与新员工解除劳动合同将变得较为困难。

在办理入职手续时,企业必须与新员工签署事先拟订好的《新员工录用条件确认书》(可参考表4-8)。

表4-8　　　　　　　　新员工录用条件确认书

| 员工姓名 | | 身份证号 | |
|---|---|---|---|
| 所属部门 | | 岗　　位 | |
| 试用期 | 年　月　日　至　年　月　日 | | |
| 录用条件 | (1)<br>(2)<br>(3)<br>(4)<br>(5) | | |

续表

| 员工确认 | 本人已认真阅读并充分理解本《新员工录用条件确认书》，同时郑重承诺如达不到录用条件，本人愿意接受公司依法解除劳动合同的行为。<br>签字：<br>日期： |
|---|---|

在设计录用条件时，一般应包括以下几方面内容：

- 个人诚信要求；
- 身体健康要求；
- 规章制度要求；
- 遵纪守法要求；
- 业绩考核要求。

**小贴士 Human Resources** "不符合录用条件"是依照《劳动合同法》第三十九条第一项规定，合法在试用期辞退不合格员工的最佳手段。因此录用条件在制定时应尽可能做到具体、客观、可量化。

## 四、签署合同协议

《劳动合同法》规定："用人单位自用工之日起即与劳动者建立劳动关系"，"用人单位自用工之日起超过一个月不满一年未与劳动者订立书面劳动合同的，应当向劳动者每月支付二倍的工资"。因此，人力资源必须注意与新员工在其入职一个月内签订劳动合同。劳动合同签订的最佳时期是在新员工入职当天。

入职时是企业与新员工签订各类合同、协议的最佳时期，人力资源应将涉及新员工的所有合同、协议尽可能安排在此时期进行集中签署。

入职时签署的合同、协议包括但不限于表4-9所示的内容：

表 4-9　　入职签署合同、协议种类及要点说明

| 序号 | 合同、协议 | 要点说明 |
|---|---|---|
| 1 | 劳动合同 | 入职一个月内必须签署。 |
| 2 | 员工手册 | 入职一个月内签署。 |
| 3 | 薪资确认单 | 包括薪资结构、薪资水平、福利说明等。 |
| 4 | 保密协议 | 保守商业秘密是员工的一项义务，员工如违反给公司造成损失应承担赔偿责任。 |
| 5 | 培训服务协议 | 可约定员工的服务期。员工如违反服务期约定，公司可索要赔偿。 |
| 6 | 竞业协议 | 竞业协议通过对员工就业限制以保护公司利益。竞业协议签订后，公司必须在员工离职后一定期间内给予经济补偿，协议方才生效。 |

## 05 入职引导介绍

新员工办理完入职手续后面对全新环境，往往最先感受到的是无所适从、缺少头绪，不知如何开始工作。这时人力资源应帮助新员工尽快熟悉工作环境，及早进入工作状态。入职引导介绍，是帮助新员工进入工作状态的第一步。

入职引导要做好如下几件事情：

### 一、发放入职指引文件

入职指引文件是新员工常见问题的汇总。入职指引文件，一方面可以帮助新员工消除不少疑问，另一方面也可以在一定程度上减少人力资源的工作压力。企业可参考表 4-10 制作本单位的新员工入职索引。

## 表 4-10　新员工入职索引

×××：

您好！您已顺利完成入职手续的办理，恭喜您已正式成为××公司的一员。以下是入职后的一些常见注意事项，如有疑问欢迎随时与人力资源部的×××（手机：××××××××××××，分机：××××）联系。

一、您的部门及岗位

新 员 工：×××，部门：×××

岗　　位：×××，分机：××××

辅 导 员：×××，分机：××××，手机：×××××××××××

直接主管：×××，分机：××××，手机：×××××××××××

部门经理：×××，分机：××××，手机：×××××××××××

二、日常办公软件

| 序号 | 软件名称 | 主要功能 | 登录地址 | 账号 | 初始密码 |
| --- | --- | --- | --- | --- | --- |
| 1 | 邮件系统 | 邮件收发、日常通知 | | | |
| 2 | OA | 日常办公审批 | | | |
| 3 | 人力资源系统 | 员工办理请假、薪资、规章制度发布、入离职手续等 | | | |
| 4 | …… | | | | |

注：初始密码请登录后立即修改。

三、常用联系方式

| 序号 | 姓名 | 部门 | 职　责 | 分机 |
| --- | --- | --- | --- | --- |
| 1 | ××× | 人力资源部 | 考勤统计、薪资核算 | ×××× |
| 2 | ××× | 行政部 | 文件收发、办公用品领取 | ×××× |
| 3 | ××× | IT部 | 办公软件系统管理、办公网络维护 | ×××× |
| 4 | …… | | | |

注：完整的公司通讯录请登录公司OA系统下载。

四、上下班时间

从9：00至18：00，其中12：00至13：00为午餐、午休时间。

出入办公区域均请刷工卡，考勤以刷卡时间为准。

续表

| 五、发薪日期 |
| --- |
| 每月×日发放上月薪资,薪资会直接发至公司为您办理的银行卡中(银行卡每月××日到×××处领取,并请及时修改初始密码)。 |
| 六、办公区域图 |
| (略) |
| 七、公司信息 |
| 通信地址:　　　　　　　　　　邮编: |
| 总机:　　　　　　　　　　　　传真: |
| 八、周边交通 |
| (略) |

## 二、新员工的欢迎邮件

新员工入职手续办理完毕后,企业应发送全员欢迎邮件,帮助同事了解新员工的基本信息,以便于今后共同开展工作。欢迎邮件的内容可参考表4-11编制。

表4-11　　　　　　　　新员工入职欢迎邮件

| 主题:欢迎××部新员工×××加入××公司! | | | | | |
| --- | --- | --- | --- | --- | --- |
| 各位好! | | | | | |
| ××部今日有新同事入职,请各位了解,并协助新同事更好地熟悉公司,开展工作。 | | | | | |
| 姓名 | | 性别 | | 年龄 | |
| 部门 | | 岗位 | | 分机 | |
| 手机号码 | | 邮箱 | | 爱好 | |
| 自我介绍 | | | | | |
| 生活照 | | | | | |
| | | | | 人力资源部　年　月　日 | |

## 三、办公、生活场所指引

新员工的文件资料签署完成后,人力资源应带新员工熟悉办公、生活区域，并与各相关部门的主要负责人见面。

在向新员工介绍新环境时，要让更多的同事参与进来。打个招呼、简单寒暄都会让新人感受到同事们的热情，这样新员工融入新团队的速度也会更快。

### 四、与新员工的第一顿餐

与新员工共进第一顿午餐，可以避免新员工在陌生环境中独自吃饭时陷入不知所措的窘境。陪伴新员工的第一顿餐的最佳人员包括：人力资源、新员工的辅导导师、新员工的直接主管、新员工的部门经理等。

第一顿餐，可以帮助新员工与用人部门尽快相互熟悉，也标志着新员工入职交接工作从人力资源部门向用人部门过渡的开始。就餐话题，应主要是对新员工在生活上的指引，在衣、食、住、行等方面向新员工提供参考建议。

### 五、第一天的工作安排

新员工入职第一天办理的手续内容较多，脑海中充斥着大量的陌生人和事物需要消耗理解，因此在剩余的有限时间适宜安排员工手册、规章制度的统一学习或自学，不宜再安排具体的工作内容。

### 六、与用人部门的交接

入职手续办理完毕后，人力资源应带领新人到用人部门报到，并与用人部门的部门经理进行入职工作的交接。交接工作时，建议注意以下几方面内容：

（一）亲自带新员工到用人部门报到，并向用人部门相关人员介绍新员工基本情况；

（二）将入职手续办理进展情况向用人部门进行交接和说明，如有遗留问题需特别指出；

（三）提醒用人部门做好新员工入职工作的后续安排，如新员工录用标准的确认、辅导导师制度、试用期考核、试用期转正考核等；

（四）按照当日、第一周、每月一次的频率与新员工、部门经理保持定期沟通直至新员工度过试用期。

## 06 岗前培训管理

建立新员工的培训、辅导制度，可以帮助新员工尽快完成从"社会人""学生"等身份向"职场人"的转变，让新员工了解企业文化，掌握规章制度，明确企业对新员工业务能力的要求，清晰自身努力的方向。

磨刀不误砍柴工，培训、辅导工作就是企业对新员工打造磨炼的过程。企业应建立一套完善的培训、辅导、考核、跟踪机制，并加大对新员工的培训辅导力度，帮助新员工顺利完成在本企业从陌生到熟练的转变过程，尽早进入最佳工作状态。

### 一、新员工入职培训

从培训内容来看，针对新员工的培训一般分为公司培训和部门培训两大类。公司培训一般由人力资源部门牵头集中组织，相关部门共同参与，培训对象面向全体新员工。部门培训由用人部门组织，由部门骨干担任培训讲师，培训对象仅限于本部门的新员工。表4-12、表4-13分别为公司培训和部门培训内容参考示例。

表4-12　　　　　　　公司培训课程设计示例

| 序号 | 培训分类 | 课程内容设计 | 课程设计说明 |
| --- | --- | --- | --- |
| 1 | 公司整体介绍 | 公司历史与愿景、公司核心业务、服务客户、公司组织架构、各部门功能介绍、公司企业文化、公司管理团队等。 | 通过培训增强员工对公司的荣誉感、使命感。 |
| 2 | 管理制度培训 | 财务制度、行政制度、保密制度、安全制度、IT制度等。 | 对制度进行要点介绍，涉及新员工的内容重点介绍。 |
| 3 | 人力资源制度培训 | 入职手续、试用期规定、考勤制度、请假制度、加班制度、薪资发放、绩效考核、员工福利、离职手续等。 | 人力资源制度都和员工切身利益密切相关，因此应作为入职培训的重点内容。 |

续表

| 序号 | 培训分类 | 课程内容设计 | 课程设计说明 |
| --- | --- | --- | --- |
| 4 | 职业素养培训 | 仪表规范、谈话礼仪、行为举止、邮件礼仪、职场心态、团队合作等。 | 通过职业素养培训打造符合公司企业文化的职场人。 |
| 5 | 安全培训 | 安全意识、职业安全危害、安全职责、安全要求等。 | 结合新员工的岗位性质与工作环境,培训安全指导原则,避免意外伤害的发生。 |

表4-13　　　　　　　　部门培训课程设计

| 序号 | 培训分类 | 课程内容设计 | 课程设计说明 |
| --- | --- | --- | --- |
| 1 | 部门介绍 | 部门结构、部门功能、主要负责人等。 | 帮助新员工对部门有一个快速了解与认识。 |
| 2 | 岗位要求 | 新员工工作描述、职责要求、工作标准等。 | 对新员工岗位的基本要求培训,可由新员工的辅导导师单独进行培训。 |
| 3 | 知识技能 | 岗位知识技能要求、学习方法等。 | 让新员工了解今后学习努力的方向。 |

> **小贴士 Human Resources**　入职培训中最容易出现的问题是在短时间内提供给新员工过多信息,也即"信息超载"。信息超载是由于企业单纯追求效率,在培训时集中向新员工灌输了大量的信息,导致新员工无法有效吸收这些知识。因此在入职培训的课程安排上应张弛有度,不宜过紧。

## 二、入职培训的闭环管理

为增强入职培训的效果、避免今后可能发生的不遵守规章制度的劳动纠纷,新员工入职培训应配合培训签到表、培训考试、培训效果反馈等环节一同开展。在这些过程中,应及时让新员工对培训情况进行签字确认(参考表4-14、表4-15)。

表 4-14　　　　　　　　新员工入职培训签到表

| 课程名称 | 新员工入职培训 | | |
|---|---|---|---|
| 培训时间 | | | |
| 培训课程 | 培训课程 | 培训时间 | 培训讲师 |
| | | | |
| | | | |
| | | | |
| 参训人员： | | | |

| 序号 | 部门 | 姓名（签字） | 序号 | 部门 | 姓名（签字） |
|---|---|---|---|---|---|
| 1 | | | 6 | | |
| 2 | | | 7 | | |
| 3 | | | 8 | | |
| 4 | | | 9 | | |
| 5 | | | 10 | | |

表 4-15　　　　　　　　新员工培训反馈表（示例）

| | 员工姓名：　　　　　　部门：　　　　入职日期： | | |
|---|---|---|---|
| 1 | 您是否已经对公司的整体情况有了一个大致了解？ | □是 | □否 |
| 2 | 您是否已经了解公司的组织架构和各部门功能？ | □是 | □否 |
| 3 | 您是否已经熟悉公司所经营的产品和提供的服务？ | □是 | □否 |
| 4 | 您是否已认真阅读并理解了《员工手册》中的各项内容？ | □是 | □否 |
| 5 | 您是否已经认识公司日常见到的其他同事，并清楚知道他们的称谓？ | □是 | □否 |
| 6 | 您是否已经清晰地了解自己的工作职责和岗位描述？ | □是 | □否 |
| 7 | 您是否已经熟悉工作的流程？ | □是 | □否 |
| 8 | 您今后在工作中遇到问题，是否知道如何寻求帮助？ | □是 | □否 |
| 9 | 在这段时间的培训当中，您认为有待改进的地方？ | | |

续表

| 10 | 在今后的工作中,您希望接受哪些方面的培训? | |
|---|---|---|
| 11 | 经过这段时间对公司的初步了解,您对公司有哪些建议? | |
| | | 员工签字:<br>填表日期: |

## 07 入职风险防控

入职管理是员工关系中的第一个环节,如果做好各种风险防范,企业可以避免今后大量劳动纠纷的发生。表4-16、表4-17、表4-18分别列出了在入职体检、背景调查、入职手续方面的常见风险防控点:

表4-16　　　　　　　　　入职体检风险防控内容

| 规范操作要求 | 常见误区 | 用工风险 | 法律依据 | 相关资料 |
|---|---|---|---|---|
| 体检项目应涉及可能发生职业病的岗位及相对应的部位 | 不安排入职体检或仅有常规体检项目 | 难以界定职业病是否发生在新劳动关系建立后 | | 体检报告 |
| 禁止将乙肝作为体检项目 | 以乙肝或乙肝携带者原因不予录用 | 因就业歧视遭受法律诉讼 | 《关于进一步规范入学和就业体检项目维护乙肝表面抗原携带者入学和就业权利的通知》 | 体检报告 |
| 将体检安排在录用通知之前,应聘者体检合格后再发放录用通知书 | 以体检不合格作为不录用的理由 | 避免入职后再辞退体检不适合企业的员工 | | 体检报告 |

表 4-17　　　　　　　　背景调查风险防控内容

| 规范操作要求 | 常见误区 | 用工风险 | 法律依据 | 相关资料 |
|---|---|---|---|---|
| 要求员工对提供的简历、《员工基本信息登记表》签字确认其有效性；调查员工的教育背景、工作经历、联系方式等的真实性 | 不做调查 | 员工如造假，企业在试用期以"员工不符合录用条件"为由解除劳动合同举证困难 | 《劳动合同法》第二十六条第一项 | 员工简历、《员工基本信息登记表》 |
| 调查与原用人单位解除劳动关系的真实性 | 不做调查 | 用人单位招用尚未解除劳动合同的劳动者，对原用人单位造成经济损失的，该用人单位应当依法承担连带赔偿责任 | 《劳动法》第九十九条 | 原用人单位的《离职证明》 |
| 调查员工是否与原用人单位存在《竞业协议》（限于用人单位的高级管理人员、高级技术人员和其他负有保密义务的人员） | 不做调查 | 企业承担连带赔偿责任 | 《劳动法》第二十四条 | 原用人单位的《离职证明》或《竞业协议》 |

表 4-18　　　　　　　　入职手续风险防控内容

| 规范操作要求 | 常见误区 | 用工风险 | 法律依据 | 相关资料 |
|---|---|---|---|---|
| 在《新员工录用条件确认书》明确岗位的资格、资质要求 | 不列明岗位对任职资格要求 | 员工如造假，企业在试用期以"员工不符合录用条件"为由解除劳动合同举证困难 | 《劳动合同法》第二十六条第一项 | 《新员工录用条件确认书》 |
| 《员工基本信息登记表》表格设计内容翔实；员工需亲自详细填写并签名确认 | 表单设计过于简单，遗漏重要信息；企业没有检查表中填写的信息是否完整；未设置签名确认栏，并亲自监督员工签名 | 员工登记假信息或缺少关键信息；出现劳动纠纷后，员工不承认登记表的有效性 | | 《员工基本信息登记表》 |

续表

| 规范操作要求 | 常见误区 | 用工风险 | 法律依据 | 相关资料 |
| --- | --- | --- | --- | --- |
| 将公司规章制度统一装订成册，员工阅读后必须签字确认 | 下发电子版或只是让员工在企业的网站上查看、学习，缺少员工签字确认环节；没有针对规章制度的培训与考试 | 规章制度对未签署员工无效 | | 《规章制度签收确认单》 |
| 对员工提交证件、材料复印件要求签字确认 | 只是收取资料，未让员工在提交的资料上签字 | 如员工造假，企业诉讼不能得到证据支持 | | |

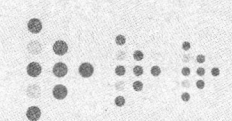

# 第5章
# 试用期管理
## ——助力新员工快速融合

· · · · · · · · · · · · · · · · · · · ·

新员工的试用期管理工作都有哪些?
企业应当如何约定新员工录用条件?
怎样通过辅导导师指导新员工工作?
应当如何通过新员工访谈了解情况?
怎样建立新员工的试用期考核机制?
新员工申请提前转正有哪些利和弊?
怎样才能依法合规辞退试用期员工?
试用期员工的常见管理误区有哪些?

· · · · · · · · · · · · · · · · · · · ·

试用期是劳动者和用人单位为相互了解、选择而协商约定的考察期，也是劳动关系中最不确定的一个阶段。在此期间，用人单位会考察劳动者的综合能力是否符合自己的用人标准，劳动者则要考察用人单位是否符合自己的职业期望。因此，试用期是双方建立互信、互相试用的过程。

## 01 试用管理流程

### 一、试用期管理目标

通常情况下，用人单位都会与劳动者在劳动合同中约定试用期。用人单位设定试用期的目的在于：

- 通过辅导、培训帮助新员工了解企业用人标准、明确努力方向；
- 发挥试用期对新员工的激励作用，使新员工尽快进入工作状态；
- 设立新员工的评估期，降低企业选择人才中的试错成本。

明确了用人单位试用期管理的目标，人力资源就可以准确把握试用期管理的重点：

- 明确员工录用标准；
- 制定试用期员工的考核标准；
- 建立试用期的培训、辅导体系；
- 建立试用期考核机制。

### 二、试用期考核制度

用人单位应建立完善的新员工试用期考核管理制度。试用期考核流程，一般包括以下内容：

1. 企业制定新员工录用条件，明确新员工的辅导导师、辅导计划；

2. 新员工办理入职手续，并确认试用期辅导导师、辅导计划；

3. 人力资源部门组织新员工参加入职培训，并对培训效果进行考评；

4. 用人部门组织新员工参加岗位技能培训，并对培训效果进行考评；

5. 在辅导导师的指导下，新员工参与实际工作；

6. 由人力资源部门牵头组织对新员工定期进行试用期考核，并将考核结果反馈给新员工，向新员工指明改进建议和工作方向；

7. 试用期结束前，人力资源部门牵头组织转正考核。通过转正考评的员工，转为正式员工；未通过转正考评的员工，办理离职手续。

新员工试用期间的考核，可通过表5-1进行过程监督：

表5-1　　　　　　　　　员工试用期工作跟踪汇总表

| 姓　　名 | | 部　　门 | | 岗　位 | |
|---|---|---|---|---|---|
| 试用期 | 自　年　月　日　至　年　月　日 | | | 辅导导师 | |
| 入职培训考试 | 培训课程 | 培训老师 | 培训时间 | 权重 | 考试成绩 |
| | 企业文化 | | | 10% | |
| | 企业规章制度 | | | 30% | |
| | 岗位职责 | | | 20% | |
| | 工作流程 | | | 20% | |
| | 业务技能 | | | 20% | |
| | 入职培训考试综合得分 | | | | |
| 试用期绩效考核 | 工作任务 | 衡量标准 | 完成情况 | 权重 | 考核成绩 |
| | | | | | |
| | | | | | |
| | | | | | |
| | 试用期绩效考核综合得分 | | | | |

续表

| | 考核项 | 行为描述 | 评价标准 | 权重 | 评价得分 |
|---|---|---|---|---|---|
| 行为表现评价 | 遵守纪律 | | | 25% | |
| | 团队意识 | | | 25% | |
| | 沟通能力 | | | 20% | |
| | 执行能力 | | | 30% | |
| | 行为表现综合评价得分 | | | | |
| 试用期考核最终得分 | 入职培训考试×20%+工作表现得分×60%+行为表现评价×20% | | | | |

## 02 约定录用条件

试用期期间辞退不合格的员工最常用的法律依据就是"在试用期间被证明不符合录用条件的"。而在实际操作中，很多用人单位简单地将招聘条件等同于录用条件，当解除不合格员工时，很容易引起不必要的劳动争议。

用人单位的新员工录用条件，除业务能力外，还应包括身体因素、能力因素、职业素养、法律因素等几方面。身体因素，指身体健康状况，有无职业病、传染疾病等；能力因素，指学习教育经历、工作经历、技能资质、绩效考核情况等；职业素养，指遵纪守法、遵守企业规章制度、职业心态、诚信道德等；法律因素，指是否具有真实的离职证明、配合缴纳社保等。

用人单位在设计录用条件时，应包括两部分内容，一部分为员工的业务能力要求，由用人部门根据岗位制定；另一部分为通用录用要求，由人力资源部门统一规范。

**【通用的不符合录用标准示例】**

- 伪造学习经历、培训经历、工作经历、资质证书的；
- 个人简历、入职登记表等登记信息与实际不符的；

- 无法提供企业办理录用、社会保险等所需证明材料的；
- 入职后不同意购买社会保险或办理社保转移手续的；
- 与原用人单位未依法解除、终止劳动合同或劳动关系的；
- 与原用人单位存在竞业限制约定且在限制范围之内的；
- 不能胜任企业安排的工作任务和企业规定的岗位职责的；
- 患有精神病或按照国家法律规定应禁止工作的传染病，或者身体健康条件不符合工作岗位要求的；
- 隐瞒曾经受过刑事处罚或纪律处分的事实；
- 通缉在案或者被取保候审、监视居住的；
- 试用期考核在70分以下的；
- 违反企业亲属回避政策未事先说明的；
- 试用期内请假超过3天或迟到超过2次，或者有旷工现象的；
- 未经甲方书面许可不按本合同约定时间到岗的；
- 有其他不符合企业规定的具体岗位录用条件的情形。

用人单位应做好录用条件的公示和确认工作，在实际操作中可以采用以下一种方式或几种方式并用：

- 在招聘、录用阶段，企业在发出录用通知或聘用函时，应在其中明示录用条件，并要求求职者以书面形式进行确认；
- 在入职办理阶段，企业应要求新员工签收《录用条件确认书》；
- 签署劳动合同时，企业可以在劳动合同中列明具体的录用条件；
- 将《岗位职责说明书》作为劳动合同的附件，或者直接在劳动合同中列明员工的岗位职责。除在录用条件中明确约定"符合岗位要求"之外，企业还应当完备岗位描述制度与之配合，并且将标准量化以便于操作。

用人单位在运用试用期录用条件时，要注意以下几点：

- 制定录用条件时，要尽量标准、量化、具体，并具有较强的可操作性；
- 按照录用条件，随时对新员工进行考察，并做好反馈和记录；
- 如证明员工不符合录用条件，必须在试用期内解除劳动合同，而不能在试用期满后提出。

## 03 导师辅导机制

新员工进入企业后，都要经历一个或长或短的适应期，对于企业来说，则要承担新员工的试用成本。减少新员工适应时间、提高新员工绩效的最佳方法就是加强试用期对新员工的辅导工作。

试用期辅导的目标是通过加强对新员工的指导，使其尽快熟悉并融入企业，掌握岗位必需的知识与技能，同时为新员工转正考核提供依据，并确保转正后的新员工符合岗位需求标准。

通过对新员工的辅导，企业可以达到如下目的：

- 提高新员工在企业的稳定性；
- 提高新员工的工作意愿和兴趣；
- 帮助新员工认同企业和行业前程；
- 强化新员工的专业技能和学习热忱。

### 一、辅导导师管理制度

辅导导师的主要工作职责包括：

- 制订新员工指导计划，并确认、记录、考评、反馈给新员工；
- 帮助新员工尽快融入企业环境，包括向新员工介绍其工作流程、职责分工、工作环境及相关同事等，使其消除对新环境的陌生感，尽快进入工作角色；
- 指导负责对新员工进行业务指导，培养其独立工作能力；
- 在日常工作、生活中与新员工随时沟通，及时掌握新员工工作心态；
- 对新员工的工作进度和质量进行评估。

辅导导师的辅导工作主要通过表5-2、表5-3体现：

表 5-2　　　　　　　　　　新员工辅导计划表

| 姓　名 | | 部　门 | | 岗　位 | |
|---|---|---|---|---|---|
| 试用期 | 自　年　月　日　至　年　月　日 | | | 辅导导师 | |
| 以下由辅导导师填写 | | | | | |
| 第一周 | 培养目标 | | | | |
| | 辅导计划 | | | | |
| | 工作计划 | | | | |
| 第二周 | 培养目标 | | | | |
| | 辅导计划 | | | | |
| | 工作计划 | | | | |
| 第×周 | 培养目标 | | | | |
| | 辅导计划 | | | | |
| | 工作计划 | | | | |

表 5-3　　　　　　　　　　新员工周工作总结表

| 姓　名 | | 部　门 | | 岗　位 | |
|---|---|---|---|---|---|
| 试用期 | 自　年　月　日　至　年　月　日 | | | 辅导导师 | |
| 培训、学习、工作情况周总结（新员工填写） | 周工作总结 | | | | |
| | 问题及建议 | | | | |
| 周总结评估（辅导导师填写） | | | | | |
| 签字确认 | 新员工：　　　　　　　　辅导导师： | | | | |

　　企业应建立辅导导师的考核和激励制度，如将部门新员工试用期合格率、指导满意度指标作为辅导导师的考核指标项，在辅导期向辅导导师提供辅导津贴、浮动薪资等。

## 二、辅导导师选择标准

辅导导师选拔可以参考如下标准：
- 与被辅导新员工在同一工作地点工作；
- 新员工的直接上级或胜任本岗位工作一年以上的资深员工；
- 认同企业文化，为人热情、乐于助人，具有良好的沟通能力；
- 熟悉岗位业务操作程序和相关技术知识。

## 三、试用期辅导内容

新员工试用期的辅导工作都是由一个个小细节组成的，具体可参考表5-4中的各阶段辅导要点：

表5-4　　　　　　　试用期各阶段辅导工作要点

| 时间安排 | 辅导项目 | 辅导工作要点 |
| --- | --- | --- |
| 新员工入职前 | 入职前期准备 | ● 人力资源部告知用人部门录用的新员工基本情况；<br>● 用人部门确定新员工的辅导导师、试用期录用标准。 |
| 入职当天 | 入职欢迎仪式 | ● 辅导导师友善地将公司环境介绍给新员工，使其消除对环境的陌生感，可协助其更快地进入状态。 |
| | 介绍工作生活环境 | ● 指导新员工了解熟悉工作环境和周边生活环境。 |
| | 领用办公用品 | ● 协助安排新员工的办公环境、办公用品。 |
| | 辅导规章制度学习 | ● 介绍并辅导新员工学习企业规章制度，其中重点说明：薪资发放及调薪政策、岗位晋升政策、企业安全规章制度、休假制度、员工福利措施、考勤制度、违反规章制度行为等。 |
| 入职一周内 | 入职面谈 | ● 与新员工进行入职面谈，了解新员工一周的工作和培训情况、遇到的困难，化解新员工对新环境的不适。 |
| | 入职培训 | ● 公司介绍、规章制度、职业素养等。 |
| | 岗位培训 | ● 工作流程、职责分工、安全培训等。 |
| | 新员工辅导计划 | ● 与新员工共同制订并确认试用期辅导计划。 |

续表

| 时间安排 | 辅导项目 | 辅导工作要点 |
|---|---|---|
| 辅导期内 | 周辅导工作 | • 督促新员工填写周工作总结并就总结中的问题进行反馈；<br>• 指导新员工开展具体工作，并对工作进度、质量进行监督；<br>• 为新员工制订工作计划、实施考核，并对结果进行沟通、反馈。 |
| | 辅导工作评估 | • 随时监督指导计划执行情况，更替不适合的辅导导师。 |
| 试用期期满前 | 转正自我评估 | • 新员工工作满试用期时，由人力资源部安排进行转正评估；<br>• 新员工对自己在试用期内的工作进行自评，由直接上级和辅导导师对其进行评估。 |
| | 转正考评 | • 与新员工一起完成转正所需提交的各类表格；<br>• 转正结束后，对于转正审批的情况（提前转正、正常转正、解除劳动关系）与新员工进行面谈。 |
| 试用期结束后 | 辅导、培养效果评估 | • 评估辅导导师的辅导效果；<br>• 评估各部门新员工培养效果。 |

## 04 试用员工访谈

新员工入职后，身边的环境、自己的角色、内心的想法都会发生变化，并且都需要经历一个让企业、让同事接受的过程。新员工融入环境需要时日，这一时期往往非常敏感，对老员工的态度非常在意、对工作充满热情、对未来感到不安。

在新员工的这段适应期，企业应建立一个良好的双向沟通渠道，及时掌握新员工心态的变化，帮助新员工调整工作态度、释放工作压力。

一、定期面谈

定期与新员工进行沟通，了解新员工最新动态。正式谈话应一周一次，谈话要有书面记录，用人部门留存一份，提交人力资源部门存档一份。

定期面谈可采用结构化的方法（可参考表5-5），访谈结束后双方签字确认：

表 5-5　　　　　　　　　　新员工定期面谈记录

| 姓名 | | 部门 | | 岗位 | |
|---|---|---|---|---|---|
| 辅导导师 | | 访谈时间 | | 记录整理时间 | |
| 面谈内容 | 工作进展情况 | | | | |
| | 团队融入情况 | | | | |
| | 需要的支持和帮助 | | | | |
| | 意见和建议 | | | | |
| 新员工签字 | | | 辅导导师签字 | | |
| 备注：1. 正式面谈每周一次；2. 此表格由辅导导师于正式面谈结束后一个工作日填写完毕，一式两份，由用人部门和人力资源部各存档一份。 |||||| 

## 二、转正面谈

转正面谈是转正考评工作的一部分。在组织转正面谈前，人力资源部门应收集新员工的周工作总结表、定期面谈记录等，在转正面谈时使用。

转正面谈参加人包括：用人部门负责人、辅导导师、人力资源。如最终通过转正，则应指出工作中存在的不足、今后的改进建议和希望；如最终将要辞退，则应中肯地分析原因和提出今后改进建议。

转正面谈可以参考如下内容：

- 入职后对工作是否适应？
- 是否了解本公司的主营业务、公司规模？
- 本岗位的职责有哪些？
- 试用期期间的主要工作内容和完成情况？
- 试用期期间都学到哪些内容，有何感触？
- 对同事的工作是否满意？在哪些地方和同事感觉可以配合得更好？喜欢独立工作还是协助工作？

- 对规章制度有哪些建议？觉得哪些制度不够人性化？
- 自我感觉有哪些需要学习和改进的地方？
- 对公司还有哪些意见和建议？

## 05 试用期的考核

### 一、考核原则

对试用期员工的考核，应坚持以下原则：

#### （一）区别对待

试用期员工考核应与正式员工绩效考核独立分开，相对于正式员工以业绩改进为目的的考核，试用期员工的考核是综合考评，需要对其工作业绩、工作态度和岗位匹配度进行全面的评价。

#### （二）及时反馈

对于试用期考核结果证明不符合录用条件或能力明显不适应工作需求、工作缺乏责任心和主动性的员工，企业要及时按规章制度与其解除劳动合同。

#### （三）实事求是

考核要以日常管理中的观察、记录为基础，定量与定性相结合，强调以数据和事实说话，所有考核都应留有证据或数据支持，并要求员工签字确认。

#### （四）考评结合

试用期员工绩效考核采取月度考核与综合考评相结合的方法，对工作业绩进行定量考核，对工作态度、岗位匹配度进行定性评价，力求做到客观、公正、全面。

## 二、考核体系

试用期的考核方式方法应作为录用条件之一,让新员工在入职初期对其进行确认。

试用期考核可采取定期考核及综合评定相结合的方式进行。定期考核一般以月为周期进行,综合评定则在试用期结束前评定一次。最终的录用结果通过综合评定结果确定。

### (一)月度考核

月度考核可从工作业绩、工作态度、岗位匹配度三个维度进行综合评价,其中工作业绩占70%,工作态度占20%,岗位匹配度占10%。

### (二)综合评定

综合评定根据员工月度考核表现、转正笔试成绩及工作述职情况进行综合考虑,其中月度考核成绩占70%,转正笔试成绩占10%,转正面谈占20%。

1. 月度考核。综合评定时新员工月度考核表现取其试用期间各月度绩效考核成绩的平均值。

2. 转正笔试。人力资源部在新员工转正前20天组织新员工完成转正笔试考核。

3. 转正面谈。转正面谈在新员工转正前15天经由人力资源部组织。转正面谈的最终得分由各位评委评分加权计算。

4. 一票否决。新员工如出现工作态度差、岗位匹配度不合格、严重违反企业规章制度等情况时,无论综合评定结果如何,都应立即与新员工终止试用期、解除劳动关系。

5. 转正结论。依据综合评定的结果,确定新员工最终是提前转正、正常转正还是解除劳动合同。

## 06 试用期去与留

### 一、试用期转正

企业的试用期期限,一般是根据岗位特点和劳动合同期限来统一确定。但当新员工在试用期的表现非常优秀或在约定的试用期未能充分展现个人能力时,企业可否针对该员工用提前转正或延期转正来激励新员工,则是用人部门常常向人力资源部门抛出的问题。

对提前转正、延期转正的利弊分析如表 5-6 所示:

表 5-6　　　　　　　　　提前、延期转正利弊分析

| 转正操作 | 目　的 | 利 | 弊 |
| --- | --- | --- | --- |
| 提前转正 | 减少新员工的考察期,用于鼓励在试用期表现非常优异的新员工。 | 对新员工起到正向激励的作用。 | 减少了新员工对企业的考察期。新员工在试用期可提前 3 天提出离职,转正后则需提前 30 天。 |
| 延期转正 | 增加新员工的考察期,针对试用期未能充分展现个人能力的新员工。 | 再次给予在试用期表现欠佳的新员工一次转正机会。 | 《劳动合同法》规定"同一用人单位与同一劳动者只能约定一次试用期",延期转正企业有违法嫌疑。 |

通过以上分析可以看出,延期转正因涉嫌违法,用人单位应避免此种情况。针对在较短时间难以考察员工能力的岗位,用人单位可以考虑与新员工按照《劳动合同法》规定约定尽量长的试用期。当新员工未能达到录用条件的要求时,用人单位应尽早决定,及时解除与当事人的劳动关系。

而提前转正,从劳动者角度来看,如主动提出离职的告知义务由提前 3 天变为提前 30 天,即劳动者的义务有所增加。因此,用人单位如想提前转正新员工,也应与劳动者协商一致,并变更劳动合同。

## 二、试用期辞退

### （一）试用期解除劳动合同的技巧

用人单位解除试用期的劳动者，可以依据《劳动合同法》第三十九条、第四十条第一项和第二项、第二十六条第一项规定的情形。

在实际操作中，用人单位一般通过《劳动合同法》第三十九条第一项，即"不符合录用条件"的方式解除试用期员工。采用此方式时，应同时满足以下条件：

- 在相关劳动合同、录用条件确认书等书面文件中对录用条件进行约定或规定；
- 有证据证明员工在试用期不符合录用条件；
- 在员工试用期届满之前依据录用条件进行考核，并发出解除劳动关系的通知；
- 解除劳动合同通知书要在试用期届满之前交由员工签收或者公告。

如用人单位使用《劳动合同法》第三十九条第二项、第三项、第四项、第五项、第六项条款解除与劳动者的劳动合同时，则应注意以下要点：

- 在企业的规章制度中，对"严重违反用人单位的规章制度的""严重失职，营私舞弊，给用人单位造成重大损害的""劳动者同时与其他用人单位建立劳动关系，对完成本单位的工作任务造成严重影响"当中的"严重""重大"等有明确的行为界定标准，可采用列举事项、量化标准的方式进行定义。
- 用人单位必须留存好证明劳动者有上述条款内容行为的相关证据。
- 使用这些条款解除劳动合同，无须支付经济补偿金，也不需要提前通知劳动者。

用人单位应当慎用《劳动合同法》第四十条第一项、第二项条款来解除与劳动者的劳动合同。其主要原因为：

- 劳动合同中约定的试用期一般较短，劳动者在经历过医疗期或培训调整工作岗位后，在时间上试用期很容易届满。如试用期届满，则用人单位必须将试用期劳动者转正。

- 用人单位需提前30天通知或支付一个月工资，才能辞退试用期劳动者，企业承担的成本较高。
- 用人单位使用《劳动合同法》第二十六条第一项规定解除与劳动者的劳动合同时，主要通过考察劳动者在求职应聘时是否提供了任何虚假信息，其举证难度相对较大，一般也应谨慎使用。

从用人单位规避劳动纠纷风险、降低试用成本的角度出发，用人单位在辞退试用期员工时，在《劳动合同法》法律依据上优选第三十九条第一项，其次选择第三十九条第二项、第三项、第四项、第五项、第六项，再次选择第三十六条（双方协商一致），又次选择第二十六条第一项，最后再考虑选择第四十条第一项、第二项。

### （二）试用期辞退的风险防范措施

用人单位要想合法解除劳动合同，不能在劳动者出现问题时临时抱佛脚，而应完善企业规章制度、做好日常管理工作，从根本上规范企业的管理行为。

为防范风险，用人单位应加强的管理细节包括：

（1）用人单位有明确的录用条件和岗位职责，并进行公示。

（2）录用条件为书面文件，并在劳动合同或劳动合同的附件中进行约定。

（3）用人单位应建立一套试用期的绩效评估制度，明确考核标准、考核方式及考核方法。用人单位制定的考核内容、评分原则及决定劳动者是否最终被录用的客观依据，应事先告知劳动者并让其签字认同。

（4）企业对试用期不符合录用条件的劳动者也要行使告知义务，绝不能暗箱操作。

（5）以"不符合录用条件"解除劳动合同必须在试用期内进行。

（6）在招聘阶段或试用期内对劳动者进行背景调查，考察求职应聘时是否提供了任何虚假信息。用人单位可与劳动者在劳动合同的附加条款中规定或单独签订一份附加协议，明确用人单位有权对求职者提供的背景情况进行调查，如有提供虚假信息的情况，则将立即被证明不符合录用条件。

（7）做好证据保留。在试用期出现的任何情况，用人单位都应该做好记录并及时让当事人签字确认。

## （三）试用期辞退的相关参考文件

试用期解除劳动合同主要有两个文件，即《新员工录用条件确认书》（可参考表 5-7）和《试用期解除劳动合同通知书》（可参考表 5-8）。

表 5-7　　　　　　　　　　新员工录用条件确认书

| 员工姓名 | | 身份证号 | |
|---|---|---|---|
| 所属部门 | | 岗　　位 | |
| 试用期 | 年　月　日　至　　年　月　日 | | |
| 录用条件 | 本人同意，在试用期内出现以下任一情况，均视为不符合录用条件：<br>• 试用期有违纪行为并达到一般过失或以上级别的（依据员工手册确定）；<br>• 试用期满前 15 日内未按照公司要求将个人档案关系、社保关系转入公司或公司指定机构的；<br>• 试用期满前 15 日内未按照公司要求提交入职所要求的各项材料或提交材料不符合公司要求的（应提交资材料包括但不限于：个人简历、毕业证书、职称证书、专业技术证书等）；<br>• 入职背景调查结果与员工本人所填报信息不一致的；有虚报、隐瞒或伪造信息等行为的；<br>• 患有传染性、精神性、不可治愈性以及其他严重疾病；或体检结果不符合公司该岗位录用标准的；<br>• 与第三方同时存在劳动、人事关系，但在入职时未做出书面声明或提交的证明、承诺等虚假、不实的；<br>• 在试用期内拒绝参加公司组织的考评，或者试用期考评成绩在 60 分以下的；<br>• 劳动合同或公司相关制度规定的其他不符合录用条件的情形；<br>• 不能按岗位职责或岗位描述完成工作任务的。<br>试用期内至少完成以下工作任务<br>　　A）_____<br>　　B）_____<br>　　C）_____<br>　　D）_____<br>　　E）_____ | | |
| 员工确认 | 本人已认真阅读并充分理解本《新员工录用条件确认书》，同时郑重承诺如达不到录用条件，本人愿意接受公司依法解除劳动合同的行为。<br>　　　　　　　　　　　　　　　　　　　　　　　　签字：<br>　　　　　　　　　　　　　　　　　　　　　　　　日期： | | |

表 5-8　　　　　　　　　　试用期解除劳动合同通知书

×××：

鉴于：

1. ___年___月___日，你与本公司签署了劳动合同，约定合同期限至____年___月___日届满，其中试用期至____年___月___日。
2. 在你入职之初以及任职期间，公司已经向你公示了全部规章制度和录用条件，你有义务并已承诺严格遵照执行。

关于解除事由：

试用期不符合录用条件，具体为如下情形之一：

☐ 试用期转正评估不合格；
☐ 存在欺骗行为，未向公司如实陈述与劳动合同直接相关的基本情况，如与第三方存在劳动/劳务关系；或对第三方承担竞业禁止义务；或有违法犯罪记录等；
☐ 存在欺骗行为，未如实向公司陈述个人学历、工作经历、工作业绩及身体健康状况等；
☐ 未按公司要求与公司签订劳动合同或相关协议，或未按公司要求提供离职证明；
☐ 试用期内连续或者累计请假超过　　个工作日（含）的；
☐ 试用期内培训考核不合格的；
☐ 出现其他情形，按照公司规章制度可以在试用期解除劳动合同的。

公司的决定：

自　　年　　月　　日起，公司解除与你之间的劳动合同/劳动关系。

离职提示：

1. 请按照公司规章制度的要求办理离职交接手续，交接内容包括但不限于工作、物品、劳动报酬、社会保险关系、住房公积金、人事档案等。
2. 劳动合同/劳动关系解除后，不得以公司员工的身份对外发表言论、实施行为。
3. 请注意，公司规章制度及/或与你签署的法律文件中的部分内容并不因本通知而失效，如保守商业秘密、不得损害公司利益及商誉的义务等。因此，你应当按照约定继续履行相关义务。

××××公司

人力资源部（盖章）

年　　月　　日

## 07　风险控制管理

在日常实践中，仍有少数人力资源认为处于试用期的劳动者不是企业的正式员工，因而在管理中存在很多不规范甚至违法的行为。

表 5-9 中概括了用人单位在试用期中常见的一些管理误区，以及应当采取的规范操作方法：

表 5-9　　试用期的企业常见管理误区及规范操作方法

| 序号 | 管理误区 | 规范操作方法 |
| --- | --- | --- |
| 1 | 单独签订试用期合同 | 试用期含在劳动合同期限当中，不可单独约定 |
| 2 | 试用期不签合同待转正后再签 | 用工之日起一个月内必须与劳动者订立书面劳动合同 |
| 3 | 口头约定试用期 | 试用期约定必须以书面形式订立 |
| 4 | 试用期期限与劳动合同期限不匹配 | 试用期约定应符合《劳动合同法》第十九条的规定 |
| 5 | 试用期工资可以低于当地的最低工资 | 试用期的工资不得低于本单位相同岗位最低档工资或者劳动合同约定工资的百分之八十，并不得低于用人单位所在地的最低工资标准 |
| 6 | 试用期不为员工缴纳社保 | 试用期应为员工依法缴纳社保、住房公积金 |
| 7 | 试用期可随意解除劳动合同 | 试用期解除劳动合同，必须符合《劳动合同法》第三十九条、第四十条第一项和第二项、第二十六条第一项规定的情形，且须解除程序合法 |
| 8 | 试用期满后，再解除劳动合同 | 企业如不希望员工转正，则应在试用期内依法解除劳动关系，试用期期满后，则不能以"不符合录用条件"与员工解除劳动关系 |
| 9 | 试用期满后以不符合录用条件为由解除劳动合同 | 企业如以"不符合录用条件"与员工解除劳动关系，必须在试用期满前进行 |
| 10 | 试用期满后再次延长 | 试用期只能约定一次，不能延期 |
| 11 | 离职后，再次入职时又约定试用期 | 同一劳动者只能约定一次，再次入职不能再约定试用期 |
| 12 | 员工在试用期内提出解除劳动合同，企业要求员工赔偿用人单位的培训费用或招录费用 | 企业不得要求员工支付培训费用、招录费用 |
| 13 | 约定员工在试用期解除劳动合同需支付违约金 | 企业不得与员工约定违约金 |

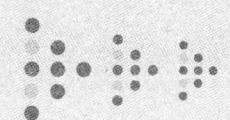

# 第 6 章

# 异动管理

## ——最优化内部人才市场

员工晋升降职需做哪些准备?
如何让职位与职责共同前行?
岗位轮换的操作流程是什么?
怎样规范操作员工岗位调动?
如何协助空降高管快速融入?

人员流动一直都是非常敏感的话题，无论升职、调岗，还是降职、迎接空降兵，都会成为内部热议的焦点，甚至引发其他员工的一系列连锁反应。调整员工岗位，考验的是管理者调兵遣将的智慧、人力资源操作程序的规范性。

# 01 职位优化调整

### 一、公开岗位升降通道

职位调整，是企业优化内部管理、提高整体绩效的一种主动的管理行为。人力资源管理中有一个"离职一三六现象"：

入职一个月：离职与人力资源关系较大；

入职三个月：离职与直接上级关系较大；

入职六个月：离职与企业文化关系较大；

入职一年：离职与职业晋升关系较大；

入职三年：离职与发展平台关系较大；

入职六年：离职的可能性很小。

从"离职一三六现象"可以看出，度过了进入企业头三个月的"适应期"后，员工流动原因多半是对自身职业发展的迷茫：找不准自身定位、看不到未来发展、吃不透企业与自己的关系。人力资源管理工作面临的最大挑战就是找到和留住技能熟练的员工，让员工与企业共同发展、实现双赢。

为了长期留住拥有关键技能的员工，企业除了采用常规的薪酬激励机制，应更多地将精力放在关注员工成长，如为员工设计职业发展，建立员工职业管理模式。其中，职位的优化与调整，就是最有效的方法之一。职位优化与调整的目的是让员工与企业发展需求相匹配、相协调、相融合，是企业激励先进员工、淘汰落后员工、储备优秀员工的内部结构优化的主动性管理措施。

提高员工对企业的黏性，企业就应建立公开透明的岗位晋升机制、让员工了解企业和行业发展前景、对员工进行职业发展辅导。具体来说，企业应做好以下三方面工作：

- 形成公开透明的员工晋升机制。企业要帮助员工了解各岗位晋升的必备条件、晋升流程，开放员工晋升的通道。
- 要让员工了解企业发展愿景。企业要向员工宣贯企业愿景，要让员工了解行业趋势和企业战略，要让员工知晓企业当前人才需求现状并愿意为之改变。
- 要及时解答员工事业发展的问题。员工的直接主管或上级经理应长期担当起员工的职场导师职责，定期与员工沟通，帮助员工规划职业生涯，辅助分析员工的优势与不足。让员工清晰自己在企业的纵向、横向发展延伸的空间，明确员工在企业的发展与努力方向。

## 二、健全岗位序列

员工的岗位序列，在一定程度上反映出员工在企业中当前所处的锚点。员工职位变动的结果最终将反映到岗位序列体系中。岗位岗级体系是员工岗位变动的重要依据之一。缺少岗位序列体系的企业，其岗位变动很容易出现职责不清、因人设岗等情况。

按照内部分工的不同，企业一般可以将岗位分为管理、职能、技术、营销、操作这五大岗位序列，每个序列里包含工作性质类似，需要类似知识、经验、技能的多个岗位。在每一序列里，每一个岗位又可以进一步分为不同的层级。

常见的岗位序列划分方式如表 6-1 所示：

表 6-1　　　　　　　　　常见的岗位序列划分方式

| 岗位序列 | 序列说明 | 典型岗位 |
| --- | --- | --- |
| 管理序列 | 主要承担计划、组织、领导、控制等管理职责，至少拥有一名直接下属。 | 企业的中、高层管理人员 |

续表

| 岗位序列 | 序列说明 | 典型岗位 |
| --- | --- | --- |
| 职能序列 | 主要负责某一方面的职能管理，承担指导、监督、督促执行、辅助、支持等方面的职责。 | 行政、财务、人力资源 |
| 技术序列 | 利用专业技能从事技术研发、设计等方面工作，技术含量相对较高。 | 工程师、项目经理 |
| 营销序列 | 专门负责销售或市场开拓工作。 | 销售、售前、市场 |
| 操作序列 | 从事生产作业类或者最基础的决策层次较低类工作的职位。 | 工人、前台 |

以职能序列里的人力资源岗位为例，其职业发展轨迹如表6-2所示：

表6-2　　　　　　　　人力资源岗位职业发展轨迹表

| 岗位层级 | 职位 | |
| --- | --- | --- |
| 7 | 高级顾问 | 总监 |
| 6 | 顾问 | 高级经理 |
| 5 | 高级分析师 | 经理 |
| 4 | 分析师 | 高级主管 |
| 3 | 主管 | |
| 2 | 专员 | |
| 1 | 人力资源助理 | |

> **小贴士** 企业要基于岗位序列建立多阶梯的晋升制度，为专业技术人员提供一种不同于管理阶梯的升迁机会。

## 02　员工晋升管理

### 一、员工的晋级机制

管理者选择晋升员工，最容易犯的错误就是基于年资——论资排辈、基于绩效——不考虑员工是否胜任新岗位层级、基于人际关系——任人唯亲。这几种晋升机制都无法客观、公正、公平地评价员工的综合素质,影响晋升的准确性,会引发内部其他员工不满。

企业处理员工的晋升问题,应形成一个公平、完善的晋升机制。通过这个晋升机制起到合理配置人力资源、正向激励员工的作用,进而降低员工的流失率,让优秀员工在企业中承担更多的职责以创造更好的价值。

建立良好的晋升机制,企业应做好以下几项工作:

(一)编制职位说明书(参考示例见表6-3)。利用职位说明书明确该岗位的性质、任务、上下级关系以及任职资格要求。

(二)对员工进行胜任力评价(参考示例见表6-4)。通过胜任力评价,将胜任力模型中的特征与职位说明书中描述的特征进行比较,看员工是否具备晋升的潜力。

(三)与员工共同规划职业愿景。对员工进行职业发展辅导,规划员工在企业发展的职业愿景,确认员工的晋升意愿。

(四)开展晋升员工的能力培训工作。企业应有针对性地对新晋升员工进行相关能力的培训,辅助新员工尽快进入新的职位角色。

表6-3 职位说明书

| 职位名称 | | 所属部门 | |
|---|---|---|---|
| 汇报上级 | | 直接下属 | |
| 职位目标 | | | |
| 工作职责 | 职责说明 | | 绩效指标 |
| | | | |
| | | | |
| | | | |
| | | | |
| 任职要求 | | | |

续表

| 知识技能经验 | 教育背景 | |
| --- | --- | --- |
| | 业务知识 | |
| | 专业技能 | |
| | 沟通技巧 | |
| | 谈判技巧 | |
| 素质行为等级 | 感染力和影响力 | |
| | 分析性思维 | |
| | 信息收集与利用 | |
| | 团队协作 | |
| | 进取心 | |
| | 计划性 | |

表 6-4　　　　　　　　　　晋升胜任力评价表

| 员工姓名 | | 入职时间 | |
| --- | --- | --- | --- |
| 原所属部门 | | 拟调整部门 | |
| 原职位 | | 拟晋升职位 | |
| 胜任力评价 | | | |
| 评价项 | 标准 | 权重 | 得分 |
| 教育背景 | | | |
| 业务知识 | | | |
| 专业技能 | | | |
| 沟通技巧 | | | |
| 谈判技巧 | | | |
| 感染力和影响力 | | | |
| 分析性思维 | | | |
| 信息收集与利用 | | | |
| 团队协作 | | | |
| 进取心 | | | |
| 计划性 | | | |
| 合计 | | | |

## 二、晋升的规范程序

企业应本着透明、公开的原则建立员工晋升的规范操作流程：

- 员工的上级经理提出晋升申请；
- 人力资源部组织员工的胜任力评价；
- 进入逐级审批流程；
- 员工的上级经理与员工本人进行晋升面谈；
- 员工签字确认晋升结果；
- 人力资源部组织对新晋升员工的能力培训；
- 员工进入晋升考核期（一般可设置为 1-3 个月，审批表格可参考表 6-5、表 6-6）；
- 考核期结束，人力资源组织对员工进行晋升结果评估。

表 6-5　　　　　　　　　　　　晋升审批表

| 员工姓名 | | | 入职时间 | | |
|---|---|---|---|---|---|
| 所在部门 | | | 申请日期 | | |
| 申请变动 | 变动项 | 调整前 | | 调整后 | 备注 |
| | 部门 | | | | |
| | 职位 | | | | |
| | 职级 | | | | |
| | 薪资 | | | | |
| | 晋升考核期 | 自　　年　　月　　日至　　年　　月　　日 | | | |
| 工作经历及主要成绩 | | | | | |
| 晋升申请原因 | | | | | |
| 胜任力评价结论 | | | | | |
| 审批意见 | 调整前上级经理 | | | | |
| | 调整后上级经理 | | | | |
| | …… | | | | |
| | 人力资源部 | | | | |
| | 总经理 | | | | |

表 6-6　　　　　　　　　　员工晋升考核确认单

| 员工姓名 | | | 入职时间 | |
|---|---|---|---|---|
| 调整内容 | 变动项 | 调整前 | 调整后 | 备注 |
| | 部门 | | | |
| | 职位 | | | |
| | 职务 | | | |
| | 薪资 | | | |
| | 晋升考核期 | 自　年　月　日至 | 　年　月　日 | |
| 考核要求 | 考核指标 | 考核要求 | 备注 | |
| | | | | |
| | | | | |
| | | | | |
| | | | | |
| 本人声明 | 本人同意上述调整内容。本人如在考核期内未能达到公司的考核要求，同意公司将本人薪资调整到晋升前状态以及公司对本人的其他工作安排。<br>　　　　　　　　　　　　　　　　　　　　　签字确认：<br>　　　　　　　　　　　　　　　　　　　　　日　　期： | | | |

**小贴士 Human Resources**　企业应为晋升员工，尤其是管理岗的晋升员工设立适应性考核期。经考核适应新岗位的员工才予以正式晋升，而对于未通过考核的拟晋升者则予以调回原岗位的处理。设置适应性考核期，可以激励晋升员工尽快适应新岗位并避免晋升过程"只上不下"。

### 三、晋升员工的辅导

实践中，目前企业中相当多的管理者都是从业务骨干直接提拔起来的，他们往往没有接触过管理知识，对原来的工作内容不愿割舍，对新的管理工作则无从下手。在员工晋升环节，很多企业缺乏必要的辅导和帮助，导致企业失去了一个优秀的业务骨干，而增加了一个糟糕的管理者。人力资源应辅助用人部门做好新晋升员工的辅导工作，帮助晋升员工尽快适应角色的转换，及早投入新岗位的工作状态。

企业对新晋升员工辅导的重点有两个：思维方式的转变、管理技能的提升。思维方式的转变，主要是提升思考问题的高度和认识事物的广度；管理技能的提升，则可通过一些管理书籍、培训课程来尽快掌握一些相关技能。这中间，都需要员工的职业导师长期参与和辅导。

## 03　岗位轮换管理

岗位轮换是企业有计划地安排员工从事不同于原岗位的工作，承担新的岗位工作职责和任务。岗位轮换是一种企业开发员工多种技能、提高换位思考意识、促进人才内部流动、培养复合型管理人才的常用手段。

### 一、适合岗位轮换的员工

企业在进行岗位轮换时，应主要考虑以下人员：

- 企业的储备型管理人才，如中层管理人员、拟提拔的优秀员工、校招的管培生。通过岗位轮换，使他们对企业的整体运营有一个更全面、综合的了解，为晋升和承担更多的责任打下基础。
- 职能部门的关键岗位。建立企业的"AB角制度"，通过岗位轮换，使A、B角色能够掌握对方岗位的职责任务，防止因人员临时缺失造成的职责空白。这里的"AB角制度"是一种人才备份机制，即A角对某项工作主要负责，B角应主动熟悉并协助做好该项工作，当A角出差或因其他原因不能承担该项工作时，由B角接替完成该项工作，并切实负起责任。
- 长期稳定的基层操作型员工。通过岗位轮换，对基层员工可以起到培养综合业务能力、挖掘工作潜力、消除倦怠情绪、激发创新能力等作用。

在开展岗位轮换工作时，企业应结合绩效考核、人力资源规划的结果拟定初步的岗位轮换人选。

## 二、岗位轮换的规范流程

即使是从培养员工角度出发的岗位轮换，企业也应建立完善的操作流程：

- 人力资源部组织用人部门共同制定企业的人力资源规划，明确初步的人才开发计划和岗位轮换计划；
- 员工的上级经理与员工进行面谈，沟通员工的职业发展规划和岗位轮换建议，确认员工的岗位轮换意愿；
- 人力资源部对员工进行岗位适应性面谈，进一步了解员工意愿，协商一致后，员工本人填写岗位轮换申请；
- 调入岗位的上级经理与员工就新的岗位职责和工作目标进行确认；
- 员工在限定期间内完成原工作内容的交接；
- 人力资源部发出正式的调动通知；
- 员工到新岗位报到。

岗位轮换操作中的几个小技巧：

- 岗位轮换的期限应结合新岗位的特点来确定，避免过短或过长；
- 企业可通过明确新岗位的考核标准，消除员工对新岗位的过渡心态；
- 岗位轮换一般不涉及薪资变动，如两个岗位差异较大，可通过变动岗位津贴的方式进行适当调整。

**小贴士 Human Resources**　岗位调动（包括岗位轮换）必须经由员工本人书面确认（操作方法可参考表6-7），以防止不必要的劳动争议。

表 6-7　　　　　　　　　岗位轮换申请表

| 员工姓名 | | 申请日期 | |
|---|---|---|---|
| 当前部门 | | 当前岗位 | |
| 目标部门 | | 目标岗位 | |
| 轮岗起止时间 | 自　　年　　月　　日至　　年　　月　　日 | | |

续表

| 申请原因 | | 员工签字：<br>日期： |
|---|---|---|
| 审批意见 | 当前部门经理 | |
| | 目标部门经理 | |
| | …… | |
| | 人力资源部经理 | |

## 04 岗位调动管理

岗位轮换与岗位调动虽然同是岗位变动，但二者存在区别。

岗位轮换的员工在当前岗位的工作状态正常，调整岗位的目的主要在于对员工潜力的开发，对员工主要是起激励作用。企业主导整个岗位轮换过程，员工一般都会积极主动配合。

进行岗位调动的原因则比较复杂，如员工工作状态欠佳已不能胜任当前岗位，或企业经营方式调整需调整岗位，或员工因个人原因希望承担不同的工作内容等。岗位调动是激发员工状态的一种有效方法，有些情况则是企业按照《劳动合同法》调整甚至辞退不胜任员工的主要手段。

### 一、岗位调动的规范流程

对于岗位调动，企业也应建立完善的操作流程：

- 用人部门或员工本人提出岗位调动申请（可参考表6-8）；
- 人力资源部与员工进行面谈，确认员工的岗位调动意愿；
- 调入岗位的上级经理与员工就新的岗位职责和工作目标进行确认；
- 员工在限定期间内完成原工作内容的交接；

- 人力资源部发出正式的调动通知；
- 员工到新岗位报到；

表6-8　　　　　　　　　　　岗位调动申请表

| 员工姓名 | | 申请日期 | |
|---|---|---|---|
| 当前部门 | | 当前岗位 | |
| 目标部门 | | 目标岗位 | |
| 岗位调动拟生效日期 | | 年　月　日开始生效 | |
| 申请原因 | | 申请人签字：<br>日期： | |
| 审批意见 | 当前部门经理 | | |
| | 目标部门经理 | | |
| | …… | | |
| | 人力资源部经理 | | |

> **小贴士** 岗位调动时，企业必须针对员工制定新岗位的考核标准，通过此考核标准来确认员工是否能胜任岗位调动后的工作。

## 二、不能胜任员工的调岗

针对在原岗位不能胜任的员工，在岗位调动时要特别注意法律风险的防范，还要避免在岗位调动中引发员工的消极情绪，从而造成员工拒绝配合岗位调整。

针对这种类型的员工，企业在操作岗位调动流程时，应使用表6-9、表6-10：

表 6-9　　　　　　　　　　　　调岗通知及回执

| 调岗通知书 |
|---|
| ×××：<br>　　您好！公司通过对您的长期观察和对您近期工作分析，并考虑到公司需要和您的工作能力，经讨论，认为您比较适合在_____岗位工作。因前期公司已与您进行意愿协商并征得您的口头确认，现本公司决定，将您由_____岗位调至_____岗位。请您在收到本通知之日起三天内办完相应移交手续，并前往_____报到。<br>　　特此通知。<br>　　　　　　　　　　　　　　　　　　　　　　　　　　人力资源部<br>　　　　　　　　　　　　　　　　　　　　　　　　　　　经办人：<br>　　　　　　　　　　　　　　　　　　　　　　　　　　　年　月　日 |
| 调岗通知回执 |
| 　　岗位调动通知我已收到。我服从公司关于我本人的岗位调动决定，将按照通知要求办理相关手续，并准时报到。<br>　　　　　　　　　　　　　　　　　　　　　　　　　　本人签字确认：<br>　　　　　　　　　　　　　　　　　　　　　　　　　　　年　月　日 |

表 6-10　　　　　　　　　　　　内部调岗公告

| 全体员工：<br>　　_____部门_____已于____年__月__日调至_____岗位。<br>　　特此公告！<br>　　　　　　　　　　　　　　　　　　　　　　　　　　人力资源部<br>　　　　　　　　　　　　　　　　　　　　　　　　　　　年　月　日 |
|---|

使用岗位调动方式调整不能胜任工作的员工，其操作要点有以下几点：

- 首先，企业应当有证据证明其不能胜任当前岗位工作；其次，企业应当对员工进行培训或调岗，并且要保留相关员工参加培训或同意调整岗位的证据；最后，企业要有证据证明调岗后员工仍然不能胜任。具备上述三个条件，企业才可以按照《劳动合同法》第四十条第二项的规定解除与员工的劳动合同。

- 劳动合同的期限、岗位、地点、报酬等都是劳动合同中最为核心的要素，因此调岗时如涉及上述任意一项内容的变更，企业都需要与员工协商一致并保留证据。企业借调岗之名单方调整劳动合同中的上述内容，或要求员工如不服从安排则按自动离职处理，员工都有权利拒绝，因此而发生的纠纷，属于劳动争议，员工可以通过劳动仲裁的方式予以解决，企业则将承担不利后果。
- 以员工不能胜任工作解除劳动合同，需提前30日以书面形式通知员工，或者额外支付员工一个月工资，并按照《劳动合同法》第四十六条的规定向劳动者支付经济补偿金。

## 05 迎接空降高管

企业除内部提拔外，另一种使用高端人才的方式就是从外部招募中高级专业管理人员——也就是通常所说的"空降兵""职业经理人"。"空降兵"的引入，可以带来新的管理思路，避免企业管理的"近亲繁殖"，"空降兵"作为企业的新鲜血液，可以在一定程度上带来新的思维方式和工作方法，改善流程，优化企业的资源配置，突破发展瓶颈，有效激活甚至改变体制。但是"空降兵"的引入和离开，都会耗费企业的大量成本，如果"空降兵"在企业中未能发挥应有价值，造成内部管理动荡、错失企业发展良机，则对企业造成的损失难以估量。

"空降兵"在进入企业后大多水土不服，存活率、成功率非常低。这就要求人力资源主动承担起帮助"空降兵"落地的责任，为"空降兵"搭建良好的工作平台。从人力资源角度，在配合"空降兵"方面，可以做好如下一些工作：

- 帮助"空降兵"熟悉人际关系。企业的管理离不开对人际关系的理解，人力资源可以协助"空降兵"了解企业核心团队成员的各自优势、管理风格、管理关系，帮助"空降兵"融入团队并与原有人员紧密配合。

- 帮助"空降兵"了解企业现有资源。企业的人文习惯、资源状况以及企业内部的制度，都应是人力资源向"空降兵"重点介绍的内容。
- 做好桥梁和协助工作。"空降兵"带来的新管理思路和模式，往往会要求在较短时间内对原有的绩效考核、管理制度、人员结构等方面作出调整，人力资源应做好相应工作并结合企业现状给出参考建议。

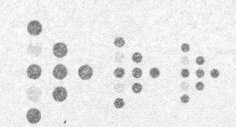

# 第7章
# 离职管理
## ——帮员工站好最后一班岗

员工离职前会有哪些异常表现?
离职是否有周期性季节性特点?
人力资源应如何做好离职应对?
员工离职的情形分为哪些类型?
规范的离职工作程序是怎样的?
离职面谈时如何收集珍贵信息?
如何让员工离职交接做得完美?
如何计算各类情形离职补偿金?
如何确定离职补偿的计算基数?
如何用竞业协议限制恶性竞争?

离职管理处于企业对人才"选育用留"的最后一环，同时对离职问题的处理也是员工关系处理中十分重要的一环，对离职过程的处置不当，会使员工长期积累的负面情绪集中爆发，也极易引发劳动争议。

离职对企业带来的影响具有两面性。一方面，离职带给企业人力配置重新优化的机会，如新招募员工可能会带给企业新的活力；另一方面，员工离职的隐形成本不容忽视，招聘成本、培训成本、时间成本、团队融入成本等都是对企业资源的巨大浪费。

做好离职管理工作的目的在于使企业掌握员工离职的真正动因、指导员工做好工作交接、降低离职对企业带来的不利影响。

## 01 离职风险预警

《劳动合同法》第三十七条规定："劳动者提前三十日以书面形式通知用人单位，可以解除劳动合同。劳动者在试用期内提前三日通知用人单位，可以解除劳动合同。"员工突然提出主动离职，只留给企业 30 天（正式员工）或 3 天（试用期员工）的短暂离职交接时间，往往会造成企业各项工作的被动。

### 一、常见的离职征兆

员工一旦计划离职，一般都会有特定的行为表现，企业可从这些表现中识别、发现员工的离职征兆，并积极采取相应的预防措施。以下为一些常见的员工离职征兆：

- 员工频繁浏览求职网站、在网上投递或更新简历。开始寻找新的工作机会，是员工离职的最明显特征。企业可通过定期在招聘网站后台搜索本企业员工简历的方法掌握即将离职员工的信息。
- 频繁请假或集中使用剩余假期。向人力资源部门了解请假政策、剩余假期天数，并在短期内找各种借口频繁请假，这往往是员工外出应聘或为跳槽开展准备工作的表现。
- 为人处世方式发生转变。由开朗活泼变为沉默寡言，或从雷厉风行变为温和缓慢，或者开始毫无顾忌地向同事发泄不满情绪等。
- 行为举止变得神秘。突然开始经常性地避开同事接一些神秘电话，频繁迟到早退也不愿谈及原因等，这可能是员工已经采取了应聘实际行动。
- 仪容仪表发生较大变化。员工平时穿着休闲突然开始穿着正装，不愿意与上级主管进行目光接触等。
- 收尾已有工作并不愿接受新工作任务。员工开始将已有工作尽可能地进行收尾，并且找各种理由推脱，拒绝接受新的工作内容。
- 工作方式与以往发生较大变化。如对工作的参与程度开始降低，不愿参加集体活动或在工作会议中很少表述观点；工作效率大幅下降，工作尽量拖延、只是被动地接受上级安排的工作。
- 突然变得好学。员工比以往更加主动学习本岗位及相关岗位的知识，并积极向同事了解相关行业的发展动态。
- 收拾和处置个人物品。员工办公区域与以往相比过于整洁或凌乱，开始分批处置办公区或宿舍的个人物品，搬离、邮寄或送人等，这些都是员工为轻装离开进行准备。

无论哪种离职征兆，其实质都是员工的行为与以往相比发生了较大的变化，在排除家庭、环境因素影响后，则基本可断定出现以上征兆的员工已经无心现有工作，对职业生涯有了新的规划。企业人力资源和各级管理人员应更多地从员工角度出发，真正做到关注、关心、关爱员工。

如员工主动提出离职，应由了解员工离职意向的员工上级主管或人力资源部门在第一时间与员工进行非正式的沟通，力争获得员工离职的真实想法。如员工的离职意愿尚未最终确定，企业则应尽可能消除员工顾虑，促使其改变离职的想法。

## 二、离职高发的特点

一般来讲员工进入企业后有三个离职的高发期。

一是入职两周后，员工发现企业与在应聘时介绍的有较大差异，员工有一种上当受骗的感觉，对企业失望情绪加大，员工会果断离开。

二是在试用期结束前，此时员工如果发现招聘人员承诺过的职位、待遇、福利、培训等有些未能按期兑现，因此萌生去意。又因试用期内辞职只需提前三天提出书面申请，超过试用期需提前 30 天才可以，此时离职的时间成本较低，也有不少员工选择在试用期结束前提出离职。

三是工作两三年后，员工离职多数是因为职位、薪资、技能等方面遇到了发展瓶颈，员工希望到新企业寻求新的发展机会。

从离职高发的季节性来看，也有两个高峰期。一是春节后，此时大多数企业已发放完年终奖，员工经过一个春节长假的休整，很多人会重新思考个人的职业生涯发展；二是传统招聘旺季"金九银十"，很多员工在经历了大半年的工作后，希望在新的一年开始前建立一个新的工作起点，同时很多企业有年底任务冲刺需求，此时人才的缺口也相对较大，急需补充人才力量。

## 三、预防离职的方法

员工出现离职倾向后，人力资源部门应携手员工的直接主管，主动采取以下预防措施：

- 与员工本人直接沟通或通过员工周边同事侧面了解，分析员工离职的可能动因；
- 对离职动因加以分析，寻求是否存在化解员工离职动因的途径；
- 对于骨干员工和有培养潜力的员工，企业应直接与员工进行沟通，消除员工的不切合实际的期望，力争通过沟通与员工达成共识，实现企业与员工的共赢；
- 肯定员工对企业的贡献，帮助员工进行职业发展规划，明确员工在企业的发展定位；

- 对员工进行心理辅导，帮助员工调整心态，引导员工缓解工作压力，对工作压力过大的员工适当调整工作内容；
- 做好人才储备和替代工作，包括设置储备人才库、建立岗位轮换机制等，如一旦确定员工将要离职，则可以在较短的时间内找到合适人选接替其工作。

## 02 离职情形分类

按员工离职的意愿，可分为主动、被动、不可抗因素。如将员工离职的情形进一步细分，则可以分为多达三十六种情形。企业应严格区分各种情形，针对不同情形采取不同的应对措施。

以下列出了员工离职情形的详细分类：

表 7-1　　　　　　　　　　离职情形分类

| 序号 | 离职情形分类 | | | 提前通知 | 补偿或赔偿 |
|---|---|---|---|---|---|
| | 大类 | 中类 | 小类 | | |
| 1 | 用人单位单方解除 | 员工存在过失 | 在试用期间被证明不符合录用条件 | 用人单位不需要提前通知员工 | 无 |
| 2 | | | 严重违反用人单位的规章制度 | | |
| 3 | | | 严重失职，营私舞弊，给用人单位造成重大损害 | | |
| 4 | | | 劳动者同时与其他用人单位建立劳动关系，对完成本单位的工作任务造成严重影响，或者经用人单位提出，拒不改正 | | |
| 5 | | | 以欺诈手段使用人单位在违背真实意思的情况下订立或者变更劳动合同的，致使劳动合同无效 | | |
| 6 | | | 被依法追究刑事责任 | | |

续表

| 序号 | 离职情形分类 | | | 提前通知 | 补偿或赔偿 |
|---|---|---|---|---|---|
| | 大类 | 中类 | 小类 | | |
| 7 | | 员工不存在过失 | 劳动者患病或者非因工负伤，在规定的医疗期满后不能从事原工作，也不能从事由用人单位另行安排的工作 | 用人单位提前三十日以书面形式通知劳动者本人或者额外支付劳动者一个月工资 | 有 |
| 8 | | | 劳动者不能胜任工作，经过培训或者调整工作岗位，仍不能胜任工作 | | |
| 9 | | | 劳动合同订立时所依据的客观情况发生重大变化，致使劳动合同无法履行，经用人单位与劳动者协商，未能就变更劳动合同内容达成协议 | | |
| 10 | | 经济性裁员 | 依照《企业破产法》规定进行重整 | 裁减人员二十人以上或者裁减不足二十人但占企业职工总数百分之十以上，用人单位提前三十日向工会或者全体职工说明情况，听取工会或者职工的意见后，裁减人员方案向劳动行政部门报告 | 有 |
| 11 | | | 生产经营发生严重困难 | | |
| 12 | | | 企业转产、重大技术革新或者经营方式调整，经变更劳动合同后，仍需裁减人员 | | |
| 13 | | | 其他因劳动合同订立时所依据的客观经济情况发生重大变化，致使劳动合同无法履行 | | |
| 14 | | 不属于上述情形的企业单方解除 | 企业违反《劳动合同法》解除劳动合同 | | 有 |
| 15 | 员工单方解除 | 员工主动辞职 | 试用期内辞职 | 劳动者需提前三日通知用人单位 | 无 |
| 16 | | 员工主动辞职 | 非试用期内辞职 | 劳动者需提前三十日以书面形式通知用人单位 | 无 |

续表

| 序号 | 离职情形分类 | | | 提前通知 | 补偿或赔偿 |
|---|---|---|---|---|---|
| | 大类 | 中类 | 小类 | | |
| 17 | | 因企业违法 | 未按照劳动合同约定提供劳动保护或者劳动条件的 | 劳动者通知用人单位后解除 | 有 |
| 18 | | | 未及时足额支付劳动报酬的 | | |
| 19 | | | 未依法为劳动者缴纳社会保险费的 | | |
| 20 | | | 用人单位的规章制度违反法律、法规的规定，损害劳动者权益的 | | |
| 21 | | | 以欺诈、胁迫的手段或者乘人之危，使劳动者在违背真实意思的情况下订立或者变更劳动合同，致使劳动合同无效 | | |
| 22 | | | 法律、行政法规规定劳动者可以解除劳动合同的其他情形 | | |
| 23 | | | 用人单位以暴力、威胁或者非法限制人身自由的手段强迫劳动者劳动的，或者用人单位违章指挥、强令冒险作业危及劳动者人身安全的 | 立即解除，劳动者不需通知用人单位 | 有 |
| 24 | 劳动合同终止 | 员工原因 | 劳动合同期满，用人单位维持或者提高劳动合同约定条件续订劳动合同，劳动者不同意续订 | 合同到期后，劳动关系自动终止 | 无 |
| 25 | | | 劳动者开始依法享受基本养老保险待遇 | 劳动者享受基本养老保险后，劳动关系自动终止 | 无 |
| 26 | | | 劳动者死亡，或者被人民法院宣告死亡或者宣告失踪 | 死亡或宣告死亡或失踪后，劳动关系自动终止 | 无 |
| 27 | | 企业原因 | 劳动合同期满，用人单位主动提出不与劳动者续订劳动合同 | 劳动合同到期前通知劳动者，劳动合同到期后劳动关系自动终止 | 有 |
| 28 | | | 用人单位被依法宣告破产 | 宣告破产之日，劳动关系自动终止 | 有 |
| 29 | | | 用人单位被吊销营业执照、责令关闭、撤销或者用人单位决定提前解散 | 自执行之日，劳动关系自动终止 | 有 |
| 30 | | | 法律、行政法规规定的其他情形 | — | 有 |

续表

| 序号 | 离职情形分类 | | | 提前通知 | 补偿或赔偿 |
|---|---|---|---|---|---|
| | 大类 | 中类 | 小类 | | |
| 31 | 协商一致 | 员工提出 | 协商一致 | 按协商一致的约定时间终止劳动关系 | 按协商一致的约定执行 |
| 32 | | 企业提出 | 协商一致 | 按协商一致的约定时间终止劳动关系 | 有 |
| 33 | 未签订劳动合同的事实劳动关系 | 员工单方终止 | 用工之日起一个月内，员工单方终止 | | 无 |
| 34 | | | 用工之日起一个月后，员工单方终止 | | 有 |
| 35 | | 企业单方终止 | 用工之日起一个月内，员工拒签劳动合同 | 用人单位通知劳动者后解除 | 无 |
| 36 | | | 用工之日起一个月后，员工仍拒签劳动合同 | 用人单位通知劳动者后解除 | 有 |

> **小贴士 Human Resources**
>
> 企业处理离职情形，要差异化对待不同离职情形，尤其是企业主动辞退员工时，更应遵守《劳动合同法》，注意离职风险的防范。

## 03 离职工作流程

离职管理的工作流程可以分为三个阶段。

### 一、离职提出阶段

离职提出阶段，主要是员工、企业双方对离职意向的初步沟通过程。无论是员工提出离职申请的主动离职，还是企业依法解除或终止劳动关系的被动离职，在此阶段，企业人力资源最主要的工作是收集、汇总、分析员工权利、义务方面的信息和材料，为下一阶段工作提前做好准备。

表7-2列举了在离职提出阶段，人力资源应准备的工作内容清单：

表7-2　　　　　　　高职提出阶段人力资源工作内容

| 准备工作内容 | 资料清单 |
| --- | --- |
| 员工个人信息 | 员工简历、个人信息登记表 |
| 员工劳动关系 | 《劳动合同》 |
| 工作绩效资料 | 绩效考核结果、员工考勤记录等 |
| 离职面谈准备 | 《离职面谈记录》 |
| 离职工作表单 | 《员工离职申请单》《离职工作交接单》（部门用）、《离职工作交接单》（公司用）、《离职证明》 |

在离职提出阶段最主要使用的工作表单是《员工离职申请单》（员工单方提出）、《解除劳动合同协议书》（员工和企业协商一致）、《解除/终止劳动合同通知书》（企业单方提出）。

表7-3　　　　　　　　　员工离职申请单

| | | | | | |
| --- | --- | --- | --- | --- | --- |
| 声明： | | | | | |
| 　任何情况下，在提出离职申请前本人已仔细考虑并了解离职申请生效后的影响。对于在公司工作期间发生的未结清费用，本人会如期按照协议中的要求归还。本人同意薪酬福利发放至实际离职日。<br>　本人已认真阅读、充分理解本声明中所述内容，并明确指出按照公司离职流程认真履行离职手续。<br>　　　　　　　　　员工（签字）：<br>　　　　　　　　　日期：　　年　　月　　日 | | | | | |
| 申请人 | | 岗位 | | 所在部门 | |
| 直接主管 | | 申请日期 | | 预计离职时间 | |
| 劳动合同 | 　　年　　月　　日　至　　　年　　月　　日 | | | | |
| 离职类型 | □试用期内离职　□合同期内离职　□劳动合同期满　□其他＿＿ | | | | |
| 离职原因 | 　　　　　　　　　　　　　　　　　　　　员工（签字）：<br>　　　　　　　　　　　　　　　　　　　　日期：　　年　　月　　日 | | | | |
| 审批栏 | 部门经理 | | | | |
| | 人力资源部 | | | | |
| | 总经理 | | | | |

表 7-4　　　　　　　　解除劳动合同协议书（员工提出）

---

甲方：_____公司
乙方：_____
　　甲乙双方于　　年　月　　日订立了劳动合同，合同期（　　年　月　日至　　年　月　日）。现由于乙方提出协商解除劳动合同，甲乙双方经协商一致，同意解除双方的劳动合同，并达成如下协议：
1. 甲乙双方解除劳动合同的日期为：____年__月__日。
2. 乙方应于____年__月__日前办理完毕工作交接及离职手续。
3. 甲方为乙方缴纳的社会保险、住房公积金将缴纳至____年__月。
4. 乙方的薪酬福利将发至实际离职日。
5. 甲乙双方的其他约定：_____。
6. 本协议自甲乙双方签字/盖章后生效。
7. 本协议一式两份，甲乙双方各执一份。

甲方（盖章）：　　　　　　　　　　　乙方（签字）：
　　　　　　　　　　　　　　　　　联合签署日期：　　年　月　日

**《解除劳动合同协议书》签收回执**
　　我已于　　年　月　　日收到《解除劳动合同协议书》一份，并承诺于约定的日期前办理完毕工作交接及离职手续。
　　　　　　　　　　　　　　　　　　　　　　　　员工（签字）：
　　　　　　　　　　　　　　　　　　　　　　　　日期：　　年　月　日

---

表 7-5　　　　　　　　解除劳动合同协议书（企业提出）

---

甲方：_____公司
乙方：_____
　　甲乙双方于　　年　月　　日订立了劳动合同，合同期（　　年　月　日至　　年　月　日）。现由于甲方提出协商解除劳动合同，甲乙双方经协商一致，同意解除双方的劳动合同，并达成如下协议：
1. 甲乙双方解除劳动合同的日期为：____年__月__日。
2. 乙方应于____年__月__日前办理完毕工作交接及离职手续。
3. 乙方完成工作交接后，甲方于____年__月__日前向乙方支付经济补偿金____元。
4. 甲方为乙方缴纳的社会保险、住房公积金将缴纳至____年__月。

续表

| |
|---|
| 5. 乙方的薪酬福利将发至实际离职日。<br>6. 甲乙双方的其他约定：_____。<br>7. 本协议自甲乙双方签字/盖章后生效。<br>8. 本协议一式两份，甲乙双方各执一份。<br><br>甲方（盖章）：　　　　　　　　　　　　乙方（签字）：<br><br>联合签署日期：　　　年　　月　　日 |
| 《解除劳动合同协议书》签收回执<br>　　我已于　　年　　月　　日收到《解除劳动合同协议书》一份，并承诺于约定的日期前办理完毕工作交接及离职手续。<br>　　　　　　　　　　　　　　　　　　　　　　员工（签字）：<br>　　　　　　　　　　　　　　　　　　　　　　日期：　　年　　月　　日 |

表7-6　　　　　　　　　　解除/终止劳动合同通知书

| |
|---|
| 尊敬的＿＿＿＿先生/女士：<br>　　感谢您在就职期间为公司发展所做的努力和贡献。由于下列　　项情形，公司现决定与您解除/终止劳动关系，解除/终止劳动合同的日期为　　年　　月　　日。您的薪酬福利将发至实际离职日，社会保险、住房公积金将缴纳至　　年　　月。<br>1. 在试用期间被证明不符合录用条件。<br>2. 严重违反公司规章制度。<br>3. 严重失职，营私舞弊，给公司造成重大损害。<br>4. 同时与其他用人单位建立劳动关系，对完成本公司的工作任务造成严重影响，或者经公司提出，拒不改正。<br>5. 以欺诈手段使公司在违背真实意思的情况下订立或者变更劳动合同。<br>6. 被依法追究刑事责任。<br>7. 患病或者非因工负伤，在规定的医疗期满后不能从事原工作，也不能从事由公司另行安排的工作。<br>8. 不能胜任工作，经过培训或者调整工作岗位，仍不能胜任工作。<br>9. 劳动合同订立时所依据的客观情况发生重大变化，致使劳动合同无法履行，经公司与您协商，未能就变更劳动合同内容达成协议。 |

续表

| |
|---|
| 10. 公司依照《企业破产法》规定进行重整。<br>11. 公司生产经营发生严重困难。<br>12. 公司转产、重大技术革新或者经营方式调整，经变更劳动合同后，仍需裁减人员。<br>13. 其他因劳动合同订立时所依据的客观经济情况发生重大变化，致使劳动合同无法履行。<br>14. 您第一次与公司订立的劳动合同期满，公司决定不再与您续订劳动合同。<br><br>请于____年___月___日前到人力资源部办理离职手续。<br>特此通知！<br><br>　　　　　　　　　　　　　　　　　　　　公司（盖章）<br>　　　　　　　　　　　　　　　　　　　　日期：　　年　　月　　日 |

> **小贴士** 从降低离职风险角度出发，上述四种工作表单建议企业签署的顺序依次为《员工离职申请单》《解除劳动合同协议书》（员工提出）、《解除劳动合同协议书》（企业提出）、《解除/终止劳动合同通知书》。即对企业而言，员工提出离职的风险最低，员工与企业协商一致的风险其次，企业提出解除/终止劳动合同的风险最高。

离职资料收集完毕后，企业则可以启动离职面谈工作。由企业提出离职意向的，离职面谈的目的主要在于感谢员工在职期间的努力，平复员工情绪以避免员工的过激行为；由员工提出离职意向的，离职面谈的目的主要在于了解员工离职的真实原因，挽留优秀人才，收集员工对企业的各类建议，通过分析以避免类似离职事件的重复发生。离职面谈的详细操作方法可参见本书7.4章节中的介绍。

离职面谈结束后，如员工的离职意向已决，人力资源部门应启动离职流程。启动离职流程，一般以人力资源部门通过邮件形式通知企业相关部门为标志。

### 【离职工作启动通知示例】

| 邮件主题 | ××××部门××岗位×××（姓名）即将离职，请相关部门协助做好离职手续办理工作 |
|---|---|
| 邮件正文 | 各相关部门：<br>　　××××部门××岗位×××（姓名）将于××××年××月××日开始办理离职手续，请协助做好相关离职手续办理工作。<br>　　　　　　　　　　　　　　　　　　　　人力资源部<br>　　　　　　　　　　　　　　　　　　　　××××年××月××日 |

## 二、工作交接阶段

离职工作交接一般可以分为两部分，一部分是用人部门内部交接，另一部分是在企业范围内的工作交接。用人部门内部交接是将离职员工的工作交给同岗或相近岗位的其他同事，交接的内容除包括工作内容、工作进度、工作相关信息的交接外，还包括工作方法向同事的知识转移，一般周期较长；企业范围的工作交接一般较快，主要是对财务、行政、IT、人力资源等的交接。

用人部门内部交接的详细操作方法可参见本书7.5章节中的介绍。企业范围的工作交接主要通过各部门会签的方式进行确认（可参考表7-7）。

表7-7　　　　　　　　　员工离职工作交接会签单

| 员工姓名 | | 所属部门 | |
|---|---|---|---|
| 岗　　位 | | 离职批准日期 | |
| 员工类型 | □试用期员工　□正式员工　□其他：_____ | | |
| 用人部门交接 | 部门工作交接情况（已交接完成的画√）：<br>□资料交接　□交接培训　□联系人交接　□其他交接：_____<br>　　　　　　　　　　　　　　　　　　部门经理签字：<br>　　　　　　　　　　　　　　　日期：××××年××月××日 | | |

续表

| | 交接部门 | 交接项目<br>（已交接完成的画√） | 责任人 | 交接签字确认 |
|---|---|---|---|---|
| 相关部门交接 | 行政部 | □门卡　□钥匙<br>□名片　□办公用品 | | |
| | | □固定资产<br>□维修/赔偿费结算： | | |
| | IT部 | □邮箱　□OA<br>□VPN　□内网账号 | | |
| | 财务部 | □借款　□支票 | | |
| | | □发票 | | |
| | | □项目应收账款（项目/数额/处理意见）：<br>□其他财务事项（项目/数额/处理意见）： | | |
| | 人力资源部 | □培训协议处理意见：<br>□竞业协议处理意见： | | |
| | | □缴纳社会保险和住房公积金的截止时间：　年　月 | | |
| | | □工资结算截止日期：　年　月　日 | | |
| | | □剩余年休假：<br>□剩余倒休：<br>□年休假、倒休折算工资：<br>□剩余工资支付日期：　年　月　日 | | |
| 人力资源部最终审核 | | □离职手续办理完毕，同意离职。<br>□离职手续办理不完整，整改要求：<br>　　　　　　　　　　　　人力资源部经理签字： | | |
| 离职员工确认 | | 我已与财务部门费用结算清楚，与上述各部门就相关事项交接完毕，于　　年　月　日离职。<br>　　　　　　　　　　　　离职员工签字确认： | | |

**小贴士 Human Resources**　　如从事有职业危害工作的员工离职，则企业应在工作交接前先安排员工进行职业病排查体检，体检证明员工没有患上职业病后，才可以允许员工离职。如体检证实员工患有职业病，则企业不能提出解除劳动合同。

> **小贴士** 企业的中高级管理者离职，还需在离职管理流程中增加离职审计环节。离职审计主要包括三方面内容：一是对其经济责任履行、职权使用的合规性审查；二是经济绩效的评估；三是延伸审计（视需要而定），是对第一项、第二项审计过程中出现问题的重点审计。

### 三、离职收尾阶段

员工办理完成离职工作交接后，进入离职收尾阶段。离职收尾工作主要有两项：为员工开具《离职证明》、向相关部门通告离职手续办理完毕。

《离职证明》用于证明双方劳动关系的正式解除/终止。《离职证明》文件在开具时应依据《劳动合同法实施条例》第二十四条，即"用人单位出具的解除、终止劳动合同的证明，应当写明劳动合同期限、解除或者终止劳动合同的日期、工作岗位、在本单位的工作年限"。此外，考虑到离职员工日后就业的便利性，《离职证明》一般不应写上任何评价性的内容，如写"辞退""本人犯错""对公司造成重大损害"等。

**【离职证明示例】**

| 离职证明 |
|---|
| 兹证明_____先生/女士（身份证号：_____）于___年___月___日入职我公司，劳动合同期限自___年___月___日至___年___月___日，现于___年___月___日离职，离职手续已办理完毕，离职前的工作岗位为_____。<br>特此证明<br><br>公司名称（盖章）<br>日期：　年　月　日 |

员工离职手续全部办理完毕后，人力资源部门应向相关部门发放通知，告知离职手续办理完毕。

**【离职办理完毕邮件通知示例】**

| 邮件主题 | ××××部门××岗位×××（姓名）离职手续已办理完毕的通知 |
|---|---|
| 邮件正文 | 各相关部门：<br>　　××××部门××岗位×××（姓名）离职手续已于××××年××月××日办理完毕，请各位知悉。<br>　　　　　　　　　　　　　　　　　　　　人力资源部<br>　　　　　　　　　　　　　　　　　　××××年××月××日 |

## 04 离职面谈设计

### 一、离职面谈的目的

离职面谈是全面启动离职流程前的第一步。企业开展离职面谈工作主要有以下几个目的：

- 了解员工离职的真实原因；
- 努力挽留企业的优秀人才；
- 收集员工对企业各类建议；
- 发现企业的管理缺陷漏洞；
- 降低员工对企业不满情绪。

### 二、面谈准备的要点

离职面谈最忌讳的就是不做准备，临时处理所有问题。如果离职面谈准备工作不足，不仅无法达到离职面谈的目的，还可能出现尴尬的局面，造成不良影响。

以下为离职面谈的准备工作要点：

- 明确面谈目的。企业应在面谈之前明确此次面谈的主要目的是什么，是为挽留优秀人才还是劝退员工，是为与员工协商一致还是为降低离职补偿，是希望员工加速离职还是延长离职交接时间等。
- 选择面谈人员。离职面谈人选一般安排为人力资源部门主管以上级别的管理者，重要的员工则建议由企业高管直接进行面谈。
- 准备面谈资料。进行离职面谈前应收集拟离职员工的各种资料，包括员工简历、个人信息登记表、劳动合同、绩效考核结果、员工考勤记录等。
- 收集离职信息。面谈人员应事先与拟离职员工周围的同事了解其各方面信息，以便正确掌握其离职的真正原因。
- 设计面谈计划。设计离职面谈的详细计划，包括面谈时间、面谈地点、面谈问题清单、问题应对策略等。

企业可以通过表7-8检查离职面谈准备工作是否已经准备充分：

表 7-8　　　　　　　　　　离职面谈准备表

| 序号 | 内容分类 | 准备内容清单（单项或多项） |
| --- | --- | --- |
| 1 | 面谈目的 | 谈话目的：<br>□企业辞退　□员工提出　□协商一致　□其他_____ |
| 2 | 面谈目的 | 工作交接：<br>□尽快交接　□延长交接时间 |
| 3 | 面谈目的 | 离职补偿：<br>□双方协商　□依据劳动合同法　□其他_____ |
| 4 | 面谈人选 | □面谈人选：_____ |
| 5 | 面谈材料 | 资料收集：<br>□员工简历　□个人信息登记表　□劳动合同　□绩效考核结果<br>□员工考勤记录　□其他_____ |
| 6 | 离职信息 | 内部沟通：<br>□主管沟通　□周边同事沟通 |
| 7 | 面谈计划 | 面谈安排：<br>□面谈时间_____　□面谈地点_____ |
| 8 | 面谈计划 | 面谈计划：<br>□面谈问题清单<br>1._____<br>2._____<br>3._____<br>4._____<br>5._____ |

续表

| 序号 | 内容分类 | 准备内容清单（单项或多项） |
|---|---|---|
| | | ☐问题应对策略<br>1._____<br>2._____<br>3._____<br>4._____<br>5._____ |

为达到最佳的离职面谈效果，面谈人员应准备面谈问题清单，在面谈过程中参考面谈问题清单使用结构化方法获得全方位信息。表7-9为离职面谈引导内容参考。

表7-9　　　　　　　　　　离职面谈引导问题清单

| 序号 | 问题分类 | 问题清单 |
|---|---|---|
| 1 | 总体评价 | 1. 您在公司的这些年里，请说一下对公司的总体印象？<br>2. 请您评价一下公司的整体工作氛围，包括上下级、同级同事关系。<br>3. 您认为公司的福利待遇如何，是否实用？<br>4. 您认为公司提供的平台对您专业所长是否有所长进？ |
| 2 | 工作氛围 | 1. 您认为有关您工作表现的评价是否客观公正？<br>2. 您对您的主管是否满意？他是否具备一定的管理技巧？<br>3. 在工作中您与同事合作得怎么样？<br>4. 您在公司或部门内的沟通是否顺畅？<br>5. 您认为公司应如何改进工作条件、相关设施等？ |
| 3 | 员工培训 | 1. 在公司，您是否得到了足够的培训？<br>2. 您对公司整体的培训体系有什么看法？<br>3. 您认为自己还缺少哪些方面的培训？这造成了怎样的影响？<br>4. 您对怎样的培训和发展计划最感兴趣？<br>5. 您认为公司对您的培训和发展需求的评估妥当吗？这些需求是否得到了满足？ |
| 4 | 企业文化 | 1. 您认为公司的企业文化是否贯穿在您工作的各个方面？<br>2. 您对公司的工作时间、休假制度是否满意？<br>3. 您对公司的激励机制有何看法？您认为它应如何进行改进？<br>4. 您认为工作压力是否很大，公司该如何帮助员工缓解压力？<br>5. 您认为公司各部门之间的沟通和关系如何？应该如何改进？ |

续表

| 序号 | 问题分类 | 问题清单 |
|---|---|---|
| 5 | 离职原因 | 1. 您什么时候开始有离职的打算，是哪个事件或者原因直接导致您作出离职决定？<br>2. 您决定离职还有其他哪些方面的原因？<br>3. 您本希望问题如何得到解决？您对公司将来如何处理好这种情形或解决好这些问题，有什么具体的建议？<br>4. 如果不谈导致您决定离职的因素，请问最初是什么使您决定与公司长期共同发展事业？ |
| 6 | 离职去向 | 1. 您离职后是否愿意继续和公司保持联系？<br>2. 您是否介意公司经常告诉您公司的发展状况，了解您的发展情况，邀请您回来参加公司活动？<br>3. 如果有合适的岗位，您是否愿意返回公司工作？<br>4. 您是否愿意谈谈您的去向和今后的打算？<br>5. 请问是什么吸引您加入他们公司？薪酬？职位？还是其他因素？ |
| 7 | 离职交接 | 1. 您是否愿意在离开公司前与经理或同事举行简短的会议，以便我们可以从您的知识和经验中受益？<br>2. 您是否愿意尽量将您的知识和经验转移给接任者？<br>3. 如果您愿意在离职前将您岗位的接替者介绍给您的关键客户，我们将不胜感激，您是否可以协助公司这么做？ |

### 三、离职面谈的要点

离职面谈应遵循以下要点：

- 营造开场氛围。设计打破面谈僵局的开场白，表明面谈人员的身份，说明面谈话题，面谈注重的是平等交流、肯定对方、尊重对方。
- 提出面谈问题。按照预先设计的面谈问题清单提出问题，面谈问题应尽量是开放性的，范围尽可能要广，给对方充分的表达空间。
- 深入了解情况。针对某一问题，面谈人员应尽量向对方多追问问题产生的原因，进一步了解问题的动因，而不是仅仅局限在问题的表面。
- 结束离职面谈。面谈结束前，面谈人员应对离职人员表示感谢，并向对方表达良好祝愿，尽量做到在轻松的气氛中结束离职面谈。
- 做好面谈记录。面谈过程中应对面谈过程进行详细记录，必要时可在征得对方允许的前提下进行面谈录音。对于面谈中确定的一些重要内容，面谈人员和离职员工应及时对面谈记录或相关协议进行签字确认。

在离职面谈中，离职员工与企业的关系即将结束，因此一般可以放下自身的顾忌，对一些重要和核心问题不再避讳，能够较为坦诚地说出内心的真实看法，企业可以在面谈中获取大量改进自身管理工作的重要信息。因此，做好离职面谈记录工作就尤为重要。离职面谈记录表参考表7-10：

表7-10　　　　　　　　　　　　离职面谈记录表

| 员工姓名 | | 所属岗位 | |
| --- | --- | --- | --- |
| 所属部门 | | 合同期限 | |
| 面谈时间 | | 面谈地点 | |
| 面谈人员 | | | |
| 离职类型 | □试用期内辞职　□合同期内主动辞职　□合同期满不再续签<br>□企业辞退　□其他＿＿＿＿＿＿ | | |
| 原因分类 | □薪资待遇　□工作性质　□工作环境　□工作时间　□健康因素<br>□企业福利　□晋升机会　□工作压力　□人际关系　□家庭原因<br>□企业前景　□企业文化　□培训机会　□其他原因：＿＿＿＿＿ | | |
| 离职原因 | | | |
| 对公司建议或意见 | | | |
| 离职去向 | | | |
| 面谈遗留问题 | | | |

### 四、离职面谈的收尾

离职面谈结束后，企业仍应做好以下工作：

- 验证信息真伪。针对离职面谈中涉及的各类问题，企业应针对这些信息的真伪进行核实，并将核实后的信息及时反馈给员工的主管上级。
- 提炼离职数据。面谈结束后应及时对离职原因、改进建议等进行归纳分类，并在员工异动、流失成本、离职分析等报告中得以体现。
- 整理改进建议。将面谈中收集到的下属对企业的意见及建议进行分析，对于存在的问题应及时提出改善优化建议。

- 离职后的回访。员工从企业离职一周后，企业应对离职员工进行电话回访，进一步听取员工对企业发展的建议和意见，并保持和员工长期的友好关系。

## 05 离职工作交接

员工离职，如工作交接做得不好，往往会引发珍贵资料丢失、重要工作遗漏、关键客户流失等一系列问题。在离职工作交接环节，上级主管和工作继任者可参考离职员工的《岗位职责说明书》梳理工作交接内容清单，并做好以下三方面工作：资料交接、继任培训、联系人交接。

### 一、资料交接

员工在工作中积累的文档资料，构成了企业宝贵的知识库，是企业无形资产的重要组成部分。这些资料一旦丢失，企业将需要付出巨大的成本进行重建，甚至造成无法挽回的损失。

文档资料的交接，可以通过《工作文档移交清单》（可参考表7-11）进行监督确认：

表 7-11　　　　　　　　　工作文档移交清单

| 资料主题 | | | | | | |
|---|---|---|---|---|---|---|
| 移交人 | | 移交人部门 | | | | |
| 接收人 | | 接收人部门 | | | | |
| 移交资料清单 | 文档名称 | | 份数 | 页数 | 原件 | 电子档 |
| | | | | | | |
| | | | | | | |
| | | | | | | |
| | | | | | | |
| | | | | | | |

续表

| 移交人说明 | | |
|---|---|---|
| 接收人说明 | | |
| 双方签字 | 移交人：<br>时间： | 接收人：<br>时间： |
| 备注 | | |

## 二、继任培训

相对于资料交接，继任培训是工作交接中没有得到充分重视的一个环节。继任培训是对该岗位工作技巧的培训，这些工作细节、注意事项与特殊情况，大量存在于离职员工的脑海里，不能简单通过资料交接让工作继任者得以准确掌握。企业要充分重视继任培训，将该岗位的工作经验和技巧延续下去。

为帮助工作继任者能够快速掌握交接岗位的工作内容和工作要求，离职员工所在部门应组织进行继任培训。继任培训至少由离职员工、离职员工的上级主管、工作继任者共同参加，离职员工负责对交接工作与文档资料进行全面讲解与说明；工作继任者了解、学习、掌握相关工作技巧，并对未掌握的内容与离职员工进行有效互动；离职员工的上级主管作为监督者对离职员工讲解内容的全面性和准确性进行把关，纠正培训中的遗漏和错误。与离职员工工作流程密切相关的同事，也应邀请其参加继任培训，让工作继任者对工作更有整体感和全局观。

继任培训可使用表7-12以提高培训质量：

表7-12　　　　　　　　　继任培训记录单

| 移交人 | | 移交人部门 | |
|---|---|---|---|
| 接收人 | | 接收人部门 | |
| 监督人 | | 监督人部门 | |

续表

| 序号 | 交接培训内容 | 配套资料 | 备注 |
|---|---|---|---|
| 1 | | | |
| 2 | | | |
| 3 | | | |
| 4 | | | |
| 5 | | | |
| 交接培训签字确认 | 移交人：<br>时间： | 接收人：<br>时间： | 监督人：<br>时间： |
| 备注 | | | |

继任培训完成后，工作继任者应尽快进行实操练习，并由离职员工和离职员工的上级主管对实操练习进行必要的指导。实操练习的内容应尽可能涵盖全部工作内容，尤其是该岗位的核心业务内容必须进行一次以上的实操练习。

三、联系人交接

工作交接的最后一个环节就是岗位联系人的交接，并通知到工作联系人各方，包括企业内部的相关员工，企业外部的客户、供应商、合作伙伴等。岗位联系人交接可以通过表7-13进行：

表7-13　　　　　　　　岗位联系人移交确认单

| 移交人 | | 移交人部门 | | |
|---|---|---|---|---|
| 接收人 | | 接收人部门 | | |
| 序号 | 联系人姓名 | 单位名称或所属部门 | 涉及工作内容 | 联系方式（电话、邮箱、QQ、微信等） | 备注 |
| 1 | | | | | |
| 2 | | | | | |
| 3 | | | | | |
| 4 | | | | | |

| | | | | |
|---|---|---|---|---|
| 5 | | | | |
| 6 | | | | |
| 7 | | | | |
| 8 | | | | |
| 9 | | | | |
| 10 | | | | |
| 交接确认 | 移交人：<br>时间： | | 接收人：<br>时间： | |
| 备注 | | | | |

工作继任者应按照联系人清单主动通知相关各方联系人，实现交接工作的平稳过渡。针对部分重要的联系人，企业还可由离职员工或离职员工的上级主管带领工作继任者对其进行逐一拜访，以确保重要工作的连续性。

> **小贴士 Human Resources**　工作交接的过程，离职员工的上级主管应尽量全程参与，并做好交接工作的审核工作，以避免交接工作出现重大的纰漏。

## 06 补偿金赔偿金

在本书7.2章节中列举的36种离职情形中，有20余种情形企业需向员工支付经济补偿金或经济赔偿金。简单普及一下经济补偿金与经济赔偿金的区别：经济补偿金具有补偿性质，是依法向员工给予的一种经济补助，主要对应劳动合同解除或终止、竞业限制补偿金等。经济赔偿金则是企业对员工的损失具有法律过错，根据侵权责任或者合同义务，为弥补员工损失而负担的金额，主要对应企业不及时与劳动者签订劳动合同、违法约定试用期、违法解除或终止劳动合同等。

表 7-14　　　　　　　各类离职补偿或赔偿计算方法一览表

| 序号 | 离职情形分类 | | | 补偿或赔偿计算标准 |
|---|---|---|---|---|
| | 大类 | 中类 | 小类 | |
| 1 | 用人单位单方解除 | 员工存在过失 | 在试用期间被证明不符合录用条件 | 无 |
| 2 | | | 严重违反用人单位的规章制度 | |
| 3 | | | 严重失职，营私舞弊，给用人单位造成重大损害 | |
| 4 | | | 劳动者同时与其他用人单位建立劳动关系，对完成本单位的工作任务造成严重影响，或者经用人单位提出，拒不改正 | |
| 5 | | | 以欺诈手段使用人单位在违背真实意思的情况下订立或者变更劳动合同，致使劳动合同无效 | |
| 6 | | | 被依法追究刑事责任 | |
| 7 | | 员工不存在过失 | 劳动者患病或者非因工负伤，在规定的医疗期满后不能从事原工作，也不能从事由用人单位另行安排的工作 | 经济补偿金：提前三十日通知或者额外支付劳动者一个月工资+月平均工资×工作年限 |
| 8 | | | 劳动者不能胜任工作，经过培训或者调整工作岗位，仍不能胜任工作 | |
| 9 | | | 劳动合同订立时所依据的客观情况发生重大变化，致使劳动合同无法履行，经用人单位与劳动者协商，未能就变更劳动合同内容达成协议 | |
| 10 | | 经济性裁员 | 依照《企业破产法》规定进行重整 | 经济补偿金：月平均工资×工作年限 |
| 11 | | | 生产经营发生严重困难 | |
| 12 | | | 企业转产、重大技术革新或者经营方式调整，经变更劳动合同后，仍需裁减人员 | |
| 13 | | | 其他因劳动合同订立时所依据的客观经济情况发生重大变化，致使劳动合同无法履行 | |

续表

| 序号 | 离职情形分类 | | | 补偿或赔偿计算标准 |
|---|---|---|---|---|
| | 大类 | 中类 | 小类 | |
| 14 | | 不属于上述情形的企业单方解除 | 企业违反《劳动合同法》解除劳动合同 | 经济赔偿金：2×月平均工资×工作年限 |
| 15 | | 员工主动辞职 | 试用期内辞职 | 无 |
| 16 | | 员工主动辞职 | 非试用期内辞职 | 无 |
| 17 | 员工单方解除 | 因企业违法 | 未按照劳动合同约定提供劳动保护或者劳动条件的 | 经济赔偿金：月平均工资×工作年限 |
| 18 | | | 未及时足额支付劳动报酬的 | |
| 19 | | | 未依法为劳动者缴纳社会保险费的 | |
| 20 | | | 用人单位的规章制度违反法律、法规的规定，损害劳动者权益的 | |
| 21 | | | 以欺诈、胁迫的手段或者乘人之危，使劳动者在违背其真实意思的情况下订立或者变更劳动合同，致使劳动合同无效 | |
| 22 | | | 法律、行政法规规定劳动者可以解除劳动合同的其他情形 | |
| 23 | | | 用人单位以暴力、威胁或者非法限制人身自由的手段强迫劳动者劳动的，或者用人单位违章指挥、强令冒险作业危及劳动者人身安全的 | |
| 24 | 劳动合同终止 | 员工原因 | 劳动合同期满，用人单位维持或者提高劳动合同约定条件续订劳动合同，劳动者不同意续订 | 无 |
| 25 | | | 劳动者开始依法享受基本养老保险待遇 | |
| 26 | | | 劳动者死亡，或者被人民法院宣告死亡或者宣告失踪 | |

续表

| 序号 | 离职情形分类 | | | 补偿或赔偿计算标准 |
|---|---|---|---|---|
| | 大类 | 中类 | 小类 | |
| 27 | | 企业原因 | 劳动合同期满，用人单位主动提出不与劳动者续订劳动合同 | 经济补偿金：月平均工资 × 工作年限 |
| 28 | | | 用人单位被依法宣告破产 | |
| 29 | | | 用人单位被吊销营业执照、责令关闭、撤销或者用人单位决定提前解散 | |
| 30 | | | 法律、行政法规规定的其他情形 | |
| 31 | 协商一致 | 员工提出 | 协商一致 | 按协商一致的约定执行，可以有经济补偿，也可以没有补偿 |
| 32 | | 企业提出 | 协商一致 | 经济补偿金：月平均工资 × 工作年限 |
| 33 | 未签订劳动合同的事实劳动关系 | 员工单方终止 | 用工之日起一个月内，员工单方终止 | 无 |
| 34 | | | 用工之日起一个月后，员工单方终止 | 经济赔偿金：2× 月平均工资 ×（未订立劳动合同的月数 -1），此处的"月数"最大值为 12 |
| 35 | | 企业单方终止 | 用工之日起一个月内，员工拒签劳动合同 | 无 |
| 36 | | | 用工之日起一个月后，员工仍拒签劳动合同 | 经济赔偿金：2× 月平均工资 ×（未订立劳动合同的月数 -1），此处的"月数"最大值为 12 |

以下为在计算经济补偿金 / 赔偿金时，必须注意的事项：

1. 工作年限的计算：以每满一年支付一个月工资的标准向劳动者支付。六个月以上不满一年的，按一年计算；不满六个月的，向劳动者支付半个月工资的经济补偿。

2. 工作年限的上限：劳动者月工资高于本地区上年度职工月平均工资三倍的，支付经济补偿的年限最高不超过十二年。如劳动者月工资不高于本地区上年度职工月平均工资三倍的，则支付经济补偿金不受年限限制。

3. 月工资的计算：指劳动者在劳动合同解除或者终止前十二个月的平均工资。

4. 月工资的上限：劳动者月工资高于本地区上年度职工月平均工资三倍的，向其支付经济补偿的标准按职工月平均工资三倍的数额支付。

以上经济补偿金/赔偿金的计算方法主要依据的是自2008年1月1日起正式生效的《劳动合同法》。如员工工作年限跨越2008年，则2008年前的计算应主要依据原劳动部颁布的《违反和解除劳动合同的经济补偿办法》。如《违反和解除劳动合同的经济补偿办法》和《劳动合同法》的计算方法不同，则应以2008年为界分段计算（可参考表7-15）。

表7-15　　　　　　经济补偿金/赔偿金的分段计算情形

|  | 2008年1月1日前 | 2008年1月1日及以后 |
| --- | --- | --- |
| 月工资标准的上限 | 无上限 | 本地区上年度职工月平均工资三倍 |
| 工作年限的上限 | 最长不超过12个月 | 月工资高于本地区上年度职工月平均工资三倍的，支付经济补偿的年限最高不超过十二年；其余情况，无工作年限上限 |
| 劳动合同到期，企业提出不续签（非须签订无固定期限情形） | 无补偿 | 按照2008年起的工作年限计算 |

> **小贴士**
>
> 经济补偿金的个人所得税主要依据《关于个人与用人单位解除劳动关系取得的一次性补偿收入征免个人所得税问题的通知》（财税〔2001〕157号）规定，个人因与用人单位解除劳动关系而取得的一次性补偿收入（包括用人单位发放的经济补偿金、生活补助费和其他补助费用），其收入在当地上年职工平均工资3倍数额以内的部分，免征个人所得税；超过的部分按照《国家税务总局关于个人因解除劳动合同取得经济补偿金征收个人所得税问题的通知》（国税发〔1999〕178号）的有关规定，计算征收个人所得税。

## 07 竞业协议运用

依据《劳动合同法》第二十三条、第二十四条、第九十条，企业应注意竞业协议仅适用于表7-16中的情形：

表7-16　　　　　　　　　竞业协议的适用情形

| 分类 | 约束条件 |
| --- | --- |
| 适用主体 | 高级管理人员、高级技术人员和其他负有保密义务的人员。 |
| 限制范围 | 与本单位生产或者经营同类产品、从事同类业务的有竞争关系的其他用人单位，或者自己开业生产或者经营同类产品、从事同类业务。 |
| 生效前提 | 在劳动合同或者保密协议中与劳动者约定竞业限制条款，并约定在解除或者终止劳动合同后，在竞业限制期限内按月给予劳动者经济补偿。 |
| 限制期限 | 不得超过两年。 |
| 赔偿责任 | 劳动者违反竞业限制约定的，应当按照约定向用人单位支付违约金；给用人单位造成损失的，应当承担赔偿责任。 |

为避免核心员工在职期间或离职后与企业形成竞争关系，企业应在运用竞业协议时做好风险防范措施（可参考表7-17制定）。

表7-17　　　　　　　　　竞业协议中的约定内容建议

| 分类 | 约定内容建议 |
| --- | --- |
| 调整竞业限制的主体资格 | 竞业限制仅适用于高级管理人员、高级技术人员和其他负有保密义务的人员。因此企业如需将更多的骨干员工纳入竞业限制的范围中，则可以从"其他负有保密义务的人员"入手，在竞业协议中将骨干员工明确其为属于负有保密义务的人员，约定其对企业的技术、销售、经营、管理等方面负有保密义务。 |
| 约定竞业限制的范围 | 企业在与员工约定竞业协议时，对于竞业限制的范围，可以用列举的方式明确劳动者不能从事的具体行业领域，或类似的工作岗位名称等。 |

续表

| 分类 | 约定内容建议 |
| --- | --- |
| 约定补偿的金额 | 目前法律并未规定竞业限制的经济补偿标准，只有部分地区地方法规或裁判机关的指导意见中有一些参考的补偿金标准。在竞业协议约定中应避免补偿金额过低的情况，如当地没有指导性建议则补偿金可参考《关于审理劳动争议案件适用法律若干问题的解释（四）》第六条，将经济补偿约定为月工资额的30%，且不能低于劳动合同履行地最低工资标准。 |
| 约定协议的解除 | 在竞业协议中可以约定：协议期限内，用人单位可以随时解除竞业协议；员工不得单方解除竞业协议。 |
| 明确违约的责任 | 如果员工违约，企业可以要求劳动者继续履行竞业协议，并明确违约金的金额。违约金的金额不宜过高，以防止仲裁或法院调整违约金的金额。 |
| 约定监督的机制 | 企业可以在协议中约定，要求员工每半年提供一次其社保缴费信息或在找到新的用人单位后提供其与新单位签订的劳动合同等。 |

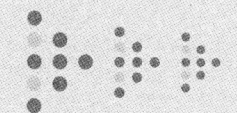

# 第8章

# 劳动争议

## ——风险防范与应对策略

哪些情形属于劳动争议受理范围?
处理劳动争议案件的方式有哪些?
劳动争议案件调解的程序是什么?
企业应掌握哪些劳动仲裁的知识?
人民法院受理哪些劳动争议案件?
如何对比各类证据证明力的大小?
企业必须承担的举证责任有哪些?
防范劳动争议企业需要做些什么?

人力资源管理工作中,最让人力资源担心的事情就是出现企业与员工的劳动争议案件。劳动争议案件所代表的劳动关系问题在企业内部通常具有普遍性,因此一旦劳动争议处理结果对企业不利,申请仲裁的示范效应就会很容易引起员工的群体性申诉,且用人单位被相关部门劳动监察的概率增大。

## 01 争议受理范围

广义上的劳动争议范围是指劳动者与用人单位之间因劳动关系的权利义务分歧而产生的各类纠纷。

我们通常所说的劳动争议则是狭义上的劳动争议,其范围则是依据《劳动争议调解仲裁法》第二条,适用于该法律的范畴:

- 因确认劳动关系发生的争议;
- 因订立、履行、变更、解除和终止劳动合同发生的争议;
- 因除名、辞退和辞职、离职发生的争议;
- 因工作时间、休息休假、社会保险、福利、培训以及劳动保护发生的争议;
- 因劳动报酬、工伤医疗费、经济补偿或者赔偿金等发生的争议;
- 法律、法规规定的其他劳动争议。

依据《最高人民法院关于审理劳动争议案件适用法律若干问题的解释(二)》第七条,下列纠纷不属于劳动争议:

- 劳动者请求社会保险经办机构发放社会保险金的纠纷;
- 劳动者与用人单位因住房制度改革产生的公有住房转让纠纷;
- 劳动者对劳动能力鉴定委员会的伤残等级鉴定结论或者对职业病诊断

鉴定委员会的职业病诊断鉴定结论的异议纠纷；
- 家庭或者个人与家政服务人员之间的纠纷；
- 个体工匠与帮工、学徒之间的纠纷；
- 农村承包经营户与受雇人之间的纠纷。

此外，在《最高人民法院关于审理劳动争议案件适用法律若干问题的解释（一）》《最高人民法院关于审理劳动争议案件适用法律若干问题的解释（二）》《最高人民法院关于审理劳动争议案件适用法律若干问题的解释（三）》《最高人民法院关于审理劳动争议案件适用法律若干问题的解释（四）》中，针对劳动争议案件的一些具体情形，人民法院是否受理也做了一些针对性的说明。

> **小贴士 Human Resources**
> 关于劳动纠纷，用人单位可结合《劳动保障监察条例》自查可能出现的劳动争议问题。用人单位如违反劳动保障法律、法规和规章，当地劳动保障行政执法机构可行使行政处罚自由裁量权对用人单位进行处罚。

> **小贴士 Human Resources**
> 与劳动纠纷相关的法律、行政法规主要包括：《劳动争议调解仲裁法》《最高人民法院关于审理劳动争议案件适用法律若干问题的解释（一）》《最高人民法院关于审理劳动争议案件适用法律若干问题的解释（二）》《最高人民法院关于审理劳动争议案件适用法律若干问题的解释（三）》《最高人民法院关于审理劳动争议案件适用法律若干问题的解释（四）》《企业劳动争议协商调解规定》《劳动人事争议仲裁办案规则》。

## 02 争议处理方式

依据劳动保障法律、法规和规章，产生劳动争议后，双方当事人有表8-1中的四种解决途径。

表 8-1　　　　　　　　　劳动争议的四种解决途径对比

| 解决方式 | 受理组织 | 受理前提 | 受理时限要求 | 达成一致结果 |
| --- | --- | --- | --- | --- |
| 协商 | 无。由劳动者与用人单位直接协商，或劳动者请工会或者第三方共同与用人单位协商。 | 无 | 一方当事人提出协商要求后，另一方当事人5日内不作出回应的，视为不愿协商。协商的期限由当事人书面约定，在约定的期限内没有达成一致的，视为协商不成。 | 和解协议 |
| 调解 | 调解组织，包括企业劳动争议调解委员会、依法设立的基层人民调解组织、在乡镇和街道设立的具有劳动争议调解职能的组织。 | 当事人不愿协商、协商不成或者达成和解协议后不履行 | 调解委员会接到调解申请后，在3个工作日内受理。自受理调解申请之日起15日内结束，如双方当事人同意延期的可以延长。在规定期限内未达成调解协议的，视为调解不成。双方当事人可以自调解协议生效之日起15日内共同向仲裁委员会提出仲裁审查申请。 | 调解协议书 |
| 仲裁 | 劳动争议仲裁委员会。劳动争议由劳动合同履行地或者用人单位所在地的劳动争议仲裁委员会管辖。双方当事人分别向劳动合同履行地和用人单位所在地的劳动争议仲裁委员会申请仲裁的，由劳动合同履行地的劳动争议仲裁委员会管辖。 | 当事人不愿调解、调解不成或者达成调解协议后，一方事人在约定的期限内不履行调解协议 | 劳动争议申请仲裁的时效期间为1年。劳动关系存续期间因拖欠劳动报酬发生争议的，劳动者申请仲裁不受仲裁时效期限的限制；劳动关系中止的，应当自劳动关系终止之日起1年内提出。劳动争议仲裁委员会收到仲裁申请之日起5日内作出受理或不予受理的决定。对劳动争议仲裁委员会不予受理或者逾期未作出决定的，申请人可向法院提起诉讼。仲裁庭裁决劳动争议案件，应当自劳动争议仲裁委员会受理仲裁申请之日起45日内结束。案情复杂需要延期的，延长期限不得超过15日。 | 自行和解的，达成和解协议；调解达成协议的，形成调解书；仲裁庭裁决的，形成仲裁裁决书 |

续表

| 解决方式 | 受理组织 | 受理前提 | 受理时限要求 | 达成一致结果 |
|---|---|---|---|---|
| 诉讼或用人单位申请撤销裁决 | 人民法院。劳动争议案件由用人单位所在地或者劳动合同履行地的基层人民法院管辖。用人单位依据《劳动争议调解仲裁法》第四十九条申请撤销裁决时，向劳动争议仲裁委员会所在地的中级人民法院申请。 | 当事人对仲裁结果不服 | 劳动者对《劳动争议调解仲裁法》第四十七条规定的仲裁裁决不服的，可以自收到仲裁裁决书之日起15日内向人民法院提起诉讼。当事人对《劳动争议调解仲裁法》第四十七条规定以外的其他劳动争议案件的仲裁裁决不服的，可以自收到仲裁裁决书之日起15日内向人民法院提起诉讼。 | 民事判决书 |

> **小贴士** 协商、调解、仲裁、诉讼是依次升级的处理劳动争议模式，企业应尽可能通过协商或调解的方式处理好双方争议，合法、合规、及时地把劳动争议在萌芽状态解决，以避免在仲裁或诉讼上耗费大量人力物力。企业一旦经历过劳动争议的仲裁或诉讼案件，则往往会在今后成为当地劳动保障行政执法机构重点关注的对象。

## 03 劳动争议调解

协商是将劳动争议化解在企业内部，调解是在双方当事人基础上引入了第三方的调解组织，仲裁和诉讼则将劳动争议受理组织上升到仲裁庭和人民法院。可以说，调解是将劳动争议矛盾控制在企业内部还是通过司法程序处理的分界线。

## 一、企业的调解组织

依据《企业劳动争议协商调解规定》第十三条、第十四条的规定，"大中型企业应当依法设立调解委员会，并配备专职或者兼职工作人员""小微型企业可以设立调解委员会，也可以由劳动者和企业共同推举人员，开展调解工作"。用人单位可以依法建立劳动争议调解委员会，形成劳资双方的沟通对话机制，力争自主化解本单位的劳动争议，并不断提升自主解决劳动争议的能力。

企业调解委员会应履行下列职责：

- 宣传劳动保障法律、法规和政策；
- 对本企业发生的劳动争议进行调解；
- 监督和解协议、调解协议的履行；
- 聘任、解聘和管理调解员；
- 参与协调履行劳动合同、集体合同、执行企业劳动规章制度等方面出现的问题；
- 参与研究涉及劳动者切身利益的重大方案；
- 协助企业建立劳动争议预防预警机制。

企业设立调解委员会的最主要目的在于预防管理人员与基础员工发生争议，调查员工违纪情况、减少劳动争议案件。调解的处理方式是在以法律为准绳的基础上调解，而不是为了裁决劳动争议谁对谁错，处理事项的层面也应尽可能低于企业层面，避免推翻企业已经作出的处理结果。

调解委员会由劳动者代表和企业代表组成，人数由双方协商确定，双方人数应当对等。劳动者代表由工会委员会成员担任或者由全体劳动者推举产生，企业代表由企业负责人指定。调解委员会主任由工会委员会成员或者双方推举的人员担任。

## 二、争议调解的程序

企业处理调解的程序可参考表8-2。

表 8-2　　　　　　　　　　劳动争议的调解程序

| 程序 | 主要内容 | 相关文件 |
| --- | --- | --- |
| 申请 | 当事人向调解委员会提出书面或口头调解申请。申请内容应当包括：申请人基本情况、调解请求、事实与理由。如调解申请为口头的，则调解委员会应当场记录调解申请，形成书面调解申请。<br>发生劳动争议，当事人没有提出调解申请，调解委员会可以在征得双方当事人同意后主动调解。 | 《调解申请》 |
| 受理 | 属于劳动争议的范畴且双方当事人同意调解的，调解委员会在3个工作日内受理。不属于劳动争议受理范围或者一方当事人不同意调解的，应当做好记录，并书面通知申请人。 | 《调解受理通知书》或《调解不予受理通知书》 |
| 调解 | 调解委员会根据案件情况指定调解员或者调解小组进行调解，在征得当事人同意后，也可以邀请有关单位和个人协助调解。<br>经调解达成调解协议的，由调解委员会制作调解协议书。调解协议书应当写明双方当事人基本情况、调解请求事项、调解的结果和协议履行期限、履行方式等。调解协议书由双方当事人签名或者盖章，经调解员签名并加盖调解委员会印章后生效。 | 《调解协议书》 |
| 审查 | 双方当事人可以自调解协议生效之日起15日内共同向仲裁委员会提出仲裁审查申请。仲裁委员会受理后，应当对调解协议进行审查，对程序和内容合法有效的调解协议，出具调解书。 | 《调解书》 |

**小贴士 Human Resources**　《企业劳动争议协商调解规定》虽然没有规定达成调解协议后必须进行仲裁审查的程序，但通过仲裁委员会仲裁审查可以出具法律文书性质的调解书。调解书具有与法院判决相同的既判力、形成力和执行力，可以更好地保障双方当事人的权益。

## 三、调解协议书范本

**【调解协议书示例】**

调解协议书

（　　）字第　　号

申请人：　姓名（或用人单位名称）　　　　性别

　　　　　地址　　　　　　　　　　　　　　职务（岗位）

　　　　　法定代表人　　　　　　　　　　　职务

　　　　　委托代理人

被申请人：姓名（或用人单位名称）　　　　性别

　　　　　地址　　　　　　　　　　　　　　职务（岗位）

　　　　　法定代表人　　　　　　　　　　　职务

　　　　　委托代理人

上述双方因_____事宜引起争议，申请人于____年__月__日向本调解委员会提出如下请求事项：

1._____

2._____

3._____

经本会主持调解，双方协商，自愿达成协议如下（必须包含调解结果、履行期限、履行方式）：

1._____

2._____

3._____

本协议一式三份，双方当事人和调解委员会各执一份。

本协议自签订之日起正式生效，双方应共同遵守。

　　　　申请人（签名）　　　　　　被申请人（签名）

　　　　　　　　　　调解员（签名）

　　　　　　　　　　劳动争议委员会（章）

　　　　　　　　　　　　年　月　日

## 04 劳动争议仲裁

### 一、劳动仲裁的时效

《劳动法》第八十二条规定的劳动仲裁时效为60天,但《劳动争议调解仲裁法》出台后,将劳动争议仲裁时效延长到了1年,具体时效如表8-3所示:

表8-3　　　　　　　　劳动仲裁的处理时效要求

| 时效的分类 | 法律规定 |
| --- | --- |
| 仲裁的时效 | 申请仲裁的时效期间为1年。仲裁时效期间从当事人知道或者应当知道其权利被侵害之日起计算。<br>劳动关系存续期间因拖欠劳动报酬发生争议的,劳动者申请仲裁不受1年规定的仲裁时效期间的限制;但是,劳动关系终止的,应当自劳动关系终止之日起1年内提出。 |
| 时效的中断 | 前款规定的仲裁时效,因当事人一方向对方当事人主张权利,或者向有关部门请求权利救济,或者对方当事人同意履行义务而中断。从中断时起,仲裁时效期间重新计算。 |
| 时效的中止 | 因不可抗力或者有其他正当理由,当事人不能在第一款规定的仲裁时效期间申请仲裁的,仲裁时效中止。从中止时效的原因消除之日起,仲裁时效期间继续计算。 |

> **小贴士**
> 随着近年来司法体制改革的不断深入,与劳动关系相关的法律规范也密集出台,这就产生了大量的法律法规解释冲突的情形。在遇到法律规范冲突时,一般适用如下原则:法律、行政法规、地方性法规、地方规章之间发生的规范冲突,通常适用高位阶的法律规范优于低位阶的法律规范的规则;不同时期发布的法律规范之间的冲突,通常适用新的法律规范优于旧的法律规范的规则;特别法与普通法之间的冲突,通常适用特别法规范优于普通法规范的规则。

## 二、劳动仲裁的流程

劳动仲裁的流程如表 8-4 所示。

表 8-4　　　　　　　　劳动仲裁的流程及操作要点

| 仲裁流程 | 流程内容 | 要点提示 |
| --- | --- | --- |
| 仲裁申请 | 申请人向仲裁委员会提交书面仲裁申请。 | 在申请人申请仲裁时，仲裁委员会可以引导当事人通过协商、调解等方式解决争议。 |
| 仲裁申请受理 | 劳动争议仲裁委员会收到仲裁申请之日起 5 日内，认为符合受理条件的，应当受理，并通知申请人；认为不符合受理条件的，应当书面通知申请人不予受理，并说明理由。<br>劳动争议仲裁委员会受理仲裁申请后，应当在 5 日内将仲裁申请书副本送达被申请人。 | 对劳动争议仲裁委员会不予受理或者逾期未作出决定的，申请人可以就该劳动争议事项向人民法院提起诉讼。 |
| 仲裁答辩期 | 被申请人收到仲裁申请书副本后，应当在 10 日内向劳动争议仲裁委员会提交答辩书。<br>劳动争议仲裁委员会收到答辩书后，应当在 5 日内将答辩书副本送达申请人。被申请人未提交答辩书的，不影响仲裁程序的进行。 | 被申请人如提交答辩书，则可能会让申请人在开庭前获知自己的抗辩策略和辩论重点。<br>被申请人可以在答辩期内提出反申请，仲裁委员会决定受理的，仲裁委员会可以将反申请和申请合并处理。<br>被申请人如想提出反申请或管辖权异议，则必须在答辩期内提出，否则反申请只能另案处理，管辖权异议则不予受理。 |
| 开庭和裁决 | 仲裁庭应当在开庭 5 日前，将开庭日期、地点书面通知双方当事人。当事人有正当理由的，可以在开庭 3 日前请求延期开庭。是否延期，由劳动争议仲裁委员会决定。<br>开庭审理时，仲裁员应当听取申请人的陈述和被申请人的答辩，主持庭审调查、质证和辩论、征询当事人最后意见，并进行调解。 | 申请人收到书面通知，无正当理由拒不到庭或者未经仲裁庭同意中途退庭的，可以视为撤回仲裁申请。<br>被申请人收到书面通知，无正当理由拒不到庭或者未经仲裁庭同意中途退庭的，可以缺席裁决。 |

续表

| 仲裁流程 | 流程内容 | 要点提示 |
|---|---|---|
| | 当事人申请仲裁后,可以自行和解。达成和解协议的,可以撤回仲裁申请,也可以请求仲裁庭根据和解协议制作调解书。仲裁调解达成协议的,仲裁庭应当制作调解书。<br>裁决应当按照多数仲裁员的意见作出,少数仲裁员的不同意见应当记入笔录。仲裁庭不能形成多数意见时,裁决应当按照首席仲裁员的意见作出。 | 当事人申请劳动争议仲裁后,可以自行和解。达成和解协议的,可以撤回仲裁申请。<br>仲裁庭在作出裁决前,应当先行调解。举证期限届满前,申请人可以增加或者变更仲裁请求;仲裁庭认为增加或者变更仲裁请求应当受理的,通知被申请人并给予答辩期。 |

### 三、终局裁决的概念

劳动争议仲裁分为终局裁决和非终局裁决,表 8-5 对终局裁决的相关概念进行了说明。

表 8-5　　　　　　　　劳动仲裁终局裁决的相关概念

| 分类 | 说　　明 |
|---|---|
| 终局裁决适用情形 | (一)追索劳动报酬、工伤医疗费、经济补偿或者赔偿金,不超过当地月最低工资标准 12 个月金额的争议;<br>(二)因执行国家的劳动标准在工作时间、休息休假、社会保险等方面发生的争议。<br>追索劳动报酬、工伤医疗费、经济补偿或赔偿金,如果仲裁裁决涉及数项,每项确定的数额均不超过当地月最低工资标准 12 个月金额的,应当按照终局裁决处理。<br>劳动人事争议仲裁委员会作出的同一仲裁裁决同时包含终局裁决事项和非终局裁决事项,当事人不服该仲裁裁决向人民法院提起诉讼的,应当按照非终局裁决处理。 |
| 劳动者不服终局裁决的处理 | 劳动者可以自收到仲裁裁决书之日起 15 日内向人民法院提起诉讼。 |

续表

| 分类 | 说　　明 |
|---|---|
| 用人单位不服终局裁决的处理 | 用人单位有证据证明仲裁裁决有下列情形之一，可以自收到仲裁裁决书之日起30日内向劳动争议仲裁委员会所在地的中级人民法院申请撤销裁决：<br>（一）适用法律、法规确有错误的；<br>（二）劳动争议仲裁委员会无管辖权的；<br>（三）违反法定程序的；<br>（四）裁决所根据的证据是伪造的；<br>（五）对方当事人隐瞒了足以影响公正裁决的证据的；<br>（六）仲裁员在仲裁该案时有索贿受贿、徇私舞弊、枉法裁决行为的。<br>人民法院经组成合议庭审查核实裁决有前款规定情形之一的，应当裁定撤销。<br>仲裁裁决被人民法院裁定撤销的，当事人可以自收到裁定书之日起15日内就该劳动争议事项向人民法院提起诉讼。 |

对于不属于终局裁决的情形，均属于非终局裁决。如当事人对非终局裁决案件的仲裁裁决不服的，可以自收到仲裁裁决书之日起15日内向人民法院提起诉讼；期满不起诉的，裁决书发生法律效力。

**小贴士 Human Resources**　用人单位应特别注意在仲裁过程中自己的举证责任："当事人对自己提出的主张有责任提供证据。与争议事项有关的证据属于用人单位掌握管理的，用人单位应当提供；用人单位不提供的，应当承担不利后果。"

## 05　劳动争议诉讼

劳动争议的诉讼，是解决劳动争议的最终程序，是指劳动争议当事人向人民法院起诉，人民法院依法受理后，依法对劳动争议案件进行审理的活动。

### 一、劳动争议诉讼的适用情形

劳动争议仲裁是劳动争议诉讼的前置程序，即劳动争议案件必须经过仲裁后，才可以进行劳动诉讼。劳动争议诉讼仅适用于以下情形：

劳动者：对劳动争议仲裁（包括终局裁决和非终局裁决）不服，可以在收到劳动争议仲裁裁决后 15 日内向人民法院起诉；

用人单位：对于非终局裁决不服，可以在收到劳动争议仲裁裁决后 15 日内向人民法院起诉。

## 二、劳动争议诉讼必须具备的条件

当事人提起劳动争议诉讼，必须同时满足以下条件：
- 起诉人必须是劳动争议的一方当事人，即用人单位或劳动者；
- 必须有明确的被告；
- 必须有具体的诉讼请求和事实根据；
- 必须经劳动争议仲裁机关仲裁；
- 必须在法律规定的时效期限内提起诉讼。

## 三、劳动争议诉讼的举证内容

表 8-6 列出了常见的劳动争议诉讼的举证内容：

表 8-6　　　　　　　　　常见劳动争议诉讼的举证内容

| 分　类 | 证明材料 |
| --- | --- |
| 一般举证 | 仲裁情况：劳动仲裁委员会的裁决书及送达日期；<br>劳动关系：如双方所签订的劳动合同，聘用、雇佣关系的证明，未签订劳动合同的应提供工作起止日期及相关证明或者当事人其他协议等证明材料；<br>当事人身份：当事人是公民的应提供居民身份证明；是法人或者其他组织的，应提供营业执照、法定代表人身份证明或者负责人身份证明。 |
| 因涉及企业开除、除名、辞退员工而引起的争议 | 用人单位开除、除名、辞退职工的决定通知等；<br>按用人单位内部规章制度处罚的，提供相应的规章制度；<br>员工违章违法的有关证据材料等；<br>员工的工资、奖金收入情况等。 |
| 因培训服务期而引起的争议 | 用人单位提供支付培训费的具体依据及服务期限等。 |

续表

| 分　类 | 证明材料 |
|---|---|
| 因追索劳动报酬而引起的争议 | 提供劳动起止日期，所欠劳动报酬的具体数额等有关证据。 |
| 因劳动保险、劳动保护而引起的争议 | 用人单位交纳社会保险、住房公积金的有关证据等；<br>员工的薪资情况；<br>员工的伤势鉴定及医疗费单据等。 |

## 06 举证质证技巧

无论是劳动争议仲裁还是诉讼，都需要当事人双方提供有利于各自的证据。证据是正确认识案件事实的客观依据。用人单位的人力资源应了解、掌握基本的收集、运用证据技巧，维护用人单位的合法权益。

### 一、证据的种类

依据《民事诉讼法》第六十三条，证据包括：

- 当事人的陈述；
- 书证；
- 物证；
- 视听资料；
- 电子数据；
- 证人证言；
- 鉴定意见；
- 勘验笔录。

### 二、证明力大小对比

对于证据的证明力大小，可以参考表 8-7 的原则：

表 8-7　　　　　　　　证据证明力大小对比原则

| 证据对比 | 证明力大小 |
|---|---|
| 数个证据对同一事实的证明力 | 国家机关、社会团体依职权制作的公文书证的证明力一般大于其他书证；<br>物证、档案、鉴定结论、勘验笔录或者经过公证、登记的书证，其证明力一般大于其他书证、视听资料和证人证言；<br>原始证据的证明力一般大于传来证据；<br>直接证据的证明力一般大于间接证据；<br>证人提供的对与其有亲属或者其他密切关系的当事人有利的证言，其证明力一般小于其他证人证言。 |
| 原始证据和派生证据 | 原始证据的证明力大于派生证据。 |
| 直接证据和间接证据 | 直接证据的证明力大于间接证据。 |

### 三、证据的基本要求

《最高人民法院关于民事诉讼证据的若干规定》第五十条规定："质证时，当事人应当围绕证据的真实性、关联性、合法性，针对证据证明力有无以及证明力大小，进行质疑、说明与辩驳。"

因此，用人单位在收集证据时应把握表 8-8 的三点原则。

表 8-8　　　　　　　　证据收集的原则

| 收集证据原则 | 说　　明 |
|---|---|
| 真实性 | 证据是客观的、确实存在的。例如，书证应当提交原件、物证应当提交原物，且证据材料必须经过查证属实，才可以作为定案的依据。 |
| 关联性 | 证据必须与案件事实存在客观联系，有因果联系、条件联系、时间联系、空间联系、必然联系和偶然联系等，即必须和案件相关。 |
| 合法性 | 证据必须收集合法、形式合法、内容合法。 |

### 四、用人单位的举证责任

在相关法律、行政法规中，规定了用人单位劳动争议案件中，应当承担的举证责任：

- 《最高人民法院关于民事诉讼证据的若干规定》第六条：在劳动争议纠纷案件中，因用人单位作出开除、除名、辞退、解除劳动合同、减少劳动报酬、计算劳动者工作年限等决定而发生劳动争议的，由用人单位负举证责任。
- 《最高人民法院关于审理劳动争议案件适用法律若干问题的解释（一）》第十三条：因用人单位作出的开除、除名、辞退、解除劳动合同、减少劳动报酬、计算劳动者工作年限等决定而发生的劳动争议，用人单位负举证责任。
- 《劳动争议调解仲裁法》第六条：发生劳动争议，当事人对自己提出的主张，有责任提供证据。与争议事项有关的证据属于用人单位掌握管理的，用人单位应当提供；用人单位不提供的，应当承担不利后果。
- 《劳动人事争议仲裁办案规则》第十七条：当事人对自己提出的主张有责任提供证据。与争议事项有关的证据属于用人单位掌握管理的，用人单位应当提供；用人单位不提供的，应当承担不利后果。
- 《劳动人事争议仲裁办案规则》第十八条：在法律没有具体规定，依本规则第十七条规定无法确定举证责任承担时，仲裁庭可以根据公平原则和诚实信用原则，综合当事人举证能力等因素确定举证责任的承担。
- 《工资支付暂行规定》第六条：用人单位应将工资支付给劳动者本人。劳动者本人因故不能领取工资时，可由其亲属或委托他人代领。用人单位可委托银行代发工资。用人单位必须书面记录支付劳动者工资的数额、时间、领取者的姓名以及签字，并保存两年以上备查。用人单位在支付工资时应向劳动者提供一份其个人的工资清单。

概括上述内容，用人单位应承担的主要举证内容有：

- 因用人单位作出的开除、除名、辞退、解除劳动合同、减少劳动报酬、计算劳动者工作年限等决定而发生的劳动争议案件，用人单位负举证责任；
- 劳动争议事项涉及工资、加班工资、经济补偿金的，用人单位应当提供书面考勤记录和工资发放记录；
- 劳动争议事项涉及用人单位规章制度的，用人单位应当提供规章制度通过程序和公示程序的相关证据；
- 其他与劳动争议事项有关的证据属于用人单位掌握管理的，用人单位应当提供。

## 07 争议防范措施

用人单位要减少或避免劳动争议，则必须在平时加强人力资源管理的规范化操作，并在工作中做好证据的收集和保全工作。表8-9列出了用人单位在不同劳动关系阶段的防范劳动争议的常见措施。

表8-9　　　　　　　　劳动关系各阶段的防范劳动争议措施

| 管理过程 | 劳动争议防范内容及措施 |
| --- | --- |
| 招聘录用 | 录用条件：制定明确的录用条件标准，并保留劳动者签字的书面证据。 |
| 订立劳动合同 | 工时选择：如采用综合计算工时工作制及不定时工时工作制，必须报劳动主管部门批准同意。对劳动主管部门的批准文件，应注意妥善保管。<br>固定期限合同：应当订立无固定期限劳动合同时，如果劳动者主动提出订立固定期限劳动合同的，应由劳动者提出书面申请，并保留该书面证据。<br>劳动者拒签合同：用人单位对拒签劳动合同的劳动者要注意保存证据并及时采取处理措施。 |
| 日常考勤 | 考勤记录：因考勤资料由用人单位保管，因此需要证明劳动者工作时间的，应由用人单位举证。用人单位保存考勤记录不应少于两年。<br>休假记录：用人单位应保留劳动者的年休假、倒休等的记录。 |
| 工资支付 | 加班工资：应制作薪资单，在薪资单中体现出加班工资及数额，并最好获得员工对加班工资的书面确认。<br>支付情况：书面记录工资支付的情况，并保留两年以上备查。<br>工资清单：要包括支付日期、周期、支付对象姓名、工作时间、应发工资项目及金额，代扣、代缴、扣除项目和金额，实发工资金额及员工签名等。 |

续表

| 管理过程 | 劳动争议防范内容及措施 |
| --- | --- |
| 规章制度 | 制度的合法性：规章制度必须符合相关的法律、行政法规的要求。<br>制度的有效性：用人单位应当保留能够证明已经履行"民主程序"，并向劳动者"公示"的书面证据。建议在履行"民主程序"方面，采用会议记录作为书面证据；在"公示"方面，采用劳动者领取员工手册记录、内部培训、书面问答、考试、入职登记说明等形式作为书面证据。<br>违纪行为标准：在用人单位的规章制度中细化严重违反劳动纪律或规章制度的标准。 |
| 解除合同 | 违纪记录：劳动者违纪时用人单位应及时收集劳动者严重违反劳动纪律或规章制度的证据，如员工的检讨书、处理员工的违纪记录、相关的证人证言、违纪面谈录音等。<br>其他合法解除劳动合同的证据：医疗期满无法承担原工作岗位则的责任；不能胜任工作，且调岗后仍不能胜任工作。<br>订立合同的客观情形方式重大变化：要证明客观情况发生重大变化致使原劳动合同无法履行；要证明未能就变更劳动合同内容或者中止劳动合同达成协议。<br>解除程序：用人单位在解除劳动合同前，应将解除的理由通知工会，并留有工会签收的通知副本。 |
| 劳动合同变更 | 劳动合同补充协议：用人单位在调整劳动者的岗位、薪酬时，应与劳动者协商一致并及时与劳动者订立补充协议，以防止事后劳动者反悔。 |
| 追讨违约金 | 劳动者违反服务期约定：劳动者应当向用人单位支付违约金，支付的违约金数额为不超过服务期尚未履行部分应分摊的培训费用。培训费用包括：培训费、差旅费、住宿费。培训费票据是具有培训资格的单位或学校出具的。劳动者在报销差旅费、住宿费时，应注明系因培训而产生。竞业限制补偿金：必须在解除或终止劳动合同后支付。如果劳动者领取现金，应注明系竞业限制补偿金。如果通过银行转账，应在竞业限制条款中约定劳动者的银行账号。 |

# 第三篇

# 日常事务

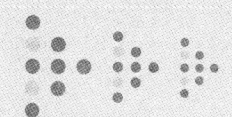

# 第 9 章

# 考勤休假

## ——用纪律保障效率提升

企业如何选择适合自身的打卡工具?
制定日常考勤制度要注重哪些因素?
如何通过倒休、审批规范加班考勤?
支付加班工资时必须注意哪些问题?
企业应当如何进行出差考勤的管理?
员工依法享受的有薪假期都有哪些?
HR 应如何做好员工的请假审批管理?
怎样在制度流程上认定为旷工行为?
法律法规赋予"三期"女工哪些特权?
如何合法辞退不合格的"三期"女工?

考勤休假管理是人力资源日常管理工作中最为基础的一项内容，主要是对各类出勤情况的汇总与分析，包括上下班、迟到、早退、病假、婚假、丧假、公休、工作时间、加班情况等。

## 01 考勤工具选择

企业可以选择的打卡工具非常多，以下列出了一些常见的打卡方式。企业可根据员工、岗位特点等进行选择（参考表9-1）：

表 9-1　　　　　　　　　各类考勤工具优缺点对比

| 考勤方式 | 优　点 | 不　足 | 典型应用场景 |
| --- | --- | --- | --- |
| 签到簿 | 不易造假、签字可作为劳动争议时的证据 | 需专人监督管理、统计效率低 | 人员较少且没有其他打卡设备；需要定期巡视的岗位 |
| 打卡钟 | 适用于各种办公环境 | 维护成本高；难以避免代打卡、漏打卡情况 | 小型工厂 |
| 射频卡 | 利用后台管理软件数据统计方便、可应对大批量人员集中打卡情况 | 难以避免代打卡、漏打卡情况 | 相对较封闭的工作场所 |
| 指纹打卡机 | 不易作弊，利用后台管理软件数据统计方便 | 不卫生、识别速度慢、一般不适合操作工人 | 办公室人员 |
| 面部识别 | 不易作弊，利用后台管理软件数据统计方便 | 识别速度慢、故障率高 | 对考勤管理较严格的办公室人员 |
| 网络考勤软件 | 休假可直接在网上申请审批、数据统计方便 | 难以避免代打卡情况 | 分散、临时性的办公环境 |
| 手机软件打卡 | 可结合智能手机的定位、提醒功能 | 对手机依赖性强 | 外勤人员 |

随着信息技术的发展，各类考勤机的功能越来越强，有些考勤机甚至综合了两三种打卡方式。同时，一个企业内也可能选择多种打卡方式以满足不同岗位的管理要求。但应注意，企业的考勤方式最主要体现的是对员工的信任，利用工具过于追求考勤数据的精确化而忽略了人性化管理，将会给管理工作带来不小的隐患。

## 02 日常考勤管理

日常考勤管理的目的主要有两个：一是维护企业正常的工作秩序；二是作为工资核算的依据。此外，考勤记录有时还可作为分析员工工作状态、稳定程度、异常行为等的参考。在考勤管理的实操中，企业要将人性化和制度化相结合，做到管理的张弛有度。

### 一、考勤制定需参考的法律依据

企业要结合生产经营、岗位特点来制定考勤管理制度。在制定时，主要应参考以下法律、行政法规：

- 《劳动法》
- 《国务院关于职工工作时间的规定》
- 《贯彻〈国务院关于职工工作时间的规定〉的实施办法》
- 《职工工作时间规定》
- 《全国年节及纪念日放假办法》
- 《职工带薪休假条例》
- 《企业职工带薪年休假实施办法》

### 二、考勤制度制定时的注意事项

在制定考勤制度时，应注意以下细节：

（一）根据工时确定考勤制度。标准工时制、综合计算工时制一般可通过上下班打卡记录考勤；不定时工时制不需要打卡记录考勤，但可以以是否服从工作安排出勤作为考核依据。另外，针对不定时工时制在法定节假日安排工作的情况，部分地方政策支持支付加班费，因此企业也需要对出勤情况进行记录。

（二）电子考勤应及时确认。电子考勤虽然统计方便，但数据内容很容易被专业人士删改，所以一旦发生争议，其真实性往往受到质疑，很难被认定为唯一证据。企业可通过将电子考勤定期导出打印，要求员工对打印出的考勤记录进行真实性确认签字，再辅以收集纸质请假单、保留监控影像资料等方式，加强电子考勤的可用性。

（三）明确请假的最小计量单位。企业在考勤管理制度中应规定各类请假的最小计量单位，即各类请假精确到小时、半天还是一天，还应固定可以连续请假的最长时间，如各类请假连续最长不得超过15天。

（四）收集带薪假的辅助证据。对于病假、婚假等，企业可以在制定中规定员工需要提供的相关证明材料清单，以方便对请假的真实性检验。

（五）对考勤的人性化处理方式。考勤制度应体现企业对员工的人性化关怀，如在制定中约定3次以下的善意迟到机会、恶劣天气可不对上下班时间进行要求、实施弹性上下班时间等。

（六）考勤的地域差异化管理。对于地域分散较广的分支机构或临时性项目团队，在制定考勤要求时应当考虑地域、环境的差异，如在西部地区可以调整上下班时间、缩短工作时间等。

（七）规定加班审批流程。企业在制定制度时应明确规定加班的审批流程，审批通过的加班方可实施，未经审批的加班企业不予认可。在加班之后，企业还应和员工对实际加班时间、工作完成情况进行确认。

（八）离职时未休完年休假、倒休假的处理方式。在考勤管理制度中应明确对于离职时未休完的假期的处理方式，如对未休假期进行补偿或在离职前休完假期。

### 三、考勤管理制度包含的内容

一个完备的考勤管理制度，应该包含以下内容：

- 适用的员工范围；

- 上下班时间；
- 打卡方式及要求；
- 加班考勤要求及审批流程；
- 外出、出差考勤要求；
- 对迟到、早退、旷工的定义；
- 对考勤违纪的规定；
- 各类假期定义、可休时间、审批流程、提供资料要求；
- 带薪年休假、倒休假冲抵病假、事假规定；
- 离职时未休完假期的处理方式。

## 03 加班考勤管理

企业安排员工在标准工作时间以外工作，属于加班。安排加班，一方面增加了企业成本；另一方面也容易引发员工的不满情绪。员工加班后，是安排补休还是支付加班费，企业应结合本企业特点在规章管理制度中加以明确。

因此，建议企业在加班管理中做好以下几点：

### 一、建立规范的加班审批制度

- 部门经理安排本部门员工加班的，必须报上级经理审批通过并报备人力资源部门。未经审批和报备，部门经理不得安排加班。员工加班结束后，由部门经理对实际加班情况进行确认。
- 提倡在标准工作时间完成工作，不鼓励加班，如因工作需要，确要加班的，员工须向上级书面提交加班申请，经同意后方可加班。员工在正常工作时间应该完成的工作任务而没有完成，员工未经企业安排和审批而自行加班的，导致的延长工作时间不按加班处理。

### 二、避免超时加班

根据《劳动法》第四十一条的规定，"用人单位由于生产经营需要，经与工会和劳动者协商后可以延长工作时间,一般每日不得超过一小时;因特殊原因需要延长工作时间的,在保障劳动者身体健康的条件下延长工作时间每日不得超过三小时,但是每月不得超过三十六小时"。因此,企业在安排加班时一定要注意每日、每月不得超过工作时间的要求。

### 三、合理安排加班补休

在管理制度或劳动合同中,可以约定:

- 除法定节假日的加班,企业将优先安排补休;因生产经营任务在三个月内不能安排补休的,企业支付加班费。
- 员工如有病假、事假,优先自动用补休冲抵。
- 企业安排补休时,应特别注意法定节假日必须支付加班费,不能安排补休。

### 四、保存加班考勤记录

当发生关于加班的劳动争议时,企业一般承担着举证加班的责任。因此,企业至少保存两年以上的加班考勤和倒休、支付加班费的书面记录,且书面记录必须由员工签字进行确认。

企业在发放工资时,如有加班费必须单独列明,不能笼统地只列出当月总工资。加班费必须有对应的加班时间。如此做的好处是有效保存证据,避免以后员工随意主张加班费情况的发生。

### 五、不需与员工协商安排加班的特殊情况

按照《劳动法》第四十二条的规定,"有下列情形之一的,延长工作时间不受本法第四十一条的限制:(一)发生自然灾害、事故或者其他原因,威胁劳动者生命健康和财产安全,需要紧急处理的;(二)生产设备、交通运输线路、公共设施发生故障,影响生产和公共利益,必须及时抢修的;(三)法律、行政法规规定的其他情形"。即在上述情况下,企业可以不与员工协商即可直接安排加班。

### 六、正确计算加班费

计算加班费，应严格按照《劳动法》第四十四条执行：

"有下列情形之一的，用人单位应当按照下列标准支付高于劳动者正常工作时间工资的工资报酬：

（一）安排劳动者延长工作时间的，支付不低于工资的百分之一百五十的工资报酬；

（二）休息日安排劳动者工作又不能安排补休的，支付不低于工资的百分之二百的工资报酬；

（三）法定休假日安排劳动者工作的，支付不低于工资的百分之三百的工资报酬。"

关于加班费基数，各地在操作实践中存在一定差异，一般参考以下规则：

- 如果劳动合同有明确约定工资数额的，应当以劳动合同约定的工资作为加班费计算基准。应当注意的是，如果劳动合同的工资项目分为"基本工资""岗位工资""职务工资"等，应当以各项工资的总和作为基数计发加班费，不能以"基本工资""岗位工资"或"职务工资"单独一项作为计算基数。
- 如果劳动合同没有明确约定工资数额，或者合同约定不明确时，应当以实际工资作为计算基数。凡是用人单位直接支付给职工的工资、奖金、津贴、补贴等都属于实际工资。但是应当注意，在以实际工资都可作为加班费计算基数时，加班费、伙食补助和劳动保护补贴等应当扣除，不能列入计算范围。
- 在确定职工日平均工资和小时平均工资时，以每月工作时间为 21.75 天或 174 小时进行折算。实行计件工资的，应当以法定时间内的计件单价为加班费的计算基数。
- 加班费的计算基数低于当地当年的最低工资标准的，应当以日、时最低工资标准为基数。

关于综合工时制和不定时工时制的加班认定，应注意：在法定节假日安排工作，综合工时制认定为加班，不定时工时制是否被认定为加班存在地区政策差异。此外，综合工时制，平均每周工作时间超出40小时，也应认定为加班。不定时工时制，除法定节假日安排工作外，其他情况一般可以不认定加班行为。

## 04 员工出差管理

对于出差考勤的管理，企业可以"一松一紧"。"松"在对员工上下班时间的相对灵活，体现企业对员工在外地陌生环境下工作的关怀；"紧"在对出差目的、计划、完成情况的严格要求，强调企业对员工出差目的的达成情况的管理。

### 一、员工出差的审批管理

员工出差，应在获得上级经理审批通过后方可执行，并报备人力资源部门。出差申请可通过表9-2所示的申请单方式执行：

表9-2　　　　　　　　　　　　出差申请单

| 出差人 | | 所属部门 | |
|---|---|---|---|
| 申请日期 | | 出差地点 | |
| 交通工具 | 汽车、火车、飞机 | 预借差旅费 | |
| 出差起止时间 | 年　月　日至　年　月　日 | | |
| 出差目的 | | | |
| 出差工作计划 | 1.<br>2.<br>3.<br>4.<br>5. | | |
| 审批栏 | 申请人：<br>审批人： | | |

员工出差返回后，应在人力资源部门进行销假处理，人力资源部门恢复对员工的正常考勤管理。员工实际出差情况，可以结合出差往返交通费用凭证进行确认。

二、外地出差考勤管理方式

出差一般可以分为在外地有固定办公场所和无固定办公场所两种情况。

- 有固定办公场所的出差考勤管理：在外地有固定办公场所的出差，如安排员工到外地实施项目，企业可以在规章制度中明确要求员工在外地打卡，出差期间的考勤以外地打卡记录为准。
- 无固定办公场所的出差考勤管理：在外地无固定办公场所的出差，如销售人员拜访客户，企业可以要求员工每天填写《出差工作日志》，记录其一天的工作安排，由员工的上级经理对其出差工作情况进行确认即可。

**小贴士 Human Resources** 企业应在平时做好员工的出差安全提示，包括交通安全、住宿安全、饮食安全等，还可为员工购买交通意外险、团体意外险或雇主责任险等为员工提供更全面的安全保障。

## 05 请假休假管理

依照法律、行政法规向员工提供各类假期，也是员工个性化福利的直接体现，更是企业的应尽义务。

一、各类假期的定义

企业的人力资源应准确理解各类假期的定义。各类假期的法律定义及适用范围如表9-3所示：

表 9-3　　　　　　　各类假期的法律定义及适用范围

| 序号 | 假期类型 | 假期定义 | 适宜范围 | 主要依据 |
|---|---|---|---|---|
| 1 | 法定节假日 | （一）新年，放假1天（1月1日）；<br>（二）春节，放假3天（农历正月初一、初二、初三）；<br>（三）清明节，放假1天（农历清明当日）；<br>（四）劳动节，放假1天（5月1日）；<br>（五）端午节，放假1天（农历端午当日）；<br>（六）中秋节，放假1天（农历中秋当日）；<br>（七）国庆节，放假3天（10月1日、2日、3日） | 全体员工 | 《全国年节及纪念日放假办法》 |
| 2 | 部分公民放假的节日及纪念日 | （一）妇女节（3月8日），妇女放假半天；<br>（二）青年节（5月4日），14周岁以上的青年放假半天 | 妇女节：女性员工；<br>青年节：28岁以下的员工 | 《全国年节及纪念日放假办法》 |
| 3 | 带薪年休假 | 按照《职工带薪年休假条例》规定，连续工作一年以上的员工可以享受的一种假期 | 连续工作一年以上的员工 | 《职工带薪年休假条例》《企业职工带薪年休假实施办法》 |
| 4 | 产假 | 在职女员工产期前后的休假待遇 | 处于产期前后的女员工 | 《女职工劳动保护特别规定》《关于女职工生育待遇若干问题的通知》 |
| 5 | 哺乳假 | 用人单位在每天的劳动时间内为哺乳未满1周岁婴儿期女员工安排的哺乳时间 | 哺乳未满1周岁婴儿的女员工 | 《女职工劳动保护特别规定》 |

续表

| 序号 | 假期类型 | 假期定义 | 适宜范围 | 主要依据 |
|---|---|---|---|---|
| 6 | 婚假 | 员工本人结婚依法享受的假期 | 在职期间结婚的员工 | 《国家劳动总局、财政部关于国营企业职工请婚丧假和路程假问题的通知》《人口与计划生育法》 |
| 7 | 丧假 | 员工因直系亲属去世料理丧事所申请的假期 | 在职期间直系亲属（父母、配偶、子女）去世的员工 | 《国家劳动总局、财政部关于国营企业职工请婚丧假和路程假问题的通知》 |
| 8 | 工伤停工留薪期 | 职工因工作遭受事故伤害或者患职业病需要暂停工作，接受工伤医疗或休息的期间 | 依据《工伤保险条例》第十四条、第十五条、第十六条规定认定或视为工伤的员工 | 《工伤保险条例》 |
| 9 | 医疗期（病假） | 因患病或非因公负伤停止工作治病休息不得解除劳动合同的时限 | 因患病或非因公负伤停止工作治病休息的员工 | 《企业职工患病或非因工负伤医疗期的规定》 |
| 10 | 依法参加社会活动 | 员工在法定工作时间内依法参加社会活动的请假 | 员工参加《工资支付暂行规定》第十条列明的社会活动 | 《工资支付暂行规定》 |
| 11 | 补休假 | 在休息日上班，而调换到工作日休息所产生的假期 | 企业安排在休息日加班的员工 | 《劳动法》 |
| 12 | 事假 | 员工因私事或其他个人原因所申请的假期，事假是一种无薪假 | 全体员工 | |

## 二、各类假期长度及工资支付标准

表 9-4　　　　　　　各类假期的长度及薪资支付标准

| 序号 | 假期类型 | 假期长度 | 薪资支付标准 | 备注 |
|---|---|---|---|---|
| 1 | 法定节假日 | （一）新年，放假1天（1月1日）；<br>（二）春节，放假3天（农历正月初一、初二、初三）；<br>（三）清明节，放假1天（农历清明当日）；<br>（四）劳动节，放假1天（5月1日）；<br>（五）端午节，放假1天（农历端午当日）；<br>（六）中秋节，放假1天（农历中秋当日）；<br>（七）国庆节，放假3天（10月1日、2日、3日） | 视同正常出勤 | 如果适逢星期六、星期日，应当在工作日补假 |
| 2 | 部分公民放假的节日及纪念日 | （一）妇女节（3月8日），妇女放假半天；<br>（二）青年节（5月4日），14周岁以上的青年放假半天 | 视同正常出勤 | 如果适逢星期六、星期日，则不补假 |
| 3 | 带薪年休假 | （一）职工累计工作已满1年不满10年的，年休假5天；<br>（二）已满10年不满20年的，年休假10天；<br>（三）已满20年的，年休假15天。<br>但有下列情形，不享受带薪年休假：<br>（一）职工依法享受寒暑假，其休假天数多于年休假天数的；<br>（二）职工请事假累计20天以上且单位按照规定不扣工资的；<br>（三）累计工作满1年不满10年的职工，请病假累计2个月以上的；<br>（四）累计工作满10年不满20年的职工，请病假累计3个月以上的；<br>（五）累计工作满20年以上的职工，请病假累计4个月以上的 | 视同正常出勤 | |

续表

| 序号 | 假期类型 | 假期长度 | 薪资支付标准 | 备注 |
|---|---|---|---|---|
| 4 | 产假 | 女职工生育享受98天产假,其中产前可以休假15天;难产的,增加产假15天;生育多胞胎的,每多生育1个婴儿,增加产假15天<br>女职工怀孕未满4个月流产的,享受15天产假;怀孕满4个月流产的,享受42天产假<br>按卫生部门的要求做产前检查间,享受与正常工作期间相同的工资收入<br>因落实节育措施在规定时间内休假的,持医疗单位节育手术证明以及医生建议的休息时间证明享受节育假,休假期间视为劳动时间,期间享受与正常工作期间相同的工资收入 | 按产假前的工资标准发放 | 各地针对晚育一般都有晚育奖励假 |
| 5 | 哺乳假 | 每天的劳动时间内为哺乳期女职工安排1小时哺乳时间;女职工生育多胞胎的,每多哺乳1个婴儿每天增加1小时哺乳时间 | 视同正常出勤 | 《女职工劳动保护特别规定》删除了在本单位内哺乳往返途中的时间。可建议职工采用晚上班或早下班的方式合理使用哺乳假 |
| 6 | 婚假 | 1天至3天,多数按3天执行<br>晚婚可享受晚婚假 | 依据各地工资支付条例的规定,而有所不同 | 各地对晚婚假天数规定有所不同 |
| 7 | 丧假 | 1天至3天 | 依据各地工资支付条例的规定,而有所不同 | 对民营企业无强制性规定 |

续表

| 序号 | 假期类型 | 假期长度 | 薪资支付标准 | 备注 |
|---|---|---|---|---|
| 8 | 工伤停工留薪期 | 一般不超过 12 个月；伤情严重或者情况特殊，经设区的市级劳动能力鉴定委员会确认，可以适当延长，但延长不得超过 12 个月 | 原工资福利待遇不变 | 工伤职工评定伤残等级后，停发原待遇，按照《工伤保险条例》的有关规定享受伤残待遇 |
| 9 | 医疗期（病假） | （一）实际工作年限 10 年以下的，在本单位工作年限 5 年以下的为 3 个月；5 年以上的为 6 个月；<br>（二）实际工作年限 10 年以上的，在本单位工作年限 5 年以下的为 6 个月；5 年以上 10 年以下的 9 个月；10 年以上 15 年以下的为 12 个月；15 年以上 20 年以下的为 18 个月；20 年以上的为 24 个月<br>医疗期 3 个月的按 6 个月内累计病休时间计算；6 个月的按 12 个月内累计病休时间计算；9 个月的按 15 个月内累计病休时间计算；12 个月的按 18 个月累计病休时间计算；18 个月的按 24 个月内累计病休时间计算；24 个月的按 30 个月内累计病休时间计算 | 根据劳动合同或集体合同的约定支付病假工资；不得低于当地最低工资标准的 80% | 需特别注意医疗期的累计时间 |
| 10 | 依法参加社会活动 | 按实际参加活动确定 | 视同正常出勤 | |
| 11 | 补休假 | 按休息日加班时间确定 | 视同正常出勤 | |
| 12 | 事假 | | 不支付工资 | 可在企业规章制度中明确可请事假的天数上限、未获批准的事假为旷工 |

> **小贴士** 以上假期规定为法律、行政法规规定的最低要求,企业可以在此基础上放宽假期适用范围或延长假期长度从而进一步增加员工的福利。例如,春节期间,企业在国家放假安排的基础上,可额外再增加几天企业年休假。

### 三、未休假期的补偿

在各类假期中,员工如未能享受法定节假日、带薪年休假、补休这几种假期,则企业须参考表 9-5 及时对员工进行经济上的补偿。

表 9-5　　　　　　　　应休未休的假期补偿标准

| 序号 | 假期类型 | 最低补偿标准 |
| --- | --- | --- |
| 1 | 法定节假日 | 工资的百分之三百 |
| 2 | 带薪年休假 | 工资的百分之三百(其中已包含用人单位支付职工正常工作期间的工资收入) |
| 3 | 补休 | 工资的百分之二百 |

### 四、请假审批流程

企业应在规章制度中严格规范请假审批流程,还可以通过办公自动系统或人力资源管理软件辅助加强审批流程。

请假审批管理,在企业规章制度中应重点明确以下几点:

- 严格请假审批流程。明确各岗位的请假审批流程、审批权限,并做好人力资源部门的备案工作。
- 要求员工提供请假证明材料。明确员工各类请假需提供的证明材料,例如婚假应提供结婚证书、超过 2 天以上的病假需提供医院证明、产假要提供医院建档材料等。
- 员工假期结束后要及时销假。员工假期结束后要在人力资源部门及时办理销假手续，人力资源部门恢复对员工的正常考勤要求。如员工未在规定的时间内办理销假手续，规章制度中还要说明相应的对员工的处理方式，如按事假或旷工处理等。

## 06 旷工处置管理

旷工是一种严重破坏企业工作秩序的行为，其影响十分恶劣。企业如想开除旷工的员工，必须在企业的规章制度中对旷工进行明确的定义，并说明连续或累计旷工达到多长时间后属于严重违反劳动纪律。

旷工在认定上一般要同时满足三个条件：一是未按规定提供劳动；二是未经主管批准；三是无正当理由。不满足任一条件，其行为一般在法律上都很难被认定为旷工。

对于旷工行为，企业可以在规章制度中采用列举法说明哪些情况属于或视为旷工：

- 未办理请假、续假手续，或请假、续假手续未获得批准而缺勤的。
- 迟到、早退超过1小时，且未在两个工作日内补办请假手续的。
- 工作时间外出办理私事，其公出时间记为旷工。
- 找人冒充代打卡的。
- 员工编造虚假理由请假，或不能提供规章制度中要求的休假证明材料，或提供的休假证明为伪造的，其所缺勤天数视为旷工。
- 未提供正式书面离职申请而擅自缺勤的。
- 其他旷工行为。

关于旷工的违纪行为的认定，可以在规章制度中作如下规定：

- 员工连续旷工达到三天及三天以上的，属于严重违反公司规章制度。
- 员工在连续十二个月内，旷工或视为旷工的行为累计超过五天的，属于严重违反公司规章制度。

## 07 "三期"女工考勤

女职工的"三期"指的是怀孕期、产期和哺乳期。在《人口与计划生育法》《劳动法》《劳动合同法》《妇女权益保障法》《女职工劳动保护特别规定》《女职工禁忌从事的劳动范围》以及相关地方的法律、行政法规中,都对女职工的权益进行了充分的保护。

### 一、"三期"女职工的权益

女职工在"三期"期间,可以享受的权益如表9-6所示:

表9-6　　　　　　　　"三期"女工权益一览表

| 类别 | 权益内容 | 依据的法律、行政法规 |
| --- | --- | --- |
| 产前检查 | 怀孕女职工在劳动时间内进行产前检查,所需时间计入劳动时间。 | 《女职工劳动保护特别规定》第六条 |
| 产检费用 | 女职工生育或者流产的医疗费用,按照生育保险规定的项目和标准,对已经参加生育保险的,由生育保险基金支付;对未参加生育保险的,由用人单位支付。 | 《女职工劳动保护特别规定》第八条 |
| 禁忌劳动范围 | 对孕期、哺乳期不能有明确的规定。 | 《女职工禁忌从事的劳动范围》第三条、第四条 |
| 劳动强度保护 | 女职工在孕期不能适应原劳动的,用人单位应当根据医疗机构的证明,予以减轻劳动量或者安排其他能够适应的劳动。 | 《女职工劳动保护特别规定》第六条 |
| | 不得安排女职工在怀孕期间从事国家规定的第三级体力劳动强度的劳动和孕期禁忌从事的活动。对怀孕7个月以上的女职工,不得安排其延长工作时间和夜班活动。 | 《劳动法》第六十一条 |
| | 对怀孕7个月以上的女职工,用人单位不得延长劳动时间或者安排夜班劳动。对哺乳未满1周岁婴儿的女职工,用人单位不得延长劳动时间或者安排夜班劳动。 | 《女职工劳动保护特别规定》第六条、第九条 |

续表

| 类别 | 权益内容 | 依据的法律、行政法规 |
| --- | --- | --- |
| 产假 | 女职工生育享受98天产假,其中产前可以休假15天;难产的,增加产假15天;生育多胞胎的,每多生育1个婴儿,增加产假15天。女职工怀孕未满4个月流产的,享受15天产假;怀孕满4个月流产的,享受42天产假。 | 《女职工劳动保护特别规定》第七条 |
| | 公民晚婚晚育,可以获得延长婚假、生育假的奖励或者其他福利待遇。 | 《人口与计划生育法》第二十五条 |
| 哺乳时间 | 用人单位应当在每天的劳动时间内为哺乳期女职工安排1小时哺乳时间;女职工生育多胞胎的,每多哺乳1个婴儿每天增加1小时哺乳时间。 | 《女职工劳动保护特别规定》第九条 |
| 劳动关系解除保护 | 不能以"三期"女职工超过医疗期为由予以辞退;不能以女职工因怀孕、生育、哺乳而影响正常工作为由予以辞退;不能以经济性裁员原因辞退"三期"女职工。即不能依据《劳动合同法》第四十条、第四十一条辞退"三期"女职工。 | 《劳动合同法》第四十二条 |
| | 任何单位不得因结婚、怀孕、产假、哺乳等情形,降低女职工的工资,辞退女职工,单方解除劳动(聘用)合同或者服务协议。但是,女职工要求终止劳动(聘用)合同或者服务协议的除外。 | 《妇女权益保障法》第二十七条 |
| 因"三期"延期劳动合同 | 女职工在孕期、产期、哺乳期的,劳动合同应当续延至相应的情形消失时终止。因此,"三期"内劳动合同到期,用人单位不能终止劳动合同,应顺延到哺乳期满时方可终止。 | 《劳动合同法》第四十二条、第四十五条 |
| 劳动报酬 | 女职工产假期间的生育津贴,对已经参加生育保险的,按照用人单位上年度职工月平均工资的标准由生育保险基金支付;对未参加生育保险的,按照女职工产假前工资的标准由用人单位支付。 | 《女职工劳动保护特别规定》第八条 |
| | 任何单位不得因结婚、怀孕、产假、哺乳等情形,降低女职工的工资。 | 《妇女权益保障法》第二十七条 |

"三期"女职工除以上权益外,各地政府还会有一些地方性的行政法规对女职工权益进一步细化或补充,如产前假、晚育假、晚育护理假等。

## 二、"三期"女职工管理中的注意事项

企业在"三期"女职工管理过程中,应做好以下几点:

- 做好女职工权益宣传工作。人力资源部门可不定期地组织女职工权益讲座,做好"三期"健康知识、合法权益的讲座和宣传。
- 建立"三期"女职工情况跟踪表。企业的人力资源应及时了解、掌握"三期"女职工相关情况,并提供相关咨询和帮助,主动对女职工给予关怀和照顾。
- 建立"三期"女职工的相关规章制度。在制度中明确女职工可享受权益的具体内容、审批流程、提交材料等。为避免"三期"女职工恶意使用权益,企业在规章制度中可以明确享受权益必须提供相关的真实证明材料、对请假证明材料的医院级别进行限制、对违反计划生育的情况的处理办法。
- 谨慎处理女员工的劳动关系。对劳动合同到期的"三期"女职工,自动延长劳动合同;"三期"女职工主动离职的,必须取得书面离职申请;依法严格执行女职工"三期"期间的薪酬待遇。

## 三、可以依法解除"三期"女职工的情况

"三期"女职工受到了法律、行政法规的特别保护,只有符合《劳动合同法》第三十九条的情形时,企业才可以辞退处于"三期"的女职工:

在试用期间被证明不符合录用条件的;

- 严重违反用人单位的规章制度的;
- 严重失职,营私舞弊,给用人单位造成重大损害的;
- 劳动者同时与其他用人单位建立劳动关系,对完成本单位的工作任务造成严重影响,或者经用人单位提出,拒不改正的;
- 以欺诈使对方在违背真实意思的情况下订立或者变更劳动合同的;
- 被依法追究刑事责任的。

在实操中,建议企业使用前述的"在试用期间被证明不符合录用条件的""严重违反用人单位的规章制度的"来辞退处于"三期"的女职工。

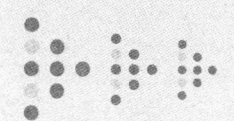

# 第10章

# 薪酬核算

## ——工资单上的分毫不差

支付工资时必须遵守哪些规定？

计算工资时需要收集哪些数据？

怎样合理计算非整月出勤工资？

如何计算各类情况的加班工资？

如何计算有薪假期期间的工资？

医疗期的薪资计算标准是什么？

个税附加扣除企业都应做什么？

薪酬福利关乎每个员工的切身利益，若核算不当，则很容易引发和激化劳资矛盾，因此薪酬管理和核算是人力资源管理的重心之一，作为人力资源管理人员，要厘清薪酬的各项基本概念和制度，了解薪酬支付的规定，在法律框架下最大限度地维护企业利益。

## 01 工资支付规定

### 一、工资单的编制要求

根据《工资支付暂行规定》第六条，用人单位必须书面记录工资支付的情况，并保留两年以上备查。此外，还应向劳动者提供个人的工资清单，包括支付日期、周期、支付对象姓名、工作时间、应发工资项目及金额，代扣、代缴、扣除项目和金额，实发工资金额及员工签名等。

编制和保存工资表的重要性还在于：它是解决工资纠纷时的一项重要证据。根据《劳动争议调解仲裁法》的规定，"与争议事项有关的证据属于用人单位掌握管理的，用人单位应当提供；用人单位不提供的，应当承担不利后果"。由此可见，发生工资纠纷时，企业应提供工资支付记录，否则将承担不利后果。

### 二、工资支付形式

根据《工资支付暂行规定》第五条，工资应以法定货币支付，不得以实物及有价证券代替货币支付。由此可见，人民币是工资支付的唯一形式。

## 三、工资支付时间

根据《工资支付暂行规定》第七条，用人单位必须在与劳动者约定的日期支付工资。如遇节假日或休息日，则应提前在最近的工作日支付。

## 四、工资支付周期

根据《工资支付暂行规定》第七条，工资至少每月支付一次。实行周、日、小时工资制的可以按照周、日、小时支付工资。因此，工资的最长支付周期为月。

# 02 核算数据准备

## 一、薪资核算的基准数据

计算薪资时，涉及工作时间和工资折算标准应参考劳动和社会保障部《关于职工全年月平均工作时间和工资折算问题的通知》中的规定（如表10-1所示）：

表10-1　　　　　　　　工作时间、工资标准的折算

| | |
|---|---|
| 工作时间 | 年工作日：365天−104天（休息日）−11天（法定节假日）=250天<br>季工作日：250天÷4季=62.5天/季<br>月工作日：250天÷12月=20.83天/月<br>工作小时数的计算：以月、季、年的工作日乘以每日的8小时 |
| 日工资、小时工资的折算 | 日工资：月工资收入÷月计薪天数<br>小时工资：月工资收入÷（月计薪天数×8小时）<br>月计薪天数：（365天−104天）÷12月=21.75天 |

> **小贴士 Human Resources**
> 月计薪天数21.75天已考虑了法定的十一天节假日的情况。即员工在法定节假日不工作，企业仍需支付法定节假日的工资。

此外，在薪资计算时还会用到表10-2中的数据：

表10-2　　　　　　　薪资计算需用到的基数和税率标准

| 基数、税率 | 基数、税率的用途 |
|---|---|
| 社会保险和公积金缴费基数 | 用于计算企业和个人缴纳社会保险和公积金的金额，并对员工缴纳部分实行代扣代缴。 |
| 个人所得税税率 | 用于计算员工应缴纳的个人所得税金额，并对员工缴纳部分实行代扣代缴。 |
| 最低工资标准 | 用于计算病假工资的下限标准。 |
| 社会平均工资 | 用于计算社会保险和公积金缴费的上限、下限标准。 |

## 二、薪资核算需要收集的数据

企业在每月进行薪资核算时，应收集、使用表10-3中的数据：

表10-3　　　　　　　薪资核算需要收集、使用的各类数据

| 数据分类 | 数据要求 |
|---|---|
| 员工信息 | 员工花名册、员工银行卡号。 |
| 考勤记录 | 正常出勤天数、各类请假天数、加班时间、迟到次数、早退次数、旷工时间。 |
| 异动数据 | 当月入职员工的薪资标准、到岗时间；<br>当月离职员工的离职时间、假期剩余情况；<br>当月岗位变动员工的薪资标准、变动时间。 |
| 薪资标准 | 员工的薪资标准、当月员工的薪资调整情况。 |
| 可变薪资 | 依据绩效考核结果计算出的绩效薪资；依据企业规章制度发放或扣发的全勤奖；员工当月的奖金、提成等。 |
| 其他 | 企业与员工已约定的代扣款项，如工会会费、党费等。 |

**小贴士 Human Resources**　对迟到、早退、旷工异常考勤，人力资源部门应与员工进行书面形式（签字、电子邮件等）的确认，并保留相关证据；对加班和各类请假，应收集相关的审批记录。薪资发放时，企业必须保存银行转账凭证或员工签字领取现金的证明材料。

## 03 出勤工资计算

在计算薪资时，员工在当月如有入职、离职、事假、旷工等缺勤情况时，则需计算出勤工资。出勤工资的计算方法建议如下：

方法一（适用于出勤天数 <11 天的情况）：工资 = 月标准工资 ÷21.75× 出勤天数

方法二（适用于出勤天数 ≥ 11 天的情况）：工资 = 月标准工资 − 月标准工资 ÷21.75×（应出勤天数 − 出勤天数）

这里的 11 天约等于月计薪天数 21.75 天的一半，将员工出勤天数的多少按照小于 11 天和大于等于 11 天分为两种情况，最终计算出的工资能较公平地反映出员工的劳动贡献情况。如单纯使用某一种方法计算时，则可能请假后工资大于月标准工资或出勤后工资为负数的情况，例如：

- 某员工为标准工时制，月标准工资为 2175 元，2014 年 12 月工作日为 23 天，其请事假 1 天，其余时间正常工作。则企业在计算其 2014 年 12 月的工资时，如错误按照方法一计算，其 2014 年 12 月工资 =2175÷21.75×22=2200（元）>2175（元），即请假 1 天后其工资大于月标准工资。此种情况应按照方法二计算。
- 某员工为标准工时制，月标准工资为 2175 元，2014 年 12 月工作日为 23 天，12 月 1 日正常工作 1 天并于当日离职。则企业在计算其 2014 年 12 月的工资时，如错误按照方法二计算，其 2014 年 12 月工资 =2175−2175÷21.75×（23−1）=−25（元），即工作 1 天得不到工资还应返还企业 25 元。此种情况应按照方法一计算。

员工非满勤时，用两种方法分别计算员工的工资，得出的结果会有所差异，因此企业应在劳动合同或员工手册中与员工约定出勤工资的计算方法。

另外，需特别注意这里的应出勤天数、出勤天数如遇到法定节假日，则法定节假日计为出勤。例如：

某员工为标准工时制，月标准工资为 2175 元，2014 年十一期间未加班，

10月8日、9日正常工作，并于2014年10月9日离职。则企业在计算其2014年10月的工资时，其出勤天数为3（法定节假日10月1日、2日、3日）+2（10月8日、9日）=5天。此种情况应采用方法一，其2014年10月工资=2175÷21.75×5=500（元）。

如员工在法定节假日后入职，应特别注意在劳动合同中签订的劳动合同生效日期是否包含了法定节假日。例如：

某员工标准工时制，月标准工资为2175元，劳动合同签订的生效日期为2014年10月1日，约定2014年10月8日报到，2014年10月共有19个工作日，报到后10月为全勤，则其2014年10月工资为2175元。上述情形，如劳动合同签订生效日期为2014年10月8日，其余情况未变，则该员工不享受十一期间的法定假期，其2014年10月工资=2175÷21.75×19=1900（元）。

> **小贴士 Human Resources**　计薪天数和工作日是两个不同的概念，在计算工资时应使用计薪天数，而不是工作日。在劳动合同或员工合同中，最好约定薪资的计算方法，以防止因计算方法不同而产生的劳动纠纷。

## 04　加班工资计算

目前加班工资的计算主要依据包括：

《工资支付暂行规定》第十三条：

用人单位在劳动者完成劳动定额或规定的工作任务后，根据实际需要安排劳动者在法定标准工作时间以外工作的，应按以下标准支付工资：

（一）用人单位依法安排劳动者在日法定标准工作时间以外延长工作时间的，按照不低于劳动合同规定的劳动者本人小时工资标准的150%支付劳动者工资；

（二）用人单位依法安排劳动者在休息日工作，而又不能安排补休的，按照不低于劳动合同规定的劳动者本人日或小时工资标准的200%支付劳动者工资；

（三）用人单位依法安排劳动者在法定休假节日工作的，按照不低于劳动合同规定的劳动者本人日或小时工资标准的300%支付劳动者工资。

实行计件工资的劳动者，在完成计件定额任务后，由用人单位安排延长工作时间的，应根据上述规定的原则，分别按照不低于其本人法定工作时间计件单价的150%、200%、300%支付其工资。

经劳动行政部门批准实行综合计算工时工作制的，其综合计算工作时间超过法定标准工作时间的部分，应视为延长工作时间，并应按本规定支付劳动者延长工作时间的工资。

实行不定时工时制度的劳动者，不执行上述规定。

《劳动部关于职工工作时间有关问题的复函》第五条：

经批准实施综合计算工时工作制的用人单位，在计算周期内若日（或周）的平均工作时间没超过法定标准工作时间，但某一具体日（或周）的实际工作时间工作超过8小时（或40小时），"超过"部分是否视为加点（或加班）且受《劳动法》第四十一条的限制？

依据劳动部《关于企业实行不定时工作制和综合计算工时工作制的审批办法》第五条的规定，综合计算工时工作制采用的是以周、月、季、年等为周期综合计算工作时间，但其平均日工作时间和平均周工作时间应与法定标准工作时间基本相同。也就是说，在综合计算周期内，某一具体日（或周）的实际工作时间可以超过8小时（或40小时），但综合计算周期内的总实际工作时间不应超过总法定标准工作时间，超过部分应视为延长工作时间并按《劳动法》第四十四条第一款的规定支付工资报酬，其中法定休假日安排劳动者工作的，按《劳动法》第四十四条第三款的规定支付工资报酬。而且，延长工作时间的小时数平均每月不得超过36小时。

按照上述规定，加班工资计算可以概括为表10-4：

表 10-4　　不同工时制下的加班工资计算方法对照表

| | 标准工时制 | 综合工时制 | 不定时工时制 |
|---|---|---|---|
| 平时工作日延长工作时间 | 150% | 超出总法定标准工作时间后，150% | 部分地区支持法定节假日加班为 300%。其余地区可以不支付加班费 |
| 休息日加班 | 200% | | |
| 法定节假日加班 | 300% | 300% | |

关于企业是否可以以调休替代加班工资，可概括为表 10-5：

表 10-5　　不同工时制下的倒休是否支持替代加班工资对照表

| | 标准工时制 | 综合工时制 | 不定时工时制 |
|---|---|---|---|
| 平时工作日延长工作时间 | 否 | 是 | 在支持法定节假日加班必须支付加班费的地区，必须支付加班费。其余地区，可以安排倒休 |
| 休息日加班 | 是 | | |
| 法定节假日加班 | 否 | 否 | |

## 05　带薪假的工资

员工的带薪假包括：带薪年休假、产假、婚假和丧假。企业可将各类带薪假的工资支付标准在规章制度中予以明确，以便于员工正确行使自己的权益，合理安排休假安排。

### 一、带薪年休假的工资计算

在计算员工带薪年休假工资前，企业应按照《职工带薪年休假条例》第四条、《企业职工带薪年休假实施办法》第八条的规定，首先检查该员工是否具有享受带薪年休假的资格：

职工有下列情形之一的，不享受当年的年休假：

（一）职工依法享受寒暑假，其休假天数多于年休假天数的；

（二）职工请事假累计20天以上且单位按照规定不扣工资的；

（三）累计工作满1年不满10年的职工，请病假累计2个月以上的；

（四）累计工作满10年不满20年的职工，请病假累计3个月以上的；

（五）累计工作满20年以上的职工，请病假累计4个月以上的。

职工已享受当年的年休假，年度内又出现条例第四条第（二）、（三）、（四）、（五）项规定情形之一的，不享受下一年度的年休假。

计算带薪年休假的工资一般分为表10-6中的三种情况：

表10-6　　　　　　带薪年休假的工资计算方法及计算依据

| 情况分类 | 计算方法 | 计算依据 |
| --- | --- | --- |
| 员工休假使用了带薪年休假，其休假期间的薪资计算方法 | 休假期间视为正常出勤，期间薪资正常发放 | 《职工带薪年休假条例》第二条中的"职工在年休假期间享受与正常工作期间相同的工资收入" |
| 员工未休带薪年休假且未提出书面的放弃申请，企业对员工的补偿计算方法 | 按照月工资÷21.75×未休天数×200% | 《企业职工带薪年休假实施办法》第十条中的"按照其日工资收入的300%支付未休年休假工资报酬，其中包含用人单位支付职工正常工作期间的工资收入"<br>第十条中的"前款所称月工资是指职工在用人单位支付其未休年休假工资报酬前12个月剔除加班工资后的月平均工资。在本用人单位工作时间不满12个月的，按实际月份计算月平均工资" |
| 员工未休带薪年休假且提出了书面的放弃申请，企业对员工是否需补偿的问题 | 企业无须补偿员工未休的带薪年休假 | 《企业职工带薪年休假实施办法》第十条中的"用人单位安排职工休年休假，但是职工因本人原因且书面提出不休年休假的，用人单位可以只支付其正常工作期间的工资收入" |

在实际操作中，企业应特别防范对带薪年休假计算的认识上的几点误区：

- 企业不可与员工约定单独的年休假工资标准。约定单独的年休假工资标准，在员工休假期间按此标准发放员工的休假工资，这两种情况都是违反《职工带薪年休假条例》第二条的规定。

- 补偿员工未休带薪年休假不能只按照"基本工资"计算，而应按照"月工资"计算。这里的月工资是指职工在用人单位支付其未休年休假工资报酬前12个月剔除加班工资后的月平均工资。在本用人单位工作时间不满12个月的，按实际月份计算月平均工资。
- 员工主动放弃未休带薪年休假必须提出书面申请。单纯的口头申请放弃或员工未申请放弃，企业都应支付未休年休假工资报酬。
- 企业应按照日工资的200%而不是300%支付员工的未休年休假工资报酬。《企业职工带薪年休假实施办法》第十条规定，"按照其日工资收入的300%支付未休年休假工资报酬，其中包含用人单位支付职工正常工作期间的工资收入"。由于实践中劳动者未休假期间，用人单位是按照正常月薪支付工资，也就是说已经支付了100%的工资，因此在核算的时候，另行支付200%的工资即可。

**小贴士 Human Resources**

企业可以统筹安排员工的年休假，但因工作需要不能安排员工的年休假时，如未能与员工协商一致，则应在当年支付员工未休年休假的补偿。如企业与员工协商一致后，可以将员工当年未休的年休假转入下一年度，此时在当年可以不支付员工未休年休假的补偿。

### 二、女职工"三期"期间休假的工资计算

依据《女职工劳动保护特别规定》第五条"用人单位不得因女职工怀孕、生育、哺乳降低其工资、予以辞退、与其解除劳动或者聘用合同"，女员工的产假工资应与产假前的工资标准一致。实际操作中，企业可以在女员工产假期间调整与其实际出勤有关的补贴和津贴等福利待遇，依据其业绩考核计发绩效工资。

女员工在"三期"期间，其休假工资可以按如下方法计算：

表 10-7　　　　女工"三期"期间的休假工资计算方法

| | 休假内容 | 休假薪资计算标准 |
|---|---|---|
| 孕期 | 怀孕女职工在劳动时间内进行产前检查，所需时间计入劳动时间。 | 全额计算工资。 |
| 产期 | 女职工生育享受98天产假，其中产前可以休假15天；难产的，增加产假15天；生育多胞胎的，每多生育1个婴儿，增加产假15天。女职工怀孕未满4个月流产的，享受15天产假；怀孕满4个月流产的，享受42天产假。 | 在规定产假期间，全额计算工资。超出产假时间的休假，可按病假工资执行（地方法律、行政法规有特别规定的除外）。 |
| 哺乳期 | 每天的劳动时间内为哺乳期女职工安排1小时哺乳时间；女职工生育多胞胎的，每多哺乳1个婴儿每天增加1小时哺乳时间。 | 全额计算工资。 |

依据《女职工劳动保护特别规定》第八条的规定，"女职工产假期间的生育津贴，对已经参加生育保险的，按照用人单位上年度职工月平均工资的标准由生育保险基金支付；对未参加生育保险的，按照女职工产假前工资的标准由用人单位支付"。这里的生育津贴是生育保险基金对女职工在产假期间未参加用人单位劳动所进行的一种补偿。

生育津贴是生育保险基金发放给用人单位的，用人单位负责在产假期间对女职工工资进行正常发放。用人单位在女职工休产假期间支付女职工正常工资，当生育津贴报销下来后由用人单位领取。如生育津贴超出女职工工资，用人单位将超出部分退给女职工本人。如生育津贴低于女职工工资，用人单位承担差额部分。

> **小贴士** 女职工流产同样可以享受生育津贴。流产女职工休产假结束后，用人单位也应要求女职工提供领取生育津贴所需材料。
> 生育津贴的领取需女职工提供大量相关证明材料，如女职工不配合则用人单位无法领取，对用人单位造成损失。为避免女职工生育后，在休完产假后直接辞职且不配合提供领取生育津贴所需材料的情况，用人单位应在规章制度中明确要求女员工必须配合按期提供领取生育津贴所需材料。

### 三、婚假和丧假的工资计算

员工休婚假和丧假，其工资支付标准依据当地工资支付条例的规定造成不同地区差异较大，有些地区将假期视为正常工作出勤，有些地区则按照月工资的一定比例发放，但均不得低于当地的最低工资标准。如实际休假时间超出假期长度，一般按事假处理。

## 06 医疗期的工资

### 一、医疗期长度的规定

企业应根据《企业职工患病或非因工负伤医疗期规定》第三条、第四条的规定来确定员工可享受的医疗期的长度（参见表10-8）：

表10-8　　　　　　　工作年限、医疗期对照表

| 本单位工作年限 | 实际工作年限 10 年以下 | | | | 实际工作年限 10 年以上 | | |
|---|---|---|---|---|---|---|---|
|  | 5年以下 | 5年以上 | 5年以下 | 5至10年 | 10至15年 | 15至20年 | 20年以上 |
| 医疗期 | 3个月 | 6个月 | 6个月 | 9个月 | 12个月 | 18个月 | 24个月 |
| 累计病休时间 | 6个月内 | 12个月内 | | 15个月内 | 18个月内 | 24个月内 | 30个月内 |

### 二、医疗期工资的支付标准

劳动法没有规定医疗期（病假）工资的计算方法，医疗期工资的标准一般由当地的工资支付条例规定，各地区的规定差异较大。企业可在不违反当地的法律、行政法规规定的基础上，根据企业自身的规模、特点、承受能力以及管理习惯来确定员工医疗期间工资待遇的水平，并在劳动合同中进行约定。

常见的医疗期工资支付标准有以下几种：

- 固定金额：病假工资按照月工资收入的一个固定比例支付，或按一个固定金额支付。例如，病假工资取月工资的50%、当地最低工资标准的80%两者的最高值支付。
- 逐月减少：随着病假时间的延长，按照月工资的一定比例逐月减少。例如，当年累计病假一个月内病假工资按70%支付，第二个月按60%支付，第三个月按50%支付，从第四个月起按照当地最低工资标准的80%支付。
- 最低标准：按照企业所在地法律、行政法规中规定的病假工资的最低标准执行。例如，按照当地最低工资标准的80%支付。

企业如按照当地最低工资标准支付员工医疗期工资时，应注意《最低工资规定》中并未明确最低工资中是否包含劳动者个人应缴纳的社保费和公积金，各地区有各自规定，并未统一，需要视当地具体规定来判断。在计算员工的医疗期工资时，在不包含个人应缴纳的社保费和公积金的地区，员工的实发工资要在扣除个人应缴纳的社保费和公积金之后，不得低于当地最低工资标准的80%。

### 三、关于医疗期的常见误区

在实操中，以下为一些常见的关于医疗期的理解误区：

- 企业认为只有请长假才算医疗期，请一两天病假不是医疗期。短期病假也应计算医疗期，企业应按照医疗期工资标准计算病假工资，并注意医疗期的累计时间。
- 员工认为得病后可以按照工作年限任意"休满"医疗期。员工是否可以享受最长的医疗期，关键要看病情实际需要和医院证明。在实际操作中，员工的病假请求应主要通过医院开具的病假单（病休证明）作为证据形式予以支持。
- 认为医疗期不包含休息日和法定节假日。医疗期包含休息日和法定节假日，即医疗期按照自然日计算。

> **小贴士** 为避免医疗期工资支付的纠纷，企业可在劳动合同中约定医疗期工资的发放标准。不同地区对医疗期工资的规定差异较大，企业应根据当地政策执行。

## 07 个税附加扣除

个税附加扣除（全称：个人所得税专项附加扣除），是指个人所得税法规定的子女教育、继续教育、大病医疗、住房贷款利息、住房租金和赡养老人六项专项附加扣除。在2019年1月1日起正式实施的《个人所得税专项附加扣除暂行办法》中，对六项专项附加扣除作了详细说明，常见问题还可以通过国家税务总局网站《个人所得税专项附加扣除200问》中找到答案。

个税专项附加扣除涉及员工的隐私和利益，因此HR在协助员工申报信息过程中需要做好以下几点工作：

- 掌握专项附加扣除的申报方式。HR应优先协助员工自主通过手机或者电子税务局网页等远程办税端提交，如员工个人操作困难则协助员工通过电子或者纸质报表等方式提交。
- 为员工做好专项附加扣除政策的宣传教育工作。HR要向员工做好专项附加扣除政策的宣传工作，并对员工开展必要的培训工作，遇到疑难问题及时与税务部门沟通协助解答。
- 充分保护员工个人隐私。个税专项附加扣除需要采集大量员工的个人信息，HR在做个税的代扣代缴过程中不可避免会接触这些信息。HR要做好信息的保密工作，不得传播或讨论。
- 做好员工个人信息时效性管理。个税专项附加扣除采集的很多信息具有时效性，HR在进行信息的收集管理中必须确保员工信息的有效性。HR要定期向员工发布提醒通知，要求员工及时更新信息，避免多扣、漏扣情况，保证员工申报信息的完整性、真实性和时效性。

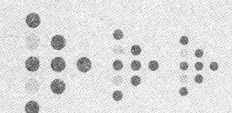

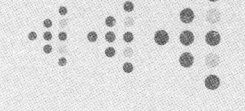

# 第11章
## 制度建设
——避免员工管理随意性

怎样让制度设计得更加严谨?
规章制度如何履行民主程序?
制度公示可以采取哪些方式?
如何利用规章制度辞退员工?

制度建设是企业管理一项最基础的工作。一套完善的企业制度体系，不仅可以帮助企业实现规范管理、高效运转，更能够巩固企业文化、防范法律风险。

## 01 制度设计方法

### 一、规章制度建设的作用

近年来，劳动争议案件不断增多，且企业败诉率很高，在很大程度上是因为企业对规章制度建设不够重视，在劳动仲裁举证的证据提交中缺少为自身维权的有效依据。企业建立规章制度体系，其作用主要在于：

- 规范企业员工行为，提高企业的经营效率；
- 减少劳动争议，降低用工风险和用工成本；
- 保障企业在劳动争议处理时占据主动地位；
- 作为解除中长期劳动合同关系的主要依据。

### 二、规章制度建设的原则

《公司法》《劳动法》《劳动合同法》《最高人民法院关于审理劳动争议案件适用法律若干问题的解释（一）》等法律、行政法规及司法解释，都对企业的规章制度的建设、使用提出了明确要求，主要包括：

- 公司研究决定改制以及经营方面的重大问题、制定重要的规章制度时，应当听取公司工会的意见，并通过职工代表大会或者其他形式听取职工的意见和建议。（《公司法》第十八条）

- 用人单位应当依法建立和完善规章制度，保障劳动者享有劳动权利和履行劳动义务。(《劳动法》第四条)
- 用人单位应当依法建立和完善劳动规章制度，保障劳动者享有劳动权利、履行劳动义务。用人单位在制定、修改或者决定有关劳动报酬、工作时间、休息休假、劳动安全卫生、保险福利、职工培训、劳动纪律以及劳动定额管理等直接涉及劳动者切身利益的规章制度或者重大事项时，应当经职工代表大会或者全体职工讨论，提出方案和意见，与工会或者职工代表平等协商确定。(《劳动合同法》第四条)
- 用人单位的规章制度违反法律、法规的规定，损害劳动者权益的，劳动者可以解除劳动合同。(《劳动合同法》第三十八条第四项)
- 劳动者严重违反用人单位的规章制度的，用人单位可以解除劳动合同。(《劳动合同法》第三十九条第二项)
- 用人单位根据《劳动法》第四条之规定，通过民主程序制定的规章制度，不违反国家法律、行政法规及政策规定，并已向劳动者公示的，可以作为人民法院审理劳动争议案件的依据。〔《关于审理劳动争议案件适用法律若干问题的解释（一）》第十九条〕

综合上述法律、行政法规内容，结合劳动争议处理实践，企业在建立规章制度体系时，必须把握以下原则：

- 规章制度的内容必须符合法律、行政法规；
- 制定或修订规章制度时必须履行民主程序；
- 已有规章制度必须向员工进行公示或告知。

**小贴士 Human Resources** 处理涉及劳动者切身利益的劳动报酬、工作时间、休息休假、劳动安全卫生、保险福利、职工培训、劳动纪律以及劳动定额管理等的规章制度或者重大事项时，企业的民主及公示程序更应严谨，并必须做好证据保全工作。

## 三、规章制度的结构

一份严谨的企业规章制度，在结构上建议包括表 11-1 中的内容。

表 11-1　　　　　　　　　　规章制度结构设计建议

| 构成要素 | 设计建议 |
| --- | --- |
| 名称 | 规章制度的名称要准确、精练、规范、醒目，能体现该规章制度的基本内容，并应避免烦琐、冗长。 |
| 基本信息 | 基本信息应包括：发布日期、实施日期、版本号、保密级别、制度类型。建立基本信息的目的在于方便检索规章制度、确定生效时间等。 |
| 正文 | 正文是规章制度的基本组成部分，可根据需要按照章、条、款、项、目的顺序排列，其中条是最基本的表述形式。<br>章：如"条"的内容较多，为便于阅读，可以分章撰写，如"第一章　总则"。<br>条：正文一般以"第 × 条"的形式表述。<br>款：当某一"条"的内容较多时，可以再分为"款"，"款"的表现形式为条中的自然段，每个自然段为一款，款前均无数字。<br>项：当某一"款"的内容较多时，可以再分为分"项"，每项分为一段，依次加序号：(一)、(二)、(三)……<br>目："目"是规章制度中最小单位，"目"是对"项"的列举说明，"目"的前面冠以阿拉伯数字。 |
| 附录或附件 | 对于正文中引用的有关内容或参考，以及配套表单、流程等，都可以以附录或附件的形式附在正文最后，尤其是在今后有可能随时调整的内容，应尽量放到附录或附件中。如正文为分章撰写，则最后一章可以设计为"第 ×× 章　附录"。 |

> **小贴士** 为避免对规章制度中特定用语含义产生歧义，可以专门在正文中单列一条定义条款，定义条款是对特定用语的含义和范围作出明确规定的条款。为防范规章制度中的疏漏，可以在正文中再定义一条解释权条款，在解释权条款中规定由一个部门负责解释该规章制度。

## 四、设计制度的注意事项

在越来越注重保护劳动者权益的今天，企业如想辞退不合格员工，最有效的手段之一就是依据《劳动合同法》第三十九条第二项，以员工严重违反规章制度为由解除与员工的劳动合同。因此，在企业的规章制度中应尽可能详尽列举违纪的各类情形，并规定各类违纪行为的等级属于一般违纪还是严重违纪。首先应对严重违纪进行定义，然后对违纪行为进行分类，如违反经营管理秩序、违反财经纪律、违反安全生产、违反环境保护、利用职权谋取不正当利益、违反廉洁与从业规定、失职与渎职、违反社会公德和治安管理等，然后在每种列表中尽可能多地列举具体情形，并在每种类型中设置兜底条款，如"其他损害公司利益的行为"。如此，当过错行为未能列举的情况下，可以先适用兜底条款，兜底条款不适用可以引用严重违纪的定义条款。对于多次一般违纪的行为，可以规定在多长时间内的几次一般违纪构成严重违纪，以此惩戒那些大错不犯、小错不断的员工。

《最高人民法院关于审理劳动争议案件适用法律若干问题的解释（一）》第十三条规定："因用人单位作出的开除、除名、辞退、解除劳动合同、减少劳动报酬、计算劳动者工作年限等决定而发生的劳动争议，用人单位负举证责任。"因此规章制度中还应设置对违纪行为的取证要求，包括要求出现员工违纪情况后，员工要对违纪证据的书面签名确认、对违纪行为编写书面说明或检讨书等。获得员工对违纪行为的书面确认，是企业发生劳动争议后劳动仲裁中争取主动的关键。

《最高人民法院关于审理劳动争议案件适用法律若干问题的解释（二）》第十六条规定："用人单位制定的内部规章制度与集体合同或者劳动合同约定的内容不一致，劳动者请求优先适用合同约定的，人民法院应予支持。"因此，即使企业规章制度经得了员工本人同意，但当其内容与劳动合同内容不一致时，应当优先执行劳动合同内容，否则企业要承担相关违约责任。

## 02 履行民主程序

企业的规章制度一般可以分为两大类：经营管理类制度和劳动规章类制度。经营管理类制度一般为针对企业生产、经营、管理过程的规范，不直接涉及员工的切身利益。而劳动规章制度均和员工的切身利益直接相关，因此必须经过民主和公示两大程序。

依据《劳动合同法》第四条的规定，直接涉及劳动者切身利益的规章制度或者重大事项都应经过经职工代表大会或者全体职工讨论，提出方案和意见，与工会或者职工代表平等协商确定。也就是说，在制定规章制度阶段，履行民主程序是保障企业规章制度有效性的必要条件。

制定企业规章制度的民主程序可以参考表11-2中的步骤。

表11-2　　　　　　　规章制度民主程序的实现步骤

| 序号 | 步　　骤 | 负责人员 | 参与人员 |
| --- | --- | --- | --- |
| 1 | 起草规章制度的草案 | 人力资源部门 | 相关人员 |
| 2 | 讨论草案讨论并形成意见稿 | 职工代表大会或全体职工 | 人力资源部门 |
| 3 | 修改意见稿并形成修改稿 | 人力资源部门 | 相关人员 |
| 4 | 对意见稿再次进行讨论后定稿 | 工会或职工代表 | 人力资源部门 |
| 5 | 定稿后的规章制度报公司审批 | 公司管理层 | 人力资源部门 |
| 6 | 对规章制度进行公示 | 人力资源部门 | 全体员工 |
| 7 | 组织对规章制度的学习 | 人力资源部门 | 全体员工 |

企业履行民主程序制定规章制度，也必须做好证据的保全工作，包括保留书面的规章制度草案、意见稿、修改稿、定稿、正式的制度文件，以及在民主程序过程中形成的会议通知、签到记录、会议决议、会议纪要等文件。

> **小贴士** 《劳动合同法》仅规定了在制定规章制度时必须履行民主程序，当企业与工会或职工代表未能对规章制度条款协商一致时，法律并未禁止企业直接作出有利于企业的决定。

## 03 制度公示告知

未经公示的企业规章制度，未保证员工知情，导致员工无所适从，对劳动者也不具有约束力。实践中，企业规章制度因缺乏公示告知程序而败诉的案例不胜枚举。

表 11-3 对企业规章制度向员工公示的常见做法进行了对比。

表 11-3　　　　各类规章制度公示举证效力差异对比

| 序号 | 公示方法 | 公示的举证效力或弊端 |
| --- | --- | --- |
| 1 | 电子邮件群发 | 电子类证据，取证困难。证据的法律效力低。 |
| 2 | 网站公告栏 | 电子类证据，取证困难。证据的法律效力低。 |
| 3 | 企业宣传栏 | 举证困难，证明力弱。证据的法律效力低。 |
| 4 | 规章制度作为劳动合同附件 | 证据的法律效力高。但规章制度修改需变更劳动合同，操作复杂。 |
| 5 | 规章制度传阅或分发法 | 证据的法律效力高。 |
| 6 | 层层培训法 | 保留培训时间、地点、参加人员、培训内容、与会人员签到等证据。证据的法律效力高。 |
| 7 | 考试法 | 证据的法律效力高。 |
| 8 | 签收法 | 证据的法律效力高。 |
| 9 | 会议传达法 | 证据的法律效力高。 |
| 10 | 意见征询法 | 证据的法律效力高。 |
| 11 | 员工手册发放法 | 证据的法律效力高。 |

无论采用上述哪种形式，最稳妥的方法就是让员工以签字的形式对知晓企业规章制度进行确认，即取得员工的书面确认证据。

## 04　制度辞退运用

### 一、企业的举证责任内容

企业依据《劳动合同法》第三十九条第二项辞退员工时，要根据《最高人民法院关于审理劳动争议案件适用法律若干问题的解释（一）》第十三条承担举证责任。这里的企业举证责任具体指的是：

- 劳动者严重违反企业规章制度的事实；
- 企业规章制度是经过民主程序制定的事实；
- 企业规章制度向劳动者公示或告知的事实。

## 二、企业证据收集与保全

在处理严重违纪员工时，企业应检查自身证据的充分性和完整性，并做好证据的保全工作。

表11-4　　　　　　　确保企业规章制度有效的收集证据清单

| 分　类 | 证据清单 |
| --- | --- |
| 建立制度的民主程序 | 制定规章制度过程中的规章制度草案、意见稿、修改稿、定稿、正式的制度文件，以及在民主程序过程中形成的会议通知、签到记录、会议决议、会议纪要等文件。 |
| 已向员工公示或告知 | 员工签字认可、内部培训——录音录像、考试法、意见征询法、公告栏、网站公告、入职登记表声明条款、邮件告知等。 |
| 员工违反企业规章制度 | 1. 员工严重违反企业规章制度的具体条款；<br>2. 证明员工的违纪行为证据，这些证据应尽量为签字的书面材料，具体包括但不限于：<br>　● 违纪员工的检讨书、申辩书、违纪情况说明等；<br>　● 违纪员工本人签字的违纪记录；<br>　● 其他员工及知情者的证明；<br>　● 有关物证；<br>　● 有关书证及视听资料；<br>　● 政府有关部门的处理意见、处理记录及证明等。 |

第四篇

## 社会与企业保障

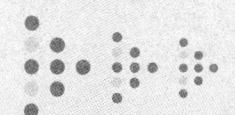

# 第12章

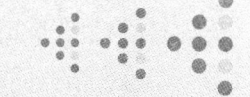

# 社保公积金

## ——社会责任与意外保障

如何确定社保公积金的缴费基数?

办理各项社保工作都有哪些要求?

应当如何办理养老保险退休手续?

通过工伤保险可以享受哪些待遇?

职工可以享受哪些生育保险待遇?

医疗保险能够为员工做哪些事情?

办理失业保险金要具备哪些条件?

如何为员工办理公积金支取业务?

社会保险是国家通过立法强制建立社会保险基金，对参加劳动关系的劳动者在丧失劳动能力或失业时给予必要的特殊帮助的制度，主要包括：养老社会保险、医疗社会保险、生育保险、失业保险、工伤保险五部分。住房公积金是企事业单位、社会团体为其在职职工缴存的长期住房储金。社会保险和住房公积金具有强制性、互助性、保障性的特点，用人单位和劳动者都必须依法履行缴纳社会保险和住房公积金的义务。

企业的人力资源应依据法律法规、行政法规为本企业员工办理社会保险、住房公积金的缴纳手续，社会保险和住房公积金既是企业必须承担的社会责任，也是防止用工意外风险的有效保障。

## 01 缴费基数核定

### 一、与缴费基数相关的几个概念

企业在核定社会保险、住房公积金时，必然会涉及社会平均工资、上年月平均工资、最低工资标准等基本概念。人力资源必须准确掌握这些概念，才能避免在计算社会保险、住房公积金的缴纳金额时出错。

#### （一）社会平均工资（职工平均工资）

社会平均工资也常被简称为社平工资、职工平均工资。年社会平均工资指某一地区一年内全部职工工资总额除以这一时期内职工人数后所得的平均工资，将年社会平均工资平摊到12个月，则可以得到月社会平均工资。各个地区一般会在第二年年中公布上一年度的社会平均工资。

每年社会平均工资调整后，将会产生表12-1中的影响。因社保、公积金在各地区的政策差异很大，本章内容以北京市为例进行说明。

表12-1　　社会平均工资调整对社保公积金待遇的影响情况

| 用　途 | 计算方法 |
| --- | --- |
| 计算社会保险缴费基数上下限 | （基本养老保险、失业保险）下限：月社会平均工资的40%（自由职业者、城镇个体工商户和灵活就业人员）、月社会平均工资的60%（其他人员）（基本医疗保险、工伤保险、生育保险）下限：月社会平均工资的60% |
| | （基本养老保险、失业保险、基本医疗保险、工伤保险、生育保险）上限：月社会平均工资的300% |
| 计算住房公积金缴费基数上限 | 上限：月社会平均工资的300% |
| 确定解除、终止劳动合同的经济补偿金基数的上限 | 上限：月社会平均工资的300% |
| 计算解除、终止劳动合同的经济补偿金免税限额 | 上限：年社会平均工资的300% |
| 确定工伤待遇中一次性工伤医疗补助金和就业补助金的计算基数 | 以月社会平均工资为基数计发 |
| 确定工伤待遇中丧葬补助费的计算基数 | 月社会平均工资的60% |
| 确定工伤待遇中生活护理费的计算基数标准 | 完全不能自理：月社会平均工资的50% |
| | 生活大部分不能自理：月社会平均工资的40% |
| | 生活部分不能自理：月社会平均工资的30% |
| 调整退休人员基本养老金水平 | 参考社会平均工资的年增长率 |
| 制定最低工资标准 | 以社会平均工资作为主要依据 |

**小贴士 Human Resources**　每年当地公布社会平均工资后，企业应及时调整相关涉及内容的计算标准。因不同地区社会保险、住房公积金的缴纳标准有所差异，特殊人群（如失业人员、城市低保人员、残疾人等）还可能有缴费基数下调、社会保险补贴有优惠政策等情形，企业一般可通过当地的人力资源和社会保障局网站了解具体政策细节。

### （二）上年月平均工资

上年月平均工资为员工上年度工资收入总额的月平均数。社会保险和住房公积金的缴费基数，除企业当年新增的员工外，一般都是通过上年月平均工资确定。

这里的上年度工资收入总额是指，员工在上一日历年度（1月1日至12月31日）内所取得的全部货币收入，包括计时工资、计件工资、奖金、津贴和补贴、加班加点工资、特殊情况下支付的工资。关于工资收入总额的详细规定，可参见国家统计局《关于工资总额组成的规定》以及《〈关于工资总额组成的规定〉若干具体范围的解释》。在计算工资收入总额时，应注意上述规定中对于奖金、津贴、补贴、不包含项目、标准工资等有着明确的界定，企业在统计时要严格依照规定计算员工的上年月平均工资。

上年月平均工资的主要用途为确定当年的企业和个人社会保险、住房公积金的缴费基数，缴费基数由当地的社保中心、公积金管理中心核定后，在下次核定前不得修改。

### （三）最低工资标准

最低工资标准，是提高劳动者特别是低收入劳动者劳动报酬的重要手段，指劳动者在法定工作时间或依法签订的劳动合同约定的工作时间内提供了正常劳动的前提下，用人单位依法应支付的最低劳动报酬。最低工资标准一般采取月最低工资标准和小时最低工资标准的形式。月最低工资标准适用于全日制就业劳动者，小时最低工资标准适用于非全日制就业劳动者。依据《最低工资规定》，各地区的最低工资标准每两年至少要调整一次。关于最低工资标准的详细规定可参见原中华人民共和国劳动和社会保障部令第21号《最低工资规定》。

企业在使用最低工资标准时，应特别注意《最低工资规定》中第十二条的规定：

在劳动者提供正常劳动的情况下，用人单位应支付给劳动者的工资在剔除下列各项以后，不得低于当地最低工资标准：

（一）延长工作时间工资；

（二）中班、夜班、高温、低温、井下、有毒有害等特殊工作环境、条件下的津贴；

（三）法律法规和国家规定的劳动者福利待遇等。

实行计件工资或提成工资等工资形式的用人单位，在科学合理的劳动定额基础上，其支付劳动者的工资不得低于相应的最低工资标准。

劳动者由于本人原因造成在法定工作时间内或依法签订的劳动合同约定的工作时间内未提供正常劳动的，不适用于本条规定。

各地区在公布最低工资标准后，涉及企业调整的内容可能包括病假工资标准和确定住房公积金缴纳基数下限。以北京市为例：用人单位病假工资不得低于本市最低工资标准的80%；职工工资扣除住房公积金个人月缴存额后，低于最低工资的，个人住房公积金月缴存额可以降低，低于最低工资部分可以不缴。注意，各地区在病假工资、住房公积金缴纳等的具体规定上存在差异，具体规定以当地社保中心、公积金管理中心的规定为准。

> **小贴士** 关于最低工资标准中是否包含劳动者个人应当缴纳的社会保险费和住房公积金的部分，目前在各地区规定有所不同。

## 二、缴费基数的确定方法

不同地区对社会保险、住房公积金在管理上存在较大的差异，相关的政策、行政法规一般可通过当地社保中心、住房公积金管理中心网站查询了解。表12-2以北京市为例，说明企业对于五险一金的缴费基数确定方法：

表12-2　　　　　　　社保、住房公积金的基数确定方法

| 员工入职时间 | 分　　类 | 缴费基数确定方法 |
| --- | --- | --- |
| 非当年入职员工 | 养老社会保险、医疗社会保险、失业保险、工伤保险、生育保险 | 每年企业向社保中心提交基数采集表，社保中心核定企业的缴费基数，企业按核定后的缴费基数缴纳企业和员工的保险费用 |
| | 住房公积金 | 将"上年月平均工资"作为缴费基数。如"上年月平均工资"高于社会平均工资的三倍，则按照社会平均工资的三倍缴纳 |

续表

| 员工入职时间 | 分类 | | 缴费基数确定方法 |
|---|---|---|---|
| 当年新入职员工 | 月标准工资＜社会平均工资的60% | 养老社会保险、医疗社会保险、失业保险、工伤保险、生育保险 | 社会平均工资的60% |
| | | 住房公积金 | 月标准工资。如员工工资扣除住房公积金个人月缴存额后，低于最低工资的，个人住房公积金月缴存额可以降低，低于最低工资部分可以不缴；单位住房公积金月缴存额仍以员工标准工资基数正常缴纳 |
| | 社会平均工资的60%≤月标准工资＜社会平均工资的300% | 养老社会保险、医疗社会保险、失业保险、工伤保险、生育保险 | 月标准工资 |
| | | 住房公积金 | 月标准工资 |
| | 社会平均工资的300%≤月标准工资 | 养老社会保险、医疗社会保险、失业保险、工伤保险、生育保险 | 社会平均工资的300% |
| | | 住房公积金 | 社会平均工资的300% |

注：1. 这里的月工资指员工的月标准工资，即员工在正常工作时间内为用人单位提供正常劳动每月应得的劳动报酬。

2. 员工个人的缴费基数按照上表计算，对于企业的缴费基数，有些地区规定按照员工个人缴费基数之和计算，有些地区则规定按照企业全部员工的工资之和计算。

> **小贴士 Human Resources** 企业必须为试用期员工缴纳社会保险和住房公积金。试用期员工的缴费基数既可以是试用期工资标准，也可以是转正后工资标准。

### 三、缴费基数的定期调整

全国多数地区的社会保险、住房公积金的缴费基数一般都会在每年调整一次。基数调整的依据有两个，一是新公布的上一年度当地社会平均工资，社会平均工资主要影响缴费基数的上限和下限；二是企业上报的本企业职工上一年的月平均工资申报表，当地社保中心据此核定每名员工的缴费基数。

## 02 社保事务办理

### 一、社会保险事务的办理渠道

社会保险事务的办理一般有三种渠道：一是社会保险经办机构的窗口，在窗口直接提交申办材料，窗口工作人员受理相关业务；二是网上申报，在当地社保中心的服务网站下载、打印、提交相关数据；三是企业版专用社保软件，利用软件准备相关申报材料、提交相关数据。社会保险事务的具体办理流程、申报材料要求、受理时间等一般都可以在当地社保中心网站的"办事指南"中查询。

随着电子政务水平的不断提升，目前一些社会保险事务不需要到社会保险经办机构现场办理，可通过网上或软件全部受理完成，较复杂的事务则仍必须到社会保险经办机构窗口进行现场审核办理。

企业经办人员办理社会保险事务时，还应注意社保经办机构对每项工作都有固定受理时间，一旦错过受理时间只能延后到下月处理。

> **小贴士**
> **Human Resources**
>
> 在企业实操中，为新增员工办理社会保险登记一般以每月的15日为界，15日之前入职的员工，在当月办理社会保险；15日之后入职的员工，在下个月办理社会保险。企业应在员工入职前确认原用人单位为其办理社会保险缴纳的截止时间，尽量避免原用人单位未办理社会保险的减员操作造成无法办理增员手续，或在入职当月新老用人单位都没有为员工缴纳社会保险造成的中断。

### 二、社会保险事务内容

表12-3列举了企业办理社会保险事务涉及的内容清单：

表 12-3　　　　　　　　办理社会保险事务清单

| 大类 | 小类 | 社会保险事务名称 |
| --- | --- | --- |
| 信息登记 | 社保开户 | 企业社会保险信息登记 |
| | 信息变更 | 单位名称变更 |
| | | 单位注册地址变更 |
| | | 单位银行账号变更 |
| | | 单位法人变更 |
| | | 单位经办人及联系电话变更 |
| | | 单位跨区域转出 |
| | | 单位跨区域转入 |
| | 注销 | 单位注销 |
| | 其他 | 《社会保险登记证》补办 |
| | | 单位变更《社会保险登记证》 |
| 个人登记 | 参保增减员 | 参保人员减少 |
| | | 参保人员增加 |
| | | 新参保人员登记 |
| | 参保变更 | 参保人员信息变更 |
| | | 参保人员定点医院变更 |
| 社会保险费缴纳 | | 申报社会保险缴费工资 |
| | | 用人单位申报个人补缴 |
| | | 用人单位申报月报补缴 |
| | | 外地人员基本医疗补缴 |
| | | 医疗保险工龄补缴 |
| 社会保险关系转移接续 | | 基本养老保险跨统筹地区转移接续转出 |
| | | 基本养老保险跨统筹地区转移接续转入 |
| | | 基本养老保险临时账户转出 |
| | | 基本养老保险临时账户转入 |
| | | 基本养老保险重复缴费退费 |
| | | 基本医疗保险跨统筹地区转移接续转出 |
| | | 基本医疗保险跨统筹地区转移接续转入 |

## 三、社会保险的缴纳时间要求

根据《社会保险法》第五十八条的规定，"用人单位应当自用工之日起三十日内为其职工向社会保险经办机构申请办理社会保险登记。未办理社会保险登记的，由社会保险经办机构核定其应当缴纳的社会保险费"。因此，企业应当及时为员工办理社会保险登记手续并缴纳社会保险费用，避免违法用工风险。

## 四、社会保险的缴纳方式

社会保险的缴纳一般是通过银行的特约委托收款付款授权业务实现代扣代缴。如发生费用补缴业务时，则可能通过支票、银行卡方式向社保中心划款。其中需员工个人承担的社会保险费用，由企业负责代扣代缴。

> **小贴士 Human Resources**　企业应及时缴纳社会保险费，如发生欠款行为，将会被收取滞纳金。

## 五、养老保险关系转移接续

随着人才流动性的不断增强，越来越多的人才选择在全国范围内就业，这也造成部分人员在多所城市缴纳过养老保险，由此就产生了养老保险关系的转移接续问题。

企业在为员工办理或解答养老保险关系转移接续问题时，主要应把握表12-4中的要点：

表12-4　　　　　　　　养老保险转移常见问题解答

| 社保转移问题 | 转移问题办理要点 |
| --- | --- |
| 参保缴费年限的合并和养老金的领取 | 参保人员达到基本养老保险待遇领取条件的，其在各地的参保缴费年限合并计算，个人账户储存额（含本息，下同）累计计算；未达到待遇领取年龄前，不得终止基本养老保险关系并办理退保手续。 |

续表

| 社保转移问题 | 转移问题办理要点 |
|---|---|
| 转移资金的计算方法 | 个人账户储存额：1998年1月1日之前按个人缴费累计本息计算转移，1998年1月1日后按计入个人账户的全部储存额计算转移。<br>统筹基金（单位缴费）：以本人1998年1月1日后各年度实际缴费工资为基数，按12%的总和转移，参保缴费不足1年的，按实际缴费月数计算转移。 |
| 转移接续手续的办理机构及办理要求 | 参保人员返回户籍所在地（指省、自治区、直辖市，下同）就业参保的，户籍所在地的相关社保经办机构应为其及时办理转移接续手续。<br>参保人员未返回户籍所在地就业参保的，由新参保地的社保经办机构为其及时办理转移接续手续。但对男性年满50周岁和女性年满40周岁的，应在原参保地继续保留基本养老保险关系，同时在新参保地建立临时基本养老保险缴费账户，记录单位和个人全部缴费。参保人员再次跨省流动就业或在新参保地达到待遇领取条件时，应将临时基本养老保险缴费账户中的全部缴费本息，转移归集到原参保地或待遇领取地。<br>参保人员经县级以上党委组织部门、人力资源社会保障行政部门批准调动，且与调入单位建立劳动关系并缴纳基本养老保险费的，不受以上年龄规定限制，应在调入地及时办理基本养老保险关系转移接续手续。 |

## 六、医疗保险的异地安置

对于需较长时间在异地工作或长期驻外的员工，且员工不适合在外地参保的情况，可以考虑通过医疗保险的异地安置方式，帮助员工解决异地就医的困难。目前多数地区的社保中心都已开展医疗保险的异地安置工作，员工可以在社会保险参保地、异地工作地分别选择指定的医院，在指定医院就医可享受医疗保险待遇。

## 七、外地分支机构社会保险处理方式

对于在外地设有分支机构的企业，可以根据企业实际，选择表12-5中的方式处理：

表 12-5　　　　　　　　　外地分支机构的社保参保方法

| 参保方法 | 优　点 | 不　足 |
|---|---|---|
| 公司所在地集中参保 | 企业办理规范、操作方便。 | 异地工伤、医疗保险处理较烦琐。员工的异地医疗、养老，异地转移问题较突出。 |
| 异地参保 | 能够较好地处理异地工伤、医疗问题及养老转移问题。 | 企业需对各地社保政策都有所了解，且需要人员在外地办理相关业务。 |
| 委托人事代理机构在异地参保 | 能够较好地处理异地工伤、医疗问题及养老转移问题，且企业管理成本较低。 | 需向人事代理机构支付服务费用。 |

**小贴士 Human Resources**　对于全国性大型集团，且外地分支机构人数较多的企业，可以在分支机构设立专门的人力资源岗位，并采用异地参保方式。对于外地分支机构数量较少的企业，建议采用委托人事代理机构的方式来降低企业的管理成本。

## 03 关于养老保险

养老保险分为三个层次：第一层次是基本养老保险；第二层次是企业年金（也称为企业补充养老保险）；第三层次是个人养老储蓄和商业养老保险。其中，基本养老保险由国家统一政策规定并强制实施，企业年金是企业在国家政策的指导下可自愿建立的养老保险形式，个人养老储蓄和商业养老保险则是个人行为。

因企业中的大多数员工都处于青壮年，员工的养老问题一般并不突出，企业和员工往往重视不足。为了员工的长期利益，保障退休后的权益，企业有责任和义务帮助员工提前规划养老问题，为员工解决后顾之忧。

## 一、退休需满足的条件

员工退休可以分为正常退休和提前退休,退休后可以领取基本养老金。两种情况需分别满足表 12-6 中的条件:

表 12-6　不同退休方式领取基本养老金需满足条件对比

| 退休方式 | 领取基本养老金需满足的条件 |
| --- | --- |
| 正常退休 | 满足国家法定年龄退休的职工,且达到法定退休年龄时社会保险累计缴费满十五年。 |
| 提前退休 | 因病或非因工致残,依照劳动鉴定程序经劳动鉴定委员会鉴定达到完全丧失劳动能力的,退休年龄为男年满 50 周岁,女年满 45 周岁;从事高空和特别繁重体力劳动工作累计满十年、从事井下和高温工作累计满九年或从事其他有害身体健康工作累计满八年的,退休年龄为男年满 55 周岁,女年满 45 周岁。 |

对于员工在非户籍地办理退休,各地区也有不同的条件要求,以北京市为例:根据北京市养老保险政策规定,外地城镇户籍人员在北京市办理退休手续,申请按月享受养老保险待遇需满足三个条件:

第一,达到法定退休年龄;

第二,累计养老保险缴费年限 15 年;

第三,累计在北京缴纳养老保险年限 10 年。

2014 年起,在北京市累计缴纳基本养老保险费满 10 年,但全部缴费不满 15 年的外地户籍人员,可申请延长补足不满年限后,再办理退休手续。

**小贴士**　各地区对退休需满足的条件都有一些具体规定,如对特殊工种的认定审批、对视同社会保险缴费年限的认定方法、对中断补缴和延长补足年限等的要求等,因此企业在面临将退休员工涉及相关问题时,应主动向当地的社保中心咨询各种特殊情况的处理方法。

## 二、退休的办理手续

办理退休手续一般须在员工达到法定退休年龄的前一个月,由申请退休员工书面提出申请,企业向社保中心提交员工的相关材料。

社保中心审批企业职工退休,通常要求如下:

- 企业申报职工退休时,需带职工档案、个人缴费结算单,并填好《职工退休审批表》。
- 企业申报职工按因病或非因工致残完全丧失劳动能力办理退休的,除携带上述材料外,还必须附经过劳动鉴定委员会鉴定为完全丧失劳动能力的《职工劳动鉴定表》。
- 企业申报职工按提前退休工种办理退休时,需先经批准确认,可按提前退休工种办理退休后,再打印个人缴费结算单和填写《职工退休审批表》。办理退休审批时,要携带职工档案并填好《职工退休审批表》《职工提前退休审批表》,并提供提前退休工种的确认材料,在职工档案中要有《提前退休工种岗位登记表》。

员工退休手续办理完毕后,则可开始享受退休金和基本医疗保险待遇。

## 三、企业年金制度

企业年金是对基本养老保险的重要补充,企业年金不仅是劳动者退休生活保障的重要补充形式,更是企业调动职工积极性、吸引高素质人才、稳定职工队伍、增强企业竞争力和凝聚力的重要手段。

企业实施年金制度应遵循《企业年金办法》,实行企业和职工共同缴费,员工在退休后享受权利。企业可依据财税〔2013〕103号《关于企业年金、职业年金个人所得税有关问题的通知》,享受个人所得税递延纳税优惠政策。

> **小贴士 Human Resources**
>
> 有条件的企业,可以考虑建立企业年金制度,进一步提升人力资本的长期稳定性。

## 04 工伤保险待遇

工伤保险属于法律规定的必须为员工办理的强制险，用人单位为员工或雇工缴纳工伤保险费，员工不缴纳工伤保险费。企业为员工按时足额缴纳工伤保险费能够将员工发生工伤时的主要赔偿项目有效转移给社会保险基金，是企业节省成本、降低风险的有效方法。

工伤保险待遇如表 12-7 所示：

表 12-7　　　　　　　　　工伤待遇一览表

| 工伤待遇分类 | 工伤待遇内容 |
| --- | --- |
| 工伤医疗待遇 | 工伤医疗费、转外地治疗费用报销、住院伙食补助费、异地交通费等。 |
| 停工留薪期待遇 | 企业职工因工负伤或者患职业病需要停止工作接受治疗的，实行停工留薪期。停工留薪期是指工伤职工负伤、患职业病、工伤复发停止工作接受治疗，继续享受原工资福利的期限。 |
| 因工伤残待遇 | 一次性伤残补助金、伤残津贴、护理费、一次性工伤医疗补助金和伤残就业补助金、工伤职工旧伤复发的待遇。 |
| 因工死亡待遇 | 其直系亲属按照规定从工伤保险基金领取供养亲属抚恤金、一次性工亡补助金、丧葬补助金。 |

其中，由《工伤保险条例》中规定用人单位支付的待遇如表 12-8 所示（以北京市为例）：

表 12-8　　　　　　　　用人单位需支付的工伤待遇

| 单位支付项目 | 具体标准 |
| --- | --- |
| 治疗工伤期间的工资福利待遇 | 停工留薪期工资福利待遇不变。 |
| 停工留薪期的生活护理费用 |  |
| 五级、六级伤残职工按月领取的伤残津贴 | 五级：本人工资 70%；六级：本人工资 60%。低于最低工资标准的补足。 |

续表

| 单位支付项目 | 具体标准 |
|---|---|
| 终止或者解除劳动合同时的一次性伤残就业补助金 | 北京规定为3个月到18个月社平工资：五级18个月，六级15个月，七级12个月，八级9个月，九级6个月，十级3个月。 |

工伤保险待遇的具体标准可依据企业当地实施的《工伤保险条例》，结合伤残等级、社平工资、工伤人员本人工资、供养亲属情况等确定。

企业针对工伤应对方法可参见本书"工伤处置"一章。

> **小贴士 Human Resources** 企业应严格依法为员工、雇工缴纳工伤保险费，以降低企业的用工风险。参加工伤保险的企业出现工伤后，工伤保险基金可支付主要赔偿费用。

## 05 生育保险服务

生育保险待遇包括两部分内容：生育医疗费用和生育津贴。

### 一、享受生育保险待遇的前提

员工如享受生育保险待遇，则必须同时满足两个条件：
- 用人单位为员工参加生育保险连续缴费累计满足一定时间以上，并同时继续为其缴费的；
- 符合当地人口与计划生育规定。

其中，用人单位为员工缴纳生育保险费用的累计时间，各地规定有所不同。

### 二、生育医疗费用的内容

各地区对生育保险医疗费用支付范围及标准都有详细的规定，一般包括以下内容：
- 生育医疗费用：包括产前检查和分娩费用；

- 计划生育费用：包括门诊费用和住院费用；

生育医疗费用具体有如下特点：

- 费用范围、费用标准适时调整，各地区根据当地医疗情况，对生育医疗费用的标准会不定期进行调整；
- 费用支付标准分为限额支付、定额支付、按项目支付等多种形式，不同等级医院的费用报销标准也有所差异。

### 三、和生育保险待遇相关的常见问题

企业的人力资源应结合所在地区的规定，能够解答以下常见问题：

- 当地对用人单位为员工参加生育保险连续缴费时间的要求；
- 当地产假时间长短、产假待遇的规定；
- 当地对晚婚、晚育的优惠政策；
- 当地对夫妻一方未就业时的生育保险待遇的规定；
- 享受生育保险待遇对缴纳生育保险的要求；
- 医疗生育费用的报销范围、支付标准；
- 计划生育手术或分娩的就医流程；
- 员工在外地发生生育、计划生育手术的医疗费用的办理要求；
- 产假期间的工资／生育津贴的发放方法；
- 当地社保对生育待遇报销的受理时间、受理时限、材料要求、办理流程。

### 四、享受生育津贴的范围

按照《女职工劳动保护特别规定》第七条的规定，职工产假为："女职工生育享受 98 天产假，其中产前可以休假 15 天；难产的，增加产假 15 天；生育多胞胎的，每多生育 1 个婴儿，增加产假 15 天。女职工怀孕未满 4 个月流产的，享受 15 天产假；怀孕满 4 个月流产的，享受 42 天产假。"

需要注意的是，各省、市、自治区在《女职工劳动保护特别规定》第七条产假天数的基础上，对产假时间均做了一定的延长。各地区规定的产假、晚育假等，都属于生育津贴的享受范围。

### 五、生育津贴与产假工资

生育津贴不等同于产假工资。支付生育津贴的主体是生育保险经办机构，是职工在享受生育待遇时未能提供劳动服务，生育保险基金对企业的一种补偿行为。支付产假工资的主体是企业，是企业对享受生育待遇职工应尽的社会责任。社保中心按规定标准拨付给用人单位的职工生育津贴，用人单位必须用于职工在生育、产假内应享受的工资及福利待遇。因此，生育津贴是拨付给用人单位而非劳动者的，生育津贴和产假工资不可兼得，即社保中心拨付生育津贴给用人单位，用人单位向职工支付产假工资。

根据《社会保险法》第五十六条"生育津贴按照职工所在用人单位上年度职工月平均工资计发"、《女职工劳动保护特别规定》第八条"女职工产假期间的生育津贴，对已经参加生育保险的，按照用人单位上年度职工月平均工资的标准由生育保险基金支付；对未参加生育保险的，按照女职工产假前工资的标准由用人单位支付"的规定，生育津贴的计算公式应为：用人单位上年度职工月平均工资 ÷30（天）× 假期天数。

员工的产假工资支付方式如下：
- 生育津贴高于职工工资标准的，企业按生育津贴标准支付职工产假工资；
- 生育津贴低于职工工资标准的，企业补足差额部分后支付职工产假工资。

### 六、生育津贴和生育医疗费的税费

根据财税〔2008〕8号《关于生育津贴和生育医疗费有关个人所得税政策的通知》的规定，生育妇女按照县级以上人民政府根据国家有关规定制定的生育保险办法，取得的生育津贴、生育医疗费或其他属于生育保险性质的津贴、补贴，免征个人所得税。

## 06 医疗保险报销

企业和员工共同缴纳的医疗保险属于城镇职工基本医疗保险，它由用人单位和职工按照国家规定共同缴纳基本医疗保险费，建立医疗保险基金，参保人员患病就诊产生医疗费用后，由医疗保险经办机构给予一定的经济补偿，以避免或减轻劳动者因患病、治疗等所带来的经济压力。

以下以北京市城镇职工基本医疗保险为例，说明各种医疗保险常见的问题。

### 一、城镇职工基本医疗保险的构成及报销范围

城镇职工基本医疗保险分为三部分（参见表12-9）：

表12-9　　　　　　　　　城镇职工基本医疗保险的构成

| 构成分类 | 构成说明 | 支付范围 |
| --- | --- | --- |
| 医保个人账户 | 社会保险基金管理中心为每一名员工建立的个人专用账户，由职工个人缴纳的基本医疗保险费和用人单位缴纳的基本医疗保险费的一部分组成。账户资金由社会保险基金管理中心按月拨付，并且资金仅限用于员工支付医疗费用。 | 主要用于支付门诊、急诊的医疗费用；定点零售药店购药费；基本医疗保险统筹基金起付标准以下费用；超过医保统筹基金起付标准，按照比例应当由个人负担的医疗费用以及个人账户不足支付部分。 |
| 大额医疗互助基金 | 主要用于支付大额医疗费用和超过最高支付限额以上的医疗费用。 | 住院治疗的医疗费用；急诊抢救留观并收入住院治疗的，其住院前留观7日内的医疗费用；恶性肿瘤放射治疗和化学治疗、肾透析、肾移植后服抗排异药等门诊医疗费用。 |
| 基本医疗保险基金 | 医疗保险经办机构向参保单位和参保职工筹集用于职工基本医疗保险的专项基金。 | 主要用于按比例支付职工和退休人员在一个年度内累计超过起付标准的门诊、急诊医疗费用和超过基本医疗保险统筹基金最高支付限额（不含起付标准以下以及个人负担部分）的医疗费用。 |

### 二、城镇职工基本医疗保险不予报销的范围

- 在非本人定点医疗机构就诊的，但急诊除外；
- 在非定点零售药店购药的；

- 因交通事故、医疗事故或者其他责任事故造成伤害的；
- 因本人吸毒、打架斗殴或者因其他违法行为造成伤害的；
- 因自杀、自残、酗酒等原因进行治疗的；
- 在国外或者香港、澳门特别行政区以及台湾地区治疗的；
- 按照国家和本市规定应当由个人自付的；
- 挂号费、空调费、取暖费、体检费、病历费、救护车费、整容、矫形费、棉签、一次性中单。

### 三、城镇职工基本医疗保险的报销比例

企业在处理员工的医疗保险费用报销时，应注意：基本医疗保险按照费用类型（住院、门诊）、参保人员类型（在职、退休）、就诊医院等级（一级、二级、三级及社区医院）等设置了不同的起付线、报销比例和报销上限。

### 四、医疗保险费用手工报销的应对

需要手工报销的情况主要包括：
- 未领取社保卡期间、社保卡补（换）卡期间发生的费用；
- 持有社保卡，但参保单位整体欠费，无法使用社保卡；
- 补缴期间享受待遇的三个月内发生的费用无法使用社保卡；
- 异地安置人员在异地发生的费用；
- 急诊未带社保卡就医（本市、外埠）。

企业的人力资源可在每年的12月收集需要手工报销的材料集中为员工办理医疗保险费用的手工报销。

### 五、涉及企业人力资源的医疗保险相关工作内容

企业的人力资源应能够帮助员工处理好表12-10中的医疗保险的相关工作：

表 12-10　　　　　　　企业提供的医疗保险服务工作范围

| 员工状态 | 医疗保险相关常见工作内容 |
| --- | --- |
| 入职 | 办理参保人员增加或新参保人员登记。 |
| 在职 | 向员工宣传医疗保险、社保卡使用的相关常识；<br>办理医疗保险的异地安置；<br>帮助员工领取医保卡；<br>办理医疗保险的补缴或退费；<br>帮助员工办理定点医疗机构的变更；<br>帮助员工办理医保卡的补/换卡手续；<br>办理员工医疗费用的手工报销；<br>办理医疗保险的跨区转移。 |
| 离职 | 办理参保人员减少。 |

## 07 失业金的办理

### 一、失业保险金领取的条件

按照《失业保险条例》第十四条的规定，具备下列条件的失业人员，可以领取失业保险金：

- 按照规定参加失业保险，所在单位和本人已按照规定履行缴费义务满一年的；
- 非因本人意愿中断就业的；
- 已办理失业登记，并有求职要求的。

依据《失业保险金申领发放办法》《劳动法》中的规定，这里的"非因本人意愿中断就业"包括以下情形：

- 终止劳动合同的；
- 被用人单位解除劳动合同的；
- 因用人单位不按规定提供劳动条件，提出解除劳动合同的；
- 因用人单位以暴力、胁迫或者限制人身自由等手段强迫劳动，提出解除劳动合同的；
- 因用人单位克扣、拖欠工资，或者不按规定支付延长工作时间劳动报酬，提出解除劳动合同的；
- 因用人单位低于当地最低工资标准或者集体合同约定的工资标准支付工资，提出解除劳动合同的；
- 因用人单位扣押身份、资质、资历等证件，提出解除劳动合同的；
- 因用人单位未依法缴纳社会保险费，提出解除劳动合同的；
- 法律法规另有规定的。

## 二、失业保险金及失业保险待遇

员工符合失业保险金领取条件的，可以领取失业保险金并享受失业保险待遇。以北京市为例，失业人员可享受表12-11中的待遇：

表12-11　　　　　　　　失业保险待遇服务内容

| 户口类别 | 失业保险金待遇 | 失业保险待遇 |
| --- | --- | --- |
| 本市城镇职工 | 满1年不足2年：3个月；<br>满2年不足3年：6个月；<br>满3年不足4年：9个月；<br>满4年不足5年：12个月；<br>满5年不足7年：15个月；<br>满7年以上：每满一年在15个月基础上增加一个月，但最长不得超过24个月。 | 医疗补助金、生育补助金、丧葬补助金和抚恤金、社保补贴、职业培训与介绍补贴等。 |
| 外埠城镇职工（继续留京的） | 可以一次性领取失业保险金，标准同本市城镇职工。 | |
| 外埠城镇职工（回原籍的） | 办理失业保险跨省转移。 | |
| 农民合同制职工 | 申领农民工一次性生活补助金（每满1年发1个月，最长不超过12个月）。 | |

## 三、失业保险金领取手续

以北京市为例，说明失业保险领取手续：

失业人员与单位终止、解除劳动（聘用）或者工作关系之日起60日内，持与单位终止、解除劳动（聘用）或者工作关系的证明、户口簿、身份证和3张一寸免冠照片到户口所在地的街道、镇劳动和社会保障部门办理失业登记，符合领取失业保险金的，同时办理申领失业保险金手续，并从办理失业登记的次月起，持身份证、《失业保险金领取证》及《求职证》，按月领取失业保险金。因病不能亲自领取的，可委托亲属持失业人员《失业保险金领取证》《求职证》、身份证、医院诊断证明和代领人的身份证代为领取。

外埠城镇人员和农民合同制职工，由职工本人委托原用人单位办理，社保中心将失业金打入原用人单位账户后，由原用人单位转给事业人员。

> **小贴士 Human Resources** 领取失业保险金仅限于法律规定的"非因本人意愿中断就业"的情形，一般员工主动离职且单位无过错时，员工不能享受失业保险待遇。

## 08 公积金的支取

### 一、住房公积金的提取条件

依据《住房公积金管理条例》第二十四条的规定，职工有下列情形之一的，可以提取职工住房公积金账户内的存储余额：

1. 购买、建造、翻建、大修自住住房的；
2. 离休、退休的；
3. 完全丧失劳动能力，并与单位终止劳动关系的；
4. 出境定居的；
5. 偿还购房贷款本息的；
6. 房租超出家庭工资收入的规定比例的。

依照前款第2、3、4项规定，提取职工住房公积金的，应当同时注销职工住房公积金账户。

职工死亡或者被宣告死亡的，职工的继承人、受遗赠人可以提取职工住房公积金账户内的存储余额；无继承人也无受遗赠人的，职工住房公积金账户内的存储余额纳入住房公积金的增值收益。

各地区在上述条件的基础上，对提取条件进一步明确和细化，以北京市为例（参见表12-12）：

表12-12　　　　　领取住房公积金的条件（北京市）

| 分类 | 领取住房公积金需满足条件 |
| --- | --- |
| 房屋类 | 满足以下任一条件：<br>1. 购买、建造、翻建、大修自住住房的；<br>2. 偿还自住住房贷款本息的；<br>3. 房租支出超出家庭工资收入5%的。 |
| 非房屋类 | 满足以下任一条件：<br>4. 离休、退休的；<br>5. 完全丧失劳动能力，并与单位终止劳动关系的；<br>6. 出境定居人员；<br>7. 生活困难，正在领取城镇最低生活保障金的；<br>8. 遇到突发事件，造成家庭生活严重困难的；<br>9. 进城务工人员，与单位解除劳动关系的；<br>10. 在职期间被判处死刑、判处无期徒刑或有期徒刑期满时达到国家法定退休年龄的；<br>11. 死亡或者被宣告死亡的；<br>12. 住房公积金管理委员会规定的其他情形。 |

符合上表第1、2、3、7、8情形提取住房公积金的，配偶可以同时提取本人账户内的住房公积金。

## 二、住房公积金的常见业务内容

人力资源应了解常见的住房公积金业务的办理要点（参见表12-13）：

表 12-13　　　　　　　　住房公积金业务办理要点

| 办理事项 | 办理要点 |
| --- | --- |
| 单位账户开户登记 | 新设立的单位须在设立之日起 30 日内办理。 |
| 单位信息变更 | 自发生变更之日起 30 日内办理。 |
| 单位汇缴 | 单位需按月为全体在职职工缴存和代扣住房公积金；<br>单位往月有漏缴在职职工公积金的需补缴。 |
| 补缴 | 单位缴纳缓缴、应缴未缴的住房公积金及职工漏缴的住房公积金。 |
| 个人账户设立 | 单位办理缴存登记后，为本单位员工办理住房公积金账户设立手续（职工还未设立有任何住房公积金账户）。 |
| 转移和封存（增员、减员） | 职工的住房公积金在管理中心内部不同单位之间的转移，需原用人单位办理减员手续后，在新用人单位办理增员手续。 |
| 个人信息变更 | 个人信息变更指职工个人姓名、证件类型、证件号、储蓄类型、储蓄开户行、储蓄账号的变更；<br>单位经办人可集中办理，职工个人也可自行办理。 |
| 提取和销户 | 职工向所在单位提出申请，并提供相应材料（证明）；<br>用人单位负责办理提取或销户手续。 |

## 09 退出社保体系

员工退休、死亡或出国定居，其社会保险、住房公积金的处理方法如表 12-14 所示：

表12-14 员工退休、死亡或出国定居的社保、公积金处理方法

| | 退 休 | 死 亡 | 出国定居 |
|---|---|---|---|
| 社会保险办理手续 | 1. 退休前一个月，由用人单位到社保中心办理退休手续；<br>2. 退休后停止缴纳社会保险、住房公积金；<br>3. 退休后每月领取养老金、继续享受基本医疗保险待遇。 | 1. 在社保中心办理社会保险减员；<br>2. 用人单位到社保中心办理社会保险的一次性清算。 | |
| 住房公积金办理手续 | 1. 向住房公积金管理中心提供退休证或劳动人事部门批准的离、退休手续等材料；<br>2. 办理销户提取公积金。 | 1. 向住房公积金管理中心提供有继承权、受遗赠权的相关证明材料以及职工死亡证明、提取人身份证等材料；<br>2. 办理销户提取公积金。 | 1. 向住房公积金管理中心提供户口注销证明等材料；<br>2. 办理销户提取公积金。 |

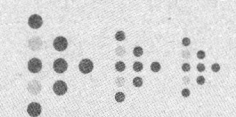

# 第13章
# 工伤处置
## ——谨慎规范操作免纠纷

哪些情形才能被认定为工伤?
工伤认定需要具备哪些条件?
进行工伤认定需要哪些程序?
如何为员工做劳动能力鉴定?
工伤保险待遇报销哪些项目?
特殊情况如何处理工伤保险?
发生工亡都要结清哪些手续?
如何处理工伤职工劳动关系?
企业防范工伤应做哪些工作?

工伤是劳动者在从事职业活动或者与职业活动有关的活动时所遭受的不良因素的伤害和职业病伤害。一旦发生工伤，用人单位承担着对劳动者进行较高经济补偿或赔偿的责任。本章介绍了当发生工伤事故时，企业应采取的规范操作方法，以避免引起不必要的工伤纠纷。

## 01 工伤认定范围

### 一、认定工伤的情形

依据《工伤保险条例》，表 13-1 明确了工伤认定的各种情形：

表 13-1　　认定工伤、视同工伤、不得认定工伤的情形

| 分类 | 认定情形 |
| --- | --- |
| 认定工伤情形 | 第十四条　职工有下列情形之一的，应当认定为工伤：<br>（一）在工作时间和工作场所内，因工作原因受到事故伤害的；<br>（二）工作时间前后在工作场所内，从事与工作有关的预备性或者收尾性工作受到事故伤害的；<br>（三）在工作时间和工作场所内，因履行工作职责受到暴力等意外伤害的；<br>（四）患职业病的；<br>（五）因工外出期间，由于工作原因受到伤害或者发生事故下落不明的；<br>（六）在上下班途中，受到非本人主要责任的交通事故或者城市轨道交通、客运轮渡、火车事故伤害的；<br>（七）法律、行政法规规定应当认定为工伤的其他情形。 |
| 视同工伤情形 | 第十五条　职工有下列情形之一的，视同工伤：<br>（一）在工作时间和工作岗位，突发疾病死亡或者在 48 小时之内经抢救无效死亡的；<br>（二）在抢险救灾等维护国家利益、公共利益活动中受到伤害的； |

续表

| 分类 | 认定情形 |
|---|---|
| | （三）职工原在军队服役，因战、因公负伤致残，已取得革命伤残军人证，到用人单位后旧伤复发的。<br>职工有前款第（一）项、第（二）项情形的，按照本条例的有关规定享受工伤保险待遇；职工有前款第（三）项情形的，按照本条例的有关规定享受除一次性伤残补助金以外的工伤保险待遇。 |
| 不得认定为工伤或者视同工伤的情形 | 第十六条 职工符合本条例第十四条、第十五条的规定，但是有下列情形之一的，不得认定为工伤或者视同工伤：<br>（一）故意犯罪的；<br>（二）醉酒或者吸毒的；<br>（三）自残或者自杀的。 |

当劳动者出现伤害后，其伤害能否被认定为工伤，用人单位应对照上表的情形进行初步判断。除《工伤保险条例》外，在认定工伤时用人单位还应重点参考表13-2中的相关司法解释：

表13-2　　　　　　　工伤认定时需参考的司法解释

| 伤害分类 | 参考司法解释 |
|---|---|
| 事故伤害 | • 劳动部办公厅关于在工作时间发病不作工伤处理的复函（劳办发〔1994〕177号）<br>• 劳动部办公厅关于企业招工考核时发生伤亡事故问题的批复（劳办发〔1995〕153号）<br>• 劳动部办公厅关于在工作时间发病是否可比照工伤处理的复函（劳办发〔1996〕133号）<br>• 劳动部办公厅关于司机工伤认定问题的复函（劳办发〔1996〕271号）<br>• 劳动部办公厅对《关于工伤确认等问题的请示》的复函（劳办发〔1997〕51号）<br>• 劳动和社会保障部办公厅关于职工在工作中遭受他人蓄意伤害是否认定工伤的复函（劳社厅函〔2000〕4号）<br>• 劳动和社会保障部办公厅关于无证驾驶车辆发生交通事故是否认定工伤问题的复函（劳社厅函〔2000〕150号）<br>• 关于实施《工伤保险条例》若干问题的意见（劳社部函〔2004〕256号）<br>• 与工伤保险有关规定处理意见的函（人社厅函〔2011〕339号）<br>• 最高人民法院行政审判庭关于超过法定退休年龄的进城务工农民因工伤亡的，应否适用《工伤保险条例》请示的答复〔（2010）行他字第10号〕 |

续表

| 伤害分类 | 参考司法解释 |
|---|---|
|  | • 人力资源社会保障部关于执行《工伤保险条例》若干问题的意见（人社部发〔2013〕34号）<br>• 最高人民法院《关于审理工伤保险行政案件若干问题的规定》（法释〔2014〕9号） |
| 职业病 | • 卫生部关于对异地职业病诊断有关问题的批复（卫法监发〔2003〕298号）<br>• 卫生部关于职业病诊断有关问题的批复（卫监督发〔2005〕129号）<br>• 卫生部关于职业病诊断机构有关问题的批复（卫监督发〔2005〕298号）<br>• 卫生部关于职业病诊断鉴定工作有关问题的批复（卫监督发〔2006〕429号）<br>• 卫生部关于进一步加强职业病诊断与鉴定管理工作的通知（卫监督发〔2009〕82号）<br>• 卫生部关于职业性牙酸蚀病诊断标准适用有关问题的批复（卫监督函〔2009〕342号）<br>• 国家卫生计生委 人力资源社会保障部安全监管总局 全国总工会关于印发《职业病分类和目录》的通知（国卫疾控发〔2013〕48号） |

## 二、工伤认定的把握要点

概括来说，认定出现的伤害是否属于工伤，应主要把握表13-3中的要点：

表13-3 工伤认定因素

| 认定因素 | 因素说明 |
|---|---|
| 存在劳动关系 | 发生伤害时，用工关系为劳动关系，则按照《工伤保险条例》的规定处理；用工关系为雇佣关系，则依据《关于审理人身损害赔偿案件适用法律若干问题的解释》第十一条，"雇员在从事雇佣活动中遭受人身损害，雇主应当承担赔偿责任"。 |
| 判断"三工"要素（工作时间、工作场所、工作原因）的方法 | 工作时间：认定工伤限于发生在工作时间内的事故伤害；如果是在工作时间以外的事故伤害，一般不构成工伤。<br>工作场所：认定为工伤限于发生在工作场所内的事故伤害；如果是在工作场所以外的事故伤害，一般不构成工伤。<br>工作原因：认定工伤最关键要素是因工作原因受到事故伤害。虽然不在工作时间、工作场所之内，但是只要事故伤害与工作有关，是因执行职务或者业务的原因而发生，也认定为工伤。 |

续表

| 认定因素 | 因素说明 |
|---|---|
| 非"三工"情况的工伤情形 | 职业病：依据《职业病分类和目录》的内容。<br>非"三工"的工伤：依据《工伤保险条例》第十四条第五项、第六项的规定。<br>视同工伤：依据《工伤保险条例》第十五条的规定。 |
| 不得认定为工伤或者视同工伤的情形 | 依据《工伤保险条例》第十六条的规定。 |
| 实行无过错原则 | 对工伤劳动者实行保护性的补偿原则，此原则规定了即使劳动者本人存在一定的过错，仍应按照工伤保险待遇给予补偿。 |
| 用人单位举证原则 | 职工或者其近亲属认为是工伤，用人单位不认为是工伤的，由用人单位承担举证责任。 |

**小贴士 Human Resources**　未参加工伤保险的用人单位如发生工伤，应由该用人单位按照《工伤保险条例》规定的工伤保险待遇项目和标准支付费用。用人单位参加工伤保险并补缴应当缴纳的工伤保险费、滞纳金后，由工伤保险基金和用人单位依照《工伤保险条例》的规定支付新发生的费用。

### 三、特殊用工情形的工伤处理

表13-4中列举了特殊用工形式的工伤处理方法：

表13-4　　　　　　　　特殊用工形式的工伤处理方法

| 特殊用工情形 | 工伤处理方法 |
|---|---|
| 退休返聘员工 | 劳动者与用人单位形成的用工关系，按雇佣关系处理。雇员在从事雇佣活动中遭受人身损害，雇主应当承担赔偿责任。雇佣关系以外的第三人造成雇员人身损害的，赔偿权利人可以请求第三人承担赔偿责任，也可以请求雇主承担赔偿责任。雇主承担赔偿责任后，可以向第三人追偿。 |
| 借调员工 | 职工被借调期间受到工伤事故伤害的，由原用人单位承担工伤保险责任，但原用人单位与借调单位可以约定补偿办法。 |
| 非全日制用工 | 用人单位应当按照国家有关规定为建立劳动关系的非全日制劳动者缴纳工伤保险费。从事非全日制工作的劳动者发生工伤，依法享受工伤保险待遇。 |

续表

| 特殊用工情形 | 工伤处理方法 |
| --- | --- |
| 劳务派遣员工 | 给被派遣劳动者造成损害的,劳务派遣单位和用工单位承担连带赔偿责任。 |
| 农民工 | 用人单位应当按照国家有关规定为建立劳动关系的农民工缴纳工伤保险费。农民工发生工伤,依法享受工伤保险待遇。对跨省流动的农民工,1级至4级伤残长期待遇的支付,农民工可选择一次性支付和长期支付两种方式。 |

## 02 工伤认定程序

开展工伤认定程序时,用人单位应把握好表13-5中的要点:

表13-5　　　　　　　　工伤认定程序中的操作要点

| 分类 | 工伤认定程序中的操作要点 |
| --- | --- |
| 认定机构 | 用人单位所在统筹地区社会保险行政部门。 |
| 申请主体 | • 用人单位。<br>• 工伤职工或者其近亲属、工会组织。 |
| 申请时限 | • 起始计算日期:自事故伤害发生之日或者被诊断、鉴定为职业病之日开始计算。<br>• 用人单位申请:30日内。<br>• 工伤职工或者其近亲属、工会组织:1年内(前提为用人单位未申请)。 |
| 未按期申请后果 | • 用人单位未在规定的时限内提交工伤认定申请,在此期间发生的工伤待遇等有关费用由该用人单位负担。 |
| 申请材料 | • 工伤认定申请表。<br>• 与用人单位存在劳动关系(包括事实劳动关系)的证明材料。<br>• 医疗诊断证明或者职业病诊断证明书(或者职业病诊断鉴定书)。<br>• 工伤认定申请表应当包括事故发生的时间、地点、原因以及职工伤害程度等基本情况。<br>• 工伤认定申请人提供材料不完整的,社会保险行政部门应当一次性书面告知工伤认定申请人需要补正的全部材料。申请人按照书面告知要求补正材料后,社会保险行政部门应当受理。 |

续表

| 分类 | 工伤认定程序中的操作要点 |
|---|---|
| 认定机构受理时限 | • 判断是否受理的时限：15日内对申请人提交的材料进行审核，材料完整的，作出受理或者不予受理的决定；材料不完整的，应当以书面形式一次性告知申请人需要补正的全部材料。<br>• 一般情况的时限：60日内作出工伤认定的决定。<br>• 事实清楚、权利义务明确情况的时限：15日内作出工伤认定的决定。 |
| 不服认定的处理方法 | • 不服认定的内容：申请工伤认定的职工或者其近亲属、该职工所在单位对工伤认定申请不予受理的决定不服的；申请工伤认定的职工或者其近亲属、该职工所在单位对工伤认定结论不服的；工伤职工或者其近亲属对经办机构核定的工伤保险待遇有异议的。<br>• 处理方式：有关单位或者个人可以依法申请行政复议，也可以依法向人民法院提起行政诉讼。 |

## 03 工伤保险待遇

### 一、工伤保险待遇构成与承担主体

工伤保险待遇由工伤保险基金和用人单位共同承担，具体承担内容参见表13-6。

表13-6　　　　　　　　　　工伤保险待遇一览表

| 承担主体 | 费用分类 | 备注 |
|---|---|---|
| 工伤保险基金支付 | 医疗费用 | 需符合工伤保险诊疗项目目录、工伤保险药品目录、工伤保险住院服务标准。 |
| | 康复费用 | 需到签订服务协议的医疗机构进行工伤康复，符合规定的费用。 |
| | 辅助器具费用 | 包括安装假肢、矫形器、假眼、假牙和配置轮椅等。需到签订服务协议的辅助器具配置机构进行，符合规定的费用。 |
| | 伙食补助费用 | 分统筹区内和统筹区外，标准有所不同。 |

续表

| 承担主体 | 费用分类 | 备注 |
|---|---|---|
| | 到统筹地区以外就医所需的交通、食宿费用 | 各地规定有所不同。 |
| | 生活护理费 | 生活护理费按照生活完全不能自理、生活大部分不能自理或者生活部分不能自理3个不同等级支付，其标准分别为统筹地区上年度职工月平均工资的50%、40%或者30%。 |
| | 一次性伤残补助金 | 以本人一个月工资为基数，一级伤残：27个月；二级伤残：25个月；三级伤残：23个月；四级伤残：21个月；五级伤残：18个月；六级伤残：16个月；七级伤残：13个月；八级伤残：11个月；九级伤残：9个月；十级伤残：7个月。 |
| | 伤残津贴 | 一至四级伤残按月享受伤残津贴直至退休；伤残津贴以本人工资为基数，一级伤残：90%；二级伤残：85%；三级伤残：80%；四级伤残：75%，伤残津贴实际金额低于当地最低工资标准的，由工伤保险基金补足差额。 |
| | 一次性工伤医疗补助金 | 五至六级伤残，工伤职工本人提出可解除劳动关系，享受一次性工伤医疗补助金；七至十级伤残，合同期满终止，或者职工本人提出可解除劳动关系，享受一次性工伤医疗补助金；补助金标准各地自行规定。 |
| | 丧葬补助金、供养亲属抚恤金和一次性工亡补助金 | 职工因工死亡，其近亲属可享受；丧葬补助金为6个月的统筹地区上年度职工月平均工资；一次性工亡补助金标准为上一年度全国城镇居民人均可支配收入的20倍；供养亲属抚恤金标准：以职工本人工资为基数，配偶每月40%，其他亲属每人每月30%，孤寡老人或者孤儿每人每月在上述标准的基础上增加10%，核定的各供养亲属的抚恤金之和不应高于因工死亡职工生前的工资。 |
| | | 伤残职工在停工留薪期内因工伤导致死亡的，其近亲属享受丧葬补助金、供养亲属抚恤金和一次性工亡补助金；一级至四级伤残职工在停工留薪期满后死亡的，其近亲属可以享受丧葬补助金和供养亲属抚恤金。 |
| | 劳动能力鉴定费 | 初次鉴定费用由工伤保险基金支付；再次鉴定、复查鉴定费用，由申请人垫付，如鉴定结果与初次鉴定一致则由申请人承担，如与初次鉴定的结论不一致，则鉴定费用由工伤保险基金承担。 |

续表

| 承担主体 | 费用分类 | 备 注 |
|---|---|---|
| 用人单位支付 | 停工留薪期内的工资及福利待遇 | 停工留薪期内，原工资福利待遇不变；停工留薪期一般不超过12个月，伤情严重或者情况特殊，可以适当延长，但延长不得超过12个月；评定伤残等级后，停发原待遇，开始享受伤残待遇。 |
| | 停工留薪期内的护理 | 生活不能自理的工伤职工在停工留薪期需要护理的，由用人单位负责。 |
| | 一次性伤残就业补助金 | 五至六级伤残，工伤职工本人提出可解除劳动关系，享受一次性伤残就业补助金；七至十级伤残，合同期满终止，或者职工本人提出可解除劳动关系，享受一次性伤残就业补助金；补助金标准各地自行规定。 |
| | 伤残津贴 | 五至六级伤残如企业难以安排工作，则按月享受伤残津贴；伤残津贴以本人工资为基数，五级伤残：70%；六级伤残：60%，伤残津贴实际金额低于当地最低工资标准的，由工伤保险基金补足差额。 |

### 二、停止享受工伤待遇的三种情形

当工伤职工出现下列情形时，则停止享受工伤待遇：

- 丧失享受待遇条件的；
- 拒不接受劳动能力鉴定的；
- 拒绝治疗的。

### 三、特殊情况工伤保险待遇的处理

- 用人单位分立、合并、转让的，承继单位应当承担原用人单位的工伤保险责任；原用人单位已经参加工伤保险的，承继单位应当到当地经办机构办理工伤保险变更登记。
- 用人单位实行承包经营的，工伤保险责任由职工劳动关系所在单位承担。
- 职工被借调期间受到工伤事故伤害的，由原用人单位承担工伤保险责任，但原用人单位与借调单位可以约定补偿办法。
- 企业破产的，在破产清算时依法拨付应当由单位支付的工伤保险待遇费用。

- 职工被派遣出境工作，依据前往国家或者地区的法律应当参加当地工伤保险的，参加当地工伤保险，其国内工伤保险关系中止；不能参加当地工伤保险的，其国内工伤保险关系不中止。
- 职工再次发生工伤，根据规定应当享受伤残津贴的，按照新认定的伤残等级享受伤残津贴待遇。

### 四、工亡职工待遇结算示例

表 13-7 说明发生工亡后，用人单位应结清的各类工伤待遇内容：

表 13-7　　　　工亡的社保、公积金结算方法及承担主体

| 处置项目 | 费用结算方法 | 承担主体 |
| --- | --- | --- |
| 丧葬补助金 | 6个月的统筹地区上年度职工月平均工资 | 工伤保险基金 |
| 供养亲属抚恤金 | 以职工本人工资为基数，配偶每月40%，其他亲属每人每月30%，孤寡老人或者孤儿每人每月在上述标准的基础上增加10%，各供养亲属的抚恤金之和不应高于因工死亡职工生前的工资 | 工伤保险基金 |
| 一次性工亡补助金 | 上一年度全国城镇居民人均可支配收入的20倍 | 工伤保险基金 |
| 基本养老保险个人部分 | 清算个人账户 | 养老保险账户 |
| 基本医疗保险个人余额 | 清算个人账户 | 医疗保险账户 |
| 住房公积金余额 | 清算个人账户 | 公积金账户 |
| 投保的商业保险 | 向保险公司办理理赔手续 | 保险公司 |
| 企业年金 | 清算个人账户 | 企业年金账户 |

## 04　劳动能力鉴定

发生工伤后，如经治疗伤情相对稳定后存在残疾、影响劳动能力的，则应当进行劳动能力鉴定。劳动能力鉴定，是确定工伤赔偿标准的主要依据。

在进行劳动能力鉴定时，用人单位应把握好表 13-8 中的要点：

表 13-8　　　　　　　　　劳动能力鉴定时的操作要点

| 分类 | 劳动能力鉴定时的操作要点 |
| --- | --- |
| 法律依据 | • 《工伤保险条例》<br>• 《工伤职工劳动能力鉴定管理办法》 |
| 鉴定组织 | 劳动能力鉴定委员会 |
| 鉴定内容 | 劳动功能障碍程度和生活自理障碍程度，其中：<br>• 劳动功能障碍分为十个伤残等级，最重的为一级，最轻的为十级<br>• 生活自理障碍分为三个等级：生活完全不能自理、生活大部分不能自理和生活部分不能自理 |
| 伤残等级标准 | 《劳动能力鉴定　职工工伤与职业病致残等级》（GB/T16180-2006） |
| 申请主体 | • 用人单位<br>• 或工伤职工或者其近亲属 |
| 申请时间 | 经治疗伤情相对稳定后存在残疾、影响劳动能力的，或者停工留薪期满（含劳动能力鉴定委员会确认的延长期限），工伤职工或者其用人单位应当及时向设区的市级劳动能力鉴定委员会提出劳动能力鉴定申请，各地区对此有不同的申请时限要求，当事人应注意在申请时限内提交申请 |
| 递交材料 | • 《工伤认定决定书》原件和复印件<br>• 有效的诊断证明、按照医疗机构病历管理有关规定复印或者复制的检查、检验报告等完整病历材料<br>• 工伤职工的居民身份证或者社会保障卡等其他有效身份证明原件和复印件<br>• 劳动能力鉴定委员会规定的其他材料 |
| 鉴定期限 | • 自收到劳动能力鉴定申请之日起 60 日内<br>• 情况复杂的，可再延长 30 日 |
| 鉴定时间地点 | 劳动能力鉴定委员会应当提前通知工伤职工进行鉴定的时间、地点以及应当携带的材料，工伤职工应当按照通知的时间、地点参加现场鉴定，对行动不便的工伤职工，劳动能力鉴定委员会可以组织专家上门进行劳动能力鉴定 |
| 不服鉴定的处理方法 | • 再次鉴定：申请鉴定的当事人对设区的市级劳动能力鉴定委员会作出的鉴定结论不服的，可以在收到该鉴定结论之日起 15 日内向省、自治区、直辖市劳动能力鉴定委员会提出再次鉴定申请<br>• 最终结论：省、自治区、直辖市劳动能力鉴定委员会作出的再次鉴定结论为最终结论 |
| 复查鉴定 | 自劳动能力鉴定结论作出之日起 1 年后，工伤职工或者其近亲属、所在单位或者经办机构认为伤残情况发生变化的，可以申请劳动能力复查鉴定 |

## 05 工伤职工权利

用人单位在处理工伤职工的劳动关系时，务必做到严格依法谨慎处理。表 13-9 说明了用人单位在处理工伤职工劳动关系时应把握的一些要点：

表 13-9　　　　　　　　　工伤职工的劳动关系处理方式

| 劳动关系 | 劳动者权利 | 用人单位权利 |
| --- | --- | --- |
| 解除权利 | "从事接触职业病危害作业的劳动者未进行离岗前职业健康检查，或者疑似职业病病人在诊断或者医学观察期间的；在本单位患职业病或者因工负伤并被确认丧失或者部分丧失劳动能力的"，用人单位不得依据《劳动合同法》第四十条、第四十一条解除劳动关系。 | 用人单位可依据《劳动合同法》第三十九条解除劳动关系。 |
| 保留权利 | 伤残等级 1-4 级工伤职工，退出岗位，劳动关系保留至退休；伤残等级 5-6 级工伤职工，劳动关系保留，单位安排工作，不能安排工作的，每月支付伤残津贴。 | 伤残等级 7-10 级的工伤职工，劳动合同期满即可终止劳动合同，不需要保留劳动关系。 |

## 06 防范工伤策略

以下总结了用人单位在防范工伤风险中，如何更好地承担起社会责任和义务的一些有效措施：

- 依法为员工缴纳工伤保险，防范工伤赔付风险；
- 对员工加强各类安全教育，制定并实施严格的安全操作规程；
- 严格按照工伤申报、劳动能力鉴定等的时效要求在相关部门办理手续；
- 为未缴纳工伤保险的员工，如退休返聘员工、实习生等购买雇主责任险；
- 为全体员工购买医疗补充险、意外伤害险等商业保险分担用人单位经济风险；
- 对员工培训工伤方面的法律常识，保留申请工伤认定的证据材料，如上下班途中遇到交通事故，要及时取得交通事故责任认定书等；
- 选择合理的用工形式，通过与搬家公司、家政公司、保安公司、装修公司等专业公司建立服务关系，减少与临时性用工岗位、存在人身损害隐患的特殊岗位、家政服务等岗位建立劳动关系。

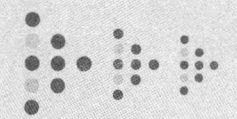

# 第 14 章

# 员工福利

## ——法定福利外的人心支持

企业常见的员工福利项目有哪些?

税收政策对员工福利有哪些支持?

企业如何提供员工定期体检福利?

各类员工商业保险都在保障什么?

开展员工互助基金的要点有哪些?

员工自主福利包都包含什么内容?

员工福利是现代企业管理中提高员工满意度、打造雇主品牌的重要手段之一。薪资水平反映的是短期内人才资源市场供求关系的博弈结果，是企业对员工劳动的肯定；而员工福利则代表着企业对员工的长期承诺，是企业对员工重视程度的体现。

本章介绍了企业最常见的福利内容和操作要点，并对几种福利进行了详细介绍。本章提到的福利主要是指除法律、行政法规强制要求企业提供的福利（如社会保险、住房公积金、带薪休假、劳动保护等）以外，由用人单位自行为员工提供的常见福利措施。

## 01 员工福利清单

### 一、员工福利的内容

员工福利是企业为员工提供的非工资收入福利的一揽子计划，其所包含的项目内容由企业根据自身实际情况加以选择和实施。

员工福利按内容可以分为保险保障、退休计划、带薪假期、教育津贴等，按照是否属于法定强制性要求则可分为法定福利和企业福利。法定福利是依据法律、行政法规的要求，企业须向员工提供的福利，如养老保险、医疗保险、失业保险、工伤保险、生育保险、住房公积金、病假、产假、丧假、婚假、探亲假等政府明文规定的福利制度，还有安全保障福利、独生子女奖励等。企业福利是企业根据自身特点有目的、有针对性地设置的一些符合企业实际情况的福利，按照福利享受范围的不同，还可以进一步细分为全员享受的"统一福利"和按照员工定制的"个性化福利"。

## 二、常见员工福利内容及操作要点

表14-1列出了常见的一些福利项目及参考操作要点：

表14-1 常见福利项目及其操作要点

| 序号 | 福利项目 | 福利形式 | 适用范围 | 操作要点 |
|---|---|---|---|---|
| 1 | 高温津贴 | 每月定额或按照高温天数计算 | 向需在高温下工作的员工发放，或在暑期向全体员工发放 | 法定福利，不得低于企业当地政府劳动保护要求中的标准；津贴不纳入最低工资标准。 |
| 2 | 夜班津贴 | 按夜班天数计算津贴 | 夜班员工 | 法定福利，不得低于企业当地政府劳动保护要求中的标准；津贴不纳入最低工资标准。 |
| 3 | 年休假 | 企业统一安排休假，或与员工协商后安排 | 全体员工 | 法定福利，企业可在法律规定的年休假基础上增加企业年休假；企业应制定年休假的管理制度；如出现应休未休应对员工及时进行经济补偿。 |
| 4 | 司龄津贴 | 每月发放司龄工资 | 全体员工 | 司龄满一年后可享受；按照司龄长短制定司龄工资。 |
| 5 | 全勤奖 | 发放全勤奖 | 全勤员工 | 对于全勤员工可按月或按年进行奖励；设置全勤奖不能限制员工的正常休假。 |
| 6 | 免费班车 | 设置常用线路接送员工上下班 | 全体员工 | 可通过包车形式降低管理成本。 |
| 7 | 交通补助 | 每月定额 | 全体员工 | 按岗位、级别制定补助标准。 |
| 8 | 油费补助 | 每月定额 | 私车公用的员工 | 按岗位、级别制定补助标准。 |
| 9 | 餐费补助 | 提供工作餐或按工作日、定额标准计算补助 | 全体员工 | 缺勤、休假不享受。 |
| 10 | 通讯补助 | 每月定额或在限额内实报实销 | 全体员工 | 按岗位、级别制定补助标准。 |
| 11 | 住房补贴 | 提供宿舍或每月提供固定金额的住房补贴 | 需较长时间调离原工作地点的员工 | 按岗位、级别制定补助标准。 |

续表

| 序号 | 福利项目 | 福利形式 | 适用范围 | 操作要点 |
|---|---|---|---|---|
| 12 | 购车、购房无息贷款 | 为购车、购房的员工提供无息贷款 | 司龄满一定年限的员工 | 员工需与企业签订服务期协议;按服务期制定贷款额度上限;每月从工资中扣除还款额。 |
| 13 | 员工定期体检 | 每年组织一次 | 全体员工 | 体检项目可按照年龄、性别、职业特点等进行差异化设置;可结合员工较集中的健康问题组织健康讲座。 |
| 14 | 商业补充险 | 向员工提供医疗补充险、意外伤害险保障 | 全体员工 | 商业补充险可扩展到员工直系亲属范围。 |
| 15 | 培训补贴 | 按照不同培训项目设定培训报销定额标准 | 全体员工,或企业拟进一步培养的员工 | 试用期不享受;企业设定可享受补助的培训项目范围;员工需与企业签订服务期协议。 |
| 16 | 节假日福利 | 在节假日前夕发放礼品、购物卡 | 全体员工 | 春节、端午、中秋等传统节日固定发放,其他节假日可选择性发放。 |
| 17 | 年会 | 每年春节或财年前后组织全公司范围的集体活动 | 全体员工 | 形式可以为聚餐、旅游、娱乐休闲等;注重营造集体氛围。 |
| 18 | 员工慰问金 | 发放慰问金或礼品 | 全体员工 | 员工遇婚事、丧事、生育、住院等情况时发放,并尽量安排探望。 |
| 19 | 生日福利 | 每月集中举行庆祝活动、发放贺卡和礼品 | 全体员工 | 每月根据员工生日提前准备。 |
| 20 | 集体旅游 | 每年固定组织 | 全体员工 | 应避免风险较高的旅游项目,必须购买旅游意外险或意外险。 |
| 21 | 体育活动 | 提供健身场地、健身器材,并定期组织集体体育活动;或发放健身卡 | 全体员工 | 应避免组织容易受伤的体育项目活动;可定期组织体育比赛,增强团队凝聚力。 |
| 22 | 家庭活动日 | 定期组织员工家庭聚餐或郊游 | 全体员工 | 通常设置介绍企业发展、答谢员工家属、家庭才艺表演、互动活动抽奖等环节。 |

续表

| 序号 | 福利项目 | 福利形式 | 适用范围 | 操作要点 |
|---|---|---|---|---|
| 23 | 开工红包 | 春节后上班第一天发放 | 按时开工的员工 | 由管理人员逐一问候员工并现场派发红包。 |
| 24 | 内部产品和服务促销 | 员工每年可以优惠价格享受企业的产品和服务 | 全体员工 | 制定每年可享受产品和服务的优惠上限;试用期不享受。 |
| 25 | 企业年金 | 企业和员工每月定期缴纳 | 自愿参加的员工 | 员工自愿参加,退休后领取;企业和员工共同缴纳。 |
| 26 | 员工互助基金 | 受困员工申请后可享受 | 参加互助基金的员工 | 基金由员工自愿缴纳和企业拨款两部分构成;员工自愿参加并定期缴费后可享受互助基金;互助基金的参加、申请、领取等制度应公开透明。 |
| 27 | 员工援助计划 | 由专业人士帮助员工及其家庭成员解决心理和行为问题 | 全体员工 | 由内部或外部专业人士提供服务;服务内容主要包括帮助员工及其家人解决健康问题、人际关系、家庭关系、经济问题、情感困扰、法律问题、焦虑、酗酒、药物成瘾、工作要求、工作公平感、工作关系、欺负与威吓、家庭/工作平衡、工作压力等。 |
| 28 | 弹性工作制 | 采取灵活的上下班时间制度 | 全体员工 | 适合以目标为导向的管理方式;制造型企业通常不适用。 |

## 三、税收政策对企业福利的支持

国家针对企业福利支出方面在税收政策上给予了很大的支持,企业应结合税收政策合理调整薪酬、福利的比例结构,以降低企业的福利支出成本。

目前,关于福利在税收方面的政策条款主要包括表 14-2 中所列内容:

表 14-2　　　　　　　　税收政策对企业福利的支持条款

| 福利项目 | 法律、行政法规条款内容 | 福利可占工资比例 |
| --- | --- | --- |
| 福利费 | 《企业所得税法实施条例》第四十条：企业发生的职工福利费支出，不超过工资薪金总额14%的部分，准予扣除。 | 14% |
| 工会费 | 《企业所得税法实施条例》第四十一条：企业拨缴的工会经费，不超过工资薪金总额2%的部分，准予扣除。 | 2% |
| 教育经费 | 《企业所得税法实施条例》第四十二条：除国务院财政、税务主管部门另有规定外，企业发生的职工教育经费支出，不超过工资薪金总额2.5%的部分，准予扣除；超过部分，准予在以后纳税年度结转扣除。 | 2.5% |
| 补充养老保险费、补充医疗保险费 | 财政部、国家税务总局《关于补充养老保险费、补充医疗保险费有关企业所得税政策问题的通知》：自2008年1月1日起，企业根据国家有关政策规定，为在本企业任职或者受雇的全体员工支付的补充养老保险费、补充医疗保险费，分别在不超过职工工资总额5%标准内的部分，在计算应纳税所得额时准予扣除；超过的部分，不予扣除。 | 5%×2 |
| 合计 | | 28.5% |

从上表可以看出，与福利相关的费用支出可占企业工资总额比例的28.5%，企业可据此减少企业所得税税费支出。

## 02　员工商业保险

随着企业降低用工风险、提高福利保障意识的不断增强，企业主动为员工购买商业保险的情形越来越多，以下对常见的员工商业保险进行了归纳总结：

表 14-3　　　　　　　　　　　　　　团体意外险

| 保险名称 | 团体意外险 |
|---|---|
| 保障责任 | 是以被保险人的身体作为保险标的，以被保险人因遭受意外伤害而造成的死亡、残疾、医疗费用支出或暂时丧失劳动能力为给付保险金条件的保险 |
| 投保人 | 用人单位 |
| 被保险人 | 员工 |
| 适合员工 | 全体员工 |
| 保障目的 | 员工福利，提高员工忠诚度 |

表 14-4　　　　　　　　　　　　　　交通意外险

| 保险名称 | 交通意外险 |
|---|---|
| 保障责任 | 以被保险人的身体为保险标的，以被保险人作为乘客在乘坐大众客运交通工具期间因遭受意外伤害事故，导致身故、残疾、医疗费用支出等为给付保险金条件的保险。主要包括火车、飞机、轮船、汽车、地铁等交通工具 |
| 投保人 | 用人单位 |
| 被保险人 | 员工 |
| 适合员工 | 需经常外勤、出差的员工 |
| 保障目的 | 员工福利，提高员工忠诚度 |

表 14-5　　　　　　　　　　　　　　旅游意外险

| 保险名称 | 旅游意外险 |
|---|---|
| 保障责任 | 被保险人在保险期限内，在出差或旅游的途中因意外事故导致死亡或伤残，或保障范围内其他的保障项目，保险人应承担的保险责任 |
| 投保人 | 用人单位 |
| 被保险人 | 员工 |
| 适合员工 | 用人单位组织集体旅游的员工 |
| 保障目的 | 员工福利，提高员工忠诚度 |

表 14-6　　　　　　　　　　　　　补充医疗险

| 保险名称 | 补充医疗险 |
|---|---|
| 保障责任 | 对企业按规定参加当地基本医疗保险，对城镇职工基本医疗保险制度支付的待遇以外，对员工个人负担的医药费用的适当补助，减轻参保员工的医疗费负担 |
| 投保人 | 用人单位 |
| 被保险人 | 员工 |
| 适合员工 | 全体员工 |
| 保障目的 | 员工福利，提高员工忠诚度 |

表 14-7　　　　　　　　　　　　　雇主责任险

| 保险名称 | 雇主责任险 |
|---|---|
| 保障责任 | 由用人单位投保，保障其员工在受雇工作期间遭受意外而受伤、死亡或患与工作有关的职业性疾病所致死亡或伤残，雇主因此而须负责的医药费、诉讼费及经济赔偿责任 |
| 投保人 | 用人单位 |
| 被保险人 | 用人单位 |
| 适合员工 | 全体员工，也可仅针对间接用工、短期工、临时工、季节工、徒工、实习生、退休回聘等情况 |
| 保障目的 | 转嫁企业用工责任 |

> **小贴士　Human Resources**
>
> 为员工实施商业保险计划，是企业打造雇主品牌、吸引优秀人才的有效手段。企业可以以较低的成本，为员工提供高额的各项综合保障。

## 03 员工互助基金

员工互助基金,是近年来大中型企业采用较多的一种福利形式。它一般由企业主导,鼓励员工自愿参与,通过建立互助基金的形式,为受困员工提供救助资金支持。这种员工互助的形式,可以更好地让员工体会到集体的团结互助企业文化。

表14-8说明了员工互助基金的参考操作要点:

表 14-8　　员工互助基金操作要点

| | |
|---|---|
| 基金筹集来源 | • 企业拨款设立启动资金;<br>• 员工自愿参加并定期缴纳会费;<br>• 企业按员工缴纳会费总额的一定比例进行出资。 |
| 基金救助范围 | • 参加互助基金的员工。 |
| 基金管理方法 | • 基金管理委员会由员工代表选举组织;<br>• 财务部门在银行开设员工互助基金专门账户,基金实行专账核算、专款专用、专项管理,并按照相关会计和财务制度进行核算和管理。 |
| 基金救助范围 | • 员工本人或直系亲属因患重大疾病或意外伤害需要救助的;<br>• 员工家庭因意外灾害等不可抗力原因造成严重生活困难的;<br>• 员工非工伤伤残而需要经济救助的;<br>• 员工因见义勇为而受伤害需要救助的;<br>• 贫困家庭助学。 |
| 救助操作流程 | 申请、审核、公示、批准、支付、监管。 |

## 04 自助式福利包

传统的员工福利制度是固定的、类似的,无法满足员工个性化、多样化需求,福利开支的资金使用效率往往不高,员工对整体福利的满意度也相对较低。而自助式福利包则是由企业提供一份各种福利项目的"菜单"，由员工自主选择所需的福利项目。同时，企业根据员工的岗位级别、工作绩效、司龄等设定每名员工可享受的福利总额。自助式福利可以使企业在不增加额外福利预算的情况下，保证员工的高满意度。在实际操作中，自助式福利包是激励企业骨干力量的有效手段之一。

在第三方福利平台出现之前，自助式福利因操作较为复杂，往往仅限于大中型企业使用。企业在涉及自助式福利方案时，一般需包括如下几部分内容：

- 开展福利需求调查，确定企业实施的福利种类、项目、层次；
- 为各福利项目制定"价格"，并用虚拟的福利点数代替福利项目的价格；
- 制定员工取得福利点数的规则，如根据员工资历、绩效考核结果；
- 设计特殊情况的福利点数处理规则，如员工离职的福利点数处理、员工福利点数预支办法等；
- 员工利用福利点数自助"购买"福利项目，企业提供相应的福利项目。

第三方福利平台可以实现在统一的平台上管理企业的所有福利项目，由企业发放福利点数到员工个人账户，员工可自行使用福利点数兑换各种福利项目。第三方福利平台的福利项目有：

- 将福利点数转换为企业年金，享受年金理财带来的福利；
- 主动向员工推送生日、节日的礼品、庆祝服务；
- 提供向员工家属的关爱服务平台；
- 兑换主流电商的电子消费券；
- 进行各种公共事业的缴费；
- 提供礼品商城购买平台；
- 提供慈善公益捐助平台；
- 提供信用卡还款服务；
- 兑换各类保险服务；
- 兑换各类体检套餐；
- 兑换各类健身服务；
- 兑换各类旅游产品。

# 附录1：人力资源相关法律法规索引

从事人力资源工作，第一要做到的就是知法懂法用法，能够依据相关的法律、行政法规来制定、梳理、完善、调整本企业的制度。下表列出了与人力资源相关的主要法律、行政法规和司法解释（不含地方性法规）清单。

| 序号 | 分类 | 名称 | 颁布单位 | 最新版施行日期 |
|---|---|---|---|---|
| 1 | 法律 | 《劳动法》 | 全国人大常委会 | 1995年1月1日 |
| 2 | 行政法规 | 《集体合同规定》 | 原劳动和社会保障部 | 2004年5月1日 |
| 3 | 法律 | 《劳动合同法》 | 全国人大常委会 | 2013年7月1日 |
| 4 | 行政法规 | 《劳动合同法实施条例》 | 国务院 | 2008年9月18日 |
| 5 | 部门规章 | 《劳务派遣暂行规定》 | 人力资源和社会保障部 | 2014年3月1日 |
| 6 | 法律 | 《劳动争议调解仲裁法》 | 全国人大常委会 | 2008年5月1日 |
| 7 | 司法解释 | 《关于审理劳动争议案件适用法律若干问题的解释（一）》 | 最高人民法院 | 2001年4月30日 |
| 8 | 司法解释 | 《关于审理劳动争议案件适用法律若干问题的解释（二）》 | 最高人民法院 | 2006年10月1日 |
| 9 | 司法解释 | 《关于审理劳动争议案件适用法律若干问题的解释（三）》 | 最高人民法院 | 2010年9月13日 |
| 10 | 司法解释 | 《关于审理劳动争议案件适用法律若干问题的解释（四）》 | 最高人民法院 | 2013年2月1日 |
| 11 | 行政法规 | 《劳动保障监察条例》 | 国务院 | 2004年12月1日 |

续表

| 序号 | 分类 | 名称 | 颁布单位 | 最新版施行日期 |
|---|---|---|---|---|
| 12 | 部门规章 | 《关于实施〈劳动保障监察条例〉若干规定》 | 原劳动和社会保障部 | 2005年2月1日 |
| 13 | 法律 | 《社会保险法》 | 全国人大常委会 | 2011年7月1日 |
| 14 | 行政法规 | 《工伤保险条例》 | 国务院 | 2011年1月1日 |
| 15 | 部门规章 | 《工伤认定办法》 | 人力资源和社会保障部 | 2011年1月1日 |
| 16 | 行政法规 | 《住房公积金管理条例》 | 国务院 | 2002年3月24日 |
| 17 | 部门规章 | 《工资支付暂行规定》 | 原劳动部 | 1995年1月1日 |
| 18 | 部门规章 | 《最低工资规定》 | 原劳动和社会保障部 | 2004年3月1日 |
| 19 | 法律 | 《个人所得税法》 | 全国人大常委会 | 2019年1月1日 |
| 20 | 行政法规 | 《个人所得税专项附加扣除暂行办法》 | 国务院 | 2019年1月1日 |
| 21 | 行政法规 | 《女职工劳动保护特别规定》 | 国务院 | 2012年4月28日 |
| 22 | 行政法规 | 《残疾人就业条例》 | 国务院 | 2007年5月1日 |
| 23 | 法律 | 《就业促进法》 | 全国人大常委会 | 2008年1月1日 |
| 24 | 行政法规 | 《全国年节及纪念日放假办法》 | 国务院 | 2014年1月1日 |
| 25 | 行政法规 | 《职工带薪年休假条例》 | 国务院 | 2008年1月1日 |
| 26 | 部门规章 | 《企业职工带薪年休假实施办法》 | 人力资源和社会保障部 | 2008年9月18日 |
| 27 | 法律 | 《工会法》 | 全国人大常委会 | 2001年10月27日 |

# 附录 2：员工管理相关制度参考清单

下表列出了常见的企业人力资源相关制度清单，企业可以以此为基础建立整套的人力资源制度体系。

**人力资源体系的配套制度清单**

| 分类 | 制度清单 | 配套表单 |
| --- | --- | --- |
| 人力资源规划 | 人力资源规划管理制度<br>人力资源管理预算制度<br>员工晋升管理规定<br>岗位轮换管理办法 | 人员需求预测表<br>人员编制调整表<br>岗位增补申请表<br>人员增补申请表<br>人才储备登记表<br>人员岗位变动申请表<br>员工异动申请表 |
| 招聘与配置 | 内部竞聘管理制度<br>外部招聘管理制度<br>员工聘用管理办法<br>管理人员录用办法<br>招聘面试管理制度<br>招聘与录用管理制度 | 招聘工作计划表<br>应聘人员登记表<br>人员面试记录表<br>面试成绩评定表 |
| 培训与开发 | 新员工培训制度<br>岗前人员培训制度<br>在职人员培训制度<br>外派员工培训制度 | 新员工培训计划表<br>新员工培训评定表<br>员工培训申请表<br>员工培训评估表<br>员工培训档案表 |

续表

| 分类 | 制度清单 | 配套表单 |
| --- | --- | --- |
| 绩效管理 | 基层员工绩效考核管理制度<br>中高层人员绩效管理制度 | 部门绩效考核指标表<br>月度绩效考核表<br>年度绩效考核表<br>员工绩效考核申诉表<br>绩效考核面谈记录表 |
| 薪酬福利 | 薪酬管理制度<br>全勤奖金制度<br>奖金管理制度 | 员工工资汇总表<br>员工薪资调整表<br>员工奖金核定表<br>员工加班申请单<br>员工福利申请表 |
| 劳动关系 | 试用期管理制度<br>考勤与休假管理制度<br>加班管理制度<br>奖惩管理制度<br>出差管理制度<br>员工离职管理制度<br>人事档案管理制度<br>劳动合同管理办法<br>工作纪律管理制度<br>劳动纠纷争议处理办法<br>合理化建议管理办法 | 转正申请评定表<br>员工出勤统计表<br>员工请假登记表<br>员工出差申请表<br>员工出差费用单<br>员工离职申请表<br>员工离职面谈表<br>员工离职结算表<br>档案管理登记表<br>员工违纪处理表<br>解除劳动合同申请表<br>劳动合同续签登记表 |

> **小贴士** 企业可将企业规章制度、企业文化与企业战略的核心内容浓缩为员工手册。员工手册既是员工工作规范、行为规范的指南,更是员工了解企业形象、认同企业文化的便捷渠道。

## 图书在版编目（CIP）数据

老HRD手把手教你做员工管理：实操版 / 杨良，王晓云著．—2版．—北京：中国法制出版社，2019.11
（老HRD手把手系列丛书）
ISBN 978-7-5216-0391-0

Ⅰ.①老… Ⅱ.①杨… ②王… Ⅲ.①企业管理—人事管理
Ⅳ.① F272.92

中国版本图书馆CIP数据核字（2019）第153257号

策划编辑：潘孝莉（editorwendy@126.com）
责任编辑：潘孝莉　马春芳（machunfang@zgfzs.com）　　　　　封面设计：汪要军

**老HRD手把手教你做员工管理：实操版**
LAO HRD SHOUBASHOU JIAO NI ZUO YUANGONG GUANLI: SHICAOBAN

著者 / 杨　良　王晓云
经销 / 新华书店
印刷 / 三河市国英印务有限公司
开本 / 787毫米×1092毫米　16开　　　　　　　　　　　印张 / 18.25　字数 / 279千
版次 / 2019年11月第2版　　　　　　　　　　　　　　2019年11月第1次印刷

中国法制出版社出版
书号 ISBN 978-7-5216-0391-0　　　　　　　　　　　　　　　　　定价：59.00元

北京西单横二条2号　邮政编码100031　　　　　　　　　　　传真：010-66031119
网址：http://www.zgfzs.com　　　　　　　　　　　　　　　编辑部电话：010-66010406
市场营销部电话：010-66017726　　　　　　　　　　　　　邮购部电话：010-66033288
（如有印装质量问题，请与本社印务部联系调换。电话：010-66032926）